# 旅游
## 线路设计

◎ 王 颖　易兰兰　主编

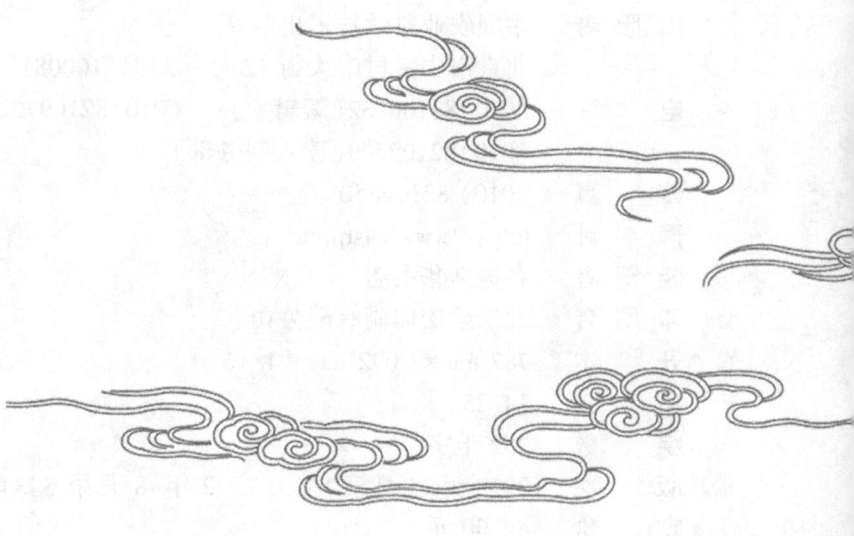

中国农业科学技术出版社

图书在版编目（CIP）数据

旅游线路设计 / 王颖，易兰兰主编 . —北京：中国农业科学技术出版社，2018.11（2022.8重印）
ISBN 978-7-5116-3712-3

Ⅰ.①旅… Ⅱ.①王… ②易… Ⅲ.①旅游路线-设计-高等学校-教材
Ⅳ.①F590.63

中国版本图书馆 CIP 数据核字（2018）第 262770 号

责任编辑　　闫庆健
文字加工　　鲁卫泉
责任校对　　马广洋

| 出 版 者 | 中国农业科学技术出版社 |
|---|---|
| | 北京市中关村南大街 12 号　邮编：100081 |
| 电　　话 | （010）82106632（编辑室）　　（010）82109702（发行部） |
| | （010）82109709（读者服务部） |
| 传　　真 | （010）82106650 |
| 网　　址 | http：//www.castp.cn |
| 经 销 者 | 各地新华书店 |
| 印 刷 者 | 北京建宏印刷有限公司 |
| 开　　本 | 787 mm×1 092 mm　1/16 |
| 印　　张 | 14.25 |
| 字　　数 | 352 千字 |
| 版　　次 | 2018 年 11 月第 1 版　2022 年 8 月第 5 次印刷 |
| 定　　价 | 40.00 元 |

◀━━ 版权所有·翻印必究 ▶━━

# 前　　言

旅游管理专业是河北科技师范学院第一批应用型教育教学改革试点专业，该专业在课程体系建设、课程建设方面进行了改革与探索。根据应用型大学旅游管理专业人才的培养目标和要求，该专业在编制和实施教学计划时，逐步减少纯理论课程的数量和教学时数，增加实践性课程的数量和教学时数，着重培养学生的实践能力和动手能力。《旅游线路设计》应用型教材的编写是旅游管理专业课程实践改革的重要尝试，践行理实一体化教学理念，为应用型人才培养奠定基础。

《旅游线路设计》一书的主要特点是：第一，理论实务一体。教材将理论知识和实务操作融合为一体。在理论知识讲授中穿插实务操作项目，在实务操作部分融汇基本知识点，让学生边学习边实践，理论密切联系实际，全面提升业务水平。第二，诠释业界新态。教材介绍旅游业界的最新动态，校企互助，与时俱进。在线路拓展资料中引入红色旅游、乡村旅游、亲子旅游、养生旅游、探险旅游等主题旅游线路设计，既开拓学生视野，又为旅行社开辟新业务提供较全面的理论支撑。第三，突出实务操作。教材的主要内容关注旅游线路的实务操作，即引导学生由易到难熟悉了解并逐渐学习设计旅游线路。教材侧重训练旅游线路设计实际工作中需要的基本技能，提升学生的动手能力。第四，设置实训题目。教材设置了大量难易适宜的实训题目。这些实训题贴近校园生活，符合旅游业现实状况，既能满足学生实训操作的要求，又能为旅行社培养计调人员提供帮助。

《旅游线路设计》一书由河北科技师范学院工商管理学院王颖、易兰兰担任主编。各章分工如下：第一章、第三章、第六章由王颖负责编写；第二章、第四章、第五章由易兰兰负责编写。初稿完成后，由王颖对全书内容进行了修订、总纂和定稿。在教材编写过程中获得河北科技师范学院 2017 年教研项目"旅游管理专业应用型课程建设研究"（JYZL201704）和"CBE 模式下的旅游管理专业实践教学体系创新研究"（JYYB201714）的基金资助。

随着经济的发展和人民生活水平的提高，旅游已经成为人们重要的生活方式和社会活动之一。不管以什么形式出游，都离不开旅游线路。本书不仅可作为应用型大学旅游管理专业及相关专业的教材，而且可以作为旅行社管理人员及计调、导游人员培训教材，还可供旅游企业特别是旅行社从业人员和旅游爱好者阅读和参考。本书参考了国内外专家及学者的诸多研究成果并引用相关资料，在书后列出了参考书目。在此对这些专家学者一并表示感谢。

本教材的编写是一项开创性的工作，尽管在编写过程中注意到了实用性和可阅读性，编写人员也有在旅行社实践锻炼的经历，并且积极征求了有关专家学者及旅游企业工作人员的意见，参阅了大量的参考资料，然而毕竟受学识和实践经验所限，再加上时间紧迫，书中不足之处，恳请专家、学者、同行及读者提出宝贵意见，以便在修订时加以改正。最后，衷心感谢中国农业科学技术出版社及该社编辑的指导与帮助，使我们受益匪浅。

编　者<br>
2018 年 9 月

# 目　录

第一章　旅游线路设计概述 …………………………………………………… (1)
　第一节　旅游线路的概念 ……………………………………………………… (1)
　第二节　旅游线路产品特点 …………………………………………………… (3)
　第三节　旅游线路设计内容 …………………………………………………… (5)
　第四节　旅游线路设计意义 …………………………………………………… (9)
　第五节　我国旅游线路及设计研究述评 ……………………………………… (11)
　　线路拓展资料 ………………………………………………………………… (17)
第二章　旅游线路类型 …………………………………………………………… (26)
　第一节　按照旅游活动组织形式分类 ………………………………………… (26)
　第二节　按照旅游目的（内容）分类 ………………………………………… (34)
　第三节　按空间轨迹分类 ……………………………………………………… (36)
　第四节　按照旅游线路的距离分类 …………………………………………… (40)
　　线路拓展资料 ………………………………………………………………… (45)
第三章　旅游线路设计理论基础 ………………………………………………… (57)
　第一节　旅游线路设计指导思想 ……………………………………………… (57)
　第二节　旅游线路设计原则 …………………………………………………… (61)
　　线路拓展资料 ………………………………………………………………… (68)
第四章　旅游线路设计背景 ……………………………………………………… (88)
　第一节　旅游市场分析 ………………………………………………………… (88)
　第二节　旅游者消费行为分析 ………………………………………………… (94)
　第三节　旅游者的购买决策 …………………………………………………… (100)
　　线路拓展资料 ………………………………………………………………… (107)
第五章　旅游线路设计实务 ……………………………………………………… (118)
　第一节　旅游线路设计组织 …………………………………………………… (118)
　第二节　旅游线路设计资料搜集与筛选 ……………………………………… (120)
　第三节　旅游线路设计的总体流程 …………………………………………… (123)
　第四节　旅游线路广告 ………………………………………………………… (129)
　第五节　实训任务设计 ………………………………………………………… (137)
　　线路拓展资料 ………………………………………………………………… (138)
第六章　旅游线路设计中要素设计 ……………………………………………… (154)
　第一节　旅游线路中的餐饮设计 ……………………………………………… (154)

第二节　旅游线路设计中的住宿设计 …………………………………（156）
第三节　旅游线路中的景区设计 ……………………………………（161）
第四节　旅游线路中的交通设计 ……………………………………（165）
第五节　旅游线路中的购物设计 ……………………………………（173）
第六节　旅游线路中的娱乐设计 ……………………………………（177）
线路拓展资料 ………………………………………………………………（180）

# 附录 …………………………………………………………………………（197）
　　一　中国世界遗产名录 …………………………………………………（197）
　　二　国家历史文化名城名录 ……………………………………………（198）
　　三　全国红色旅游经典景区名录 ………………………………………（200）
　　四　全国休闲农业与乡村旅游示范县和示范点名单 …………………（212）
　　五　历年中国旅游主题及宣传口号 ……………………………………（218）

# 参考文献 ……………………………………………………………………（220）

# 第一章 旅游线路设计概述

## 学习目标

旅游线路是旅游企业产品的重要组成部分，是联系旅游者和旅游对象、客源地和目的地的重要纽带。旅游线路设计，无论是对区域旅游开发、旅游目的地、旅游企业还是旅游者来说，都具有十分重要的意义。通过本章的学习：

◆ 掌握旅游线路的基本概念
◆ 理解旅游线路的基本特征
◆ 理解旅游线路设计研究的主要内容及意义
◆ 对旅游线路及设计有一个全方位和框架性的认识
◆ 初步了解我国目前旅游线路设计研究的概况
◆ 对我国旅游线路设计中存在的问题进行分析，并结合本章内容和实际情况提出改进措施

## 第一节 旅游线路的概念

### 一、旅游线路的定义

研究的角度不同，对旅游线路会有不同的理解。目前，我国学术界还没有统一的规范性定义。研究学者们分别从旅行社产品设计的角度、从区域（景区）旅游规划的角度、从市场的角度，给出了不同的解释。

#### （一）从旅行社产品设计的角度

徐明、谢彦君（1995）认为，旅游线路是旅行社或其他旅游经营部门以旅游点或旅游城市为节点，以交通路线为线索，为旅游者设计、串联或组合而成的旅游过程的具体走向。

陈志学（1994）在《导游员业务知识与技能》中提到，旅游线路是指旅行社生产的包价旅游产品，是根据旅游资源和接待能力以及旅游者的需要而规划出来的旅游途径。

朱国兴（2001）指出，区域旅游线路是旅行社或其他旅游经营部门在特定区域内利用交通为外来旅游者设计的联结若干旅游点或旅游城市并提供一定服务的相对合理的线性空间走向。

### (二) 从区域（景区）旅游规划的角度

马勇（1992）提出，旅游线路是在一定的区域内，为使游人能够以最短的时间获得最大观赏效果，由交通线把若干旅游点或旅游城市合理串联起来，并具有一定特色的路线。

许春晓（2001）认为，旅游线路是旅游经营者或管理者根据旅游客源市场的需求、旅游地旅游资源特色和旅游项目的特殊功能，考虑到各种旅游要素的时空联系而形成的旅游地的旅游服务项目的合理组合。

### （三）从市场的角度

汪月启（1993）指出，旅游线路是旅游服务部门根据市场需求分析而设计出来的包括旅游活动全过程所需要提供服务全部内容的设计线路。

阎友兵（1996）认为，旅游线路是旅游服务部门根据市场需求，结合旅游资源和接待能力，为旅游者设计的包括整个旅游过程中全部内容和服务的旅行游览线路。

总体来说，旅游线路是指在一定地区空间内，旅游部门（旅行社、旅游景区等）针对旅游目标市场，凭借旅游资源及旅游服务，遵循一定原则，专门为旅游者旅游活动设计，并用交通线把若干旅游目的地合理地贯串起来的路线。

## 二、旅游线路的特征

### （一）综合性

旅游线路的综合性表现在它是由多种旅游吸引物、交通设施、住宿餐饮设施、娱乐场地、各项活动以及相关服务构成的复合型产品，能够同时满足旅游者在"食、宿、行、游、购、娱"等方面的综合需求。它既是物质产品和服务产品的综合，又是旅游资源、基础设施和接待设施的结合。旅游线路的综合性表现在旅游线路的设计涉及众多行业和部门，其中既有直接为旅游者服务的酒店业、餐饮业、娱乐业、交通运输业以及旅行社等，又有间接为旅游者服务的农副业、商业、制造业、建筑业等行业和海关、通信、邮电、公安、银行、保险、医疗卫生等部门。

### （二）不可贮存性

旅游线路主要通过服务满足游客需要，只有当游客购买并消费时，旅游资源、设施与服务相结合的旅游线路才得以存在，即具有不可贮存性。旅游线路的不可贮存性加深了旅游线路产品供需之间的矛盾，旅行社需采取相应的措施改变不利局面。比较有效的措施之一是使旅游线路产品的开发能力具有一定的弹性，在具体安排上可以加以调节。有效措施之二是调节需求量，使其与供给相适应，即通过各种有效渠道，如用价格等手段削减旅游旺季需求量和刺激旅游淡季需求量，使旅游需求量在结构上稳定分布。

### （三）不可分割性

旅游线路是经过深度加工的高附加值产品，旅游经营者经过设计、开发，将原来分散存在于各个行业的不同产品，组合形成旅游线路并进行销售，极大的提高了产品的原有价值，提高的价值内容有很大的部分是由即时劳务构成的。因此旅游线路的设计、开发和销售获利具有高度的一致性，不可分割。旅游线路产品的销售与旅游者的旅游活动同步，一旦旅游者作出购买选择，他同时拥有了旅游线路的使用权，当其消费行为结束时,使用权自动消失。

### (四) 分权性

旅游消费活动中,旅游线路的所有权、经营权和使用权是分开的。一般情况,旅游线路的所有权属于目的地所有,旅游中间商拥有旅游线路的经营权,旅行社销售旅游线路时,旅游者获得旅游线路一定时间段内的使用权。旅游者通过购买获得暂时性的使用权,并在使用过程中有责任保持旅游产品的物质和非物质构成的完好无损。旅游线路的分权性易造成旅游线路促销宣传和销售的困难,因为旅游者对购买某一旅游线路产品可能怀有较高的风险预期。帮助旅游者克服消极的心理预期,是旅游线路营销成功的关键。

### (五) 可替代性

旅游需求是建立在人类基本生活需求之上的一种高层次需求,旅游消费会受到政治、经济、文化、环境等各方面复杂因素的影响而表现出较大的需求弹性和可替代性。日益增多的旅游线路的数量和类型让旅游者有了更多的选择余地,不同的旅游线路之间的替代性很强,旅游者对线路的选择具有较大的随机性。因此旅游线路的销售具有很大的风险,竞争激烈。

### (六) 脆弱性

旅游线路中"食、宿、行、游、购、娱"各部分的构成比例关系会因旅游者的规模、需求不同而有不同的组合方式。在旅游接待过程中,任何一部分的超前或滞后都会影响旅游活动的正常运转,进而影响到旅游线路整体效能的发挥。旅游线路常常受到季节和节假日等因素的制约,表现出明显的季节性特点。旅游活动有可能受到战争、社会动乱、自然灾害、国际关系、政府政策、经济状况等诸多因素的影响,外部因素的变化会引起旅游者需求的变化,继而影响旅游线路的销售状况。

### (七) 后效性

旅游过程结束后,旅游者才能对旅游线路的质量作出全面、准确的评价。旅游者对旅游线路质量的评价,是其期望质量与经历质量相互作用的结果。期望质量是旅游者在实际购买前,根据获得的信息对线路质量进行的预期判断。经历质量是旅游者以其实际获得的感受对线路质量所作的评价。如果期望质量高于实际的经历质量,旅游者就会对该旅游线路,甚至对旅游目的地或负责经营的旅行社产生不满。因此,重视旅游者的反馈,及时发现旅游线路存在的问题,根据旅游者的意见或建议对旅游线路加以改进十分必要。

## 第二节 旅游线路产品特点

旅游企业的经营管理实践中,旅游企业的旅游线路产品表现为各种旅游线路和各项单项服务。由于单项服务在大多数旅游企业业务中占据的份额较小,旅游线路便成为旅游企业产品的重要表现形式。旅游线路的发展和变化情况基本代表了旅游企业产品发展和变化的一般规律。旅游线路产品的特点很大程度上在旅游线路营销的实践中呈现出来。旅游企业旅游线路产品的特点受到产品自身因素的影响,也受到产品的环境因素

（市场和资源）的影响。

## 一、旅游资源导向性

旅游资源（景区、景点）是旅游线路的核心要素，大多数的旅游线路围绕着旅游资源（景区、景点）进行。旅游线路的选择是为了经济、方便、舒适地到达旅游目的地（景区、景点）。旅游者通常在"点"上停留，而且人们一般的出游心理是"旅"要快、"游"要慢。所以，旅游线路中选取的景点魅力如何，选取的旅游资源（景区、景点）是否得当，是影响旅游线路产品市场价值的关键。一些旅游热销线路多数是因为线路中包含的旅游目的地（景区、景点）对旅游者有着强烈的吸引力，如九寨沟、张家界、桂林、北京、西安、昆明旅游线路产品。这些传统的热销旅游线路产品表现出了相当明显的旅游资源导向性，线路的创新和发展也主要依赖线路中旅游资源的深度开发。

## 二、生命周期差别性

旅游线路和所有产品一样，也有"生命周期"现象。旅游线路的生命周期是指旅游线路开发出来后，从正式推向市场开始，直到最后被市场淘汰、退出市场为止的全部过程（图1-1）。有些旅游线路的生命周期很长，有些旅游线路的生命周期则很短。

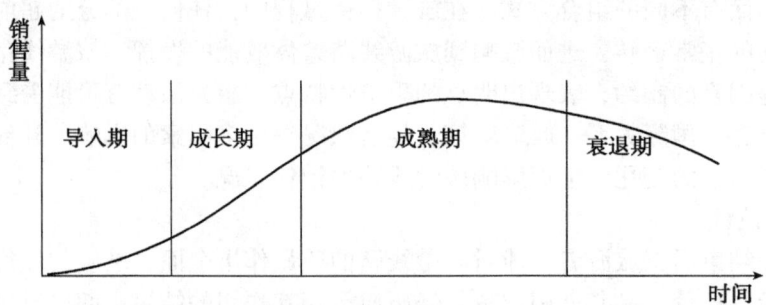

**图1-1 产品生命周期曲线**

点线式的旅游方式使得旅游企业的旅游线路产品很难有变化，即使有变化也只是在线路上进行某些调整，旅游线路产品的主体服务构成很难发生质的变化。一些旅游线路产品自投放市场以来，几乎没有进行过重组和深度开发，旅游企业旅游线路产品表现出非常明显的稳定性和生命周期较长的特性。一般情况，以旅游资源非常丰富的观光型经典旅游线路的生命周期较长，如以九寨沟、张家界、黄山等为目的地的旅游线路。有些旅游线路产品的生命周期则很短。比较典型的是一些以节庆活动为主要内容的旅游线路和季节性很强的旅游线路，生命周期短的特性表现的尤其突出。

## 三、旅游活动时空性

旅游者的旅游活动离不开时间和空间条件，具有时空性的特征。旅游线路中旅游者活动的时间性取决于旅游资源随时间的变化和旅游者闲暇时间的变化。旅游资源随季节的变化会对旅游者的旅游体验产生影响，有些特有的旅游资源的时间性非常强，不在特定的时间内观赏或体会不到。如浙江的钱塘江大潮、哈尔滨的冰灯以及一些民间节庆活动等。在设计推销这类旅游线路时必须注重时间特性。旅游者闲暇时间决定了旅游者出游的可能性。大多数工薪阶层的闲暇时间集中在春节、国庆节等全国统一假期时间，教师和学生的闲暇时间集中在寒暑假，在设计和推出旅游线路时必须考虑旅游者的闲暇时间。旅游资源具有地域性和不可转移性，而旅游资源又是旅游线路产品的核心因素。因此，旅游线路产品离不开一定的空间条件。旅游资源存在于一定的空间范围，而且往往是在远离旅游者常住地的某个位置，旅游企业不可能将旅游线路产品通过运输手段易地销售。所以旅游线路产品吸引力的大小就成为旅游企业经营成败的关键。

### 四、线路经营专业性

随着旅行社市场竞争的深化发展，非价格因素有日益突出的趋势，体现在旅行社旅游线路产品的专业性越来越强。旅行社市场细分为更多的层次和结构，针对性增强。比如，一些旅行社专营省内某条一日游或二日游短线产品，有些旅行社则长期专营某一条长线旅游产品等。旅游企业旅游线路产品的专业性还体现在产品的操作方式上。如有些旅游企业长期从事包机业务，有些旅游企业则在火车专列旅游方面占有优势，也有一些旅游企业把目光集中在豪华汽车旅游项目上。当然，专业性还表现在旅游企业旅游产品的开发上，一些旅游企业开发了种类丰富的专项旅游产品，如老年人专项旅游产品、豪华游轮旅游产品、婚庆旅游产品、中小学研学旅游产品等。

## 第三节 旅游线路设计内容

### 一、旅游线路设计概念

旅游线路设计是指旅游企业为旅游者旅游活动内容所进行的时间和空间安排，即将旅游过程中的旅游资源、旅游交通、旅游住宿、旅游餐饮、旅游购物、旅游娱乐、旅游服务等要素有机的联结起来并统筹安排，以求得旅游者在旅游过程中所需时间最省、费用最少、旅游体验最优。

### 二、旅游线路设计主体及组合形式

**（一）旅游线路设计的主体**

**1. 旅游地相关部门**

从旅游目的地角度出发，旅游线路作为一种旅游产品，其质量高低、内涵丰富与否、地域风貌体现如何都关系到当地的旅游形象，优秀的旅游线路时区域旅游资源的精华所在。因此它对区域旅游在未来一段时期内的发展非常重要。

旅游管理机构机构设计的旅游线路一般是指在旅游目的地、旅游景点和旅游景区内部，将旅游目的地、旅游景点之间或者旅游景区内部相关的旅游内容串联起来，组成的旅游线路。这种旅游线路的设计是旅游目的地和旅游景区规划与开发的重要内容，需要科学合理的规划，同时需要当地政府、旅游相关部门，以及当地群众的有效配合。

### 2. 旅行社

旅行社设计属于商业经营设计。旅行社是旅游中介机构，担负着旅游景区（点）及旅游线路的销售和为游客服务、介绍旅游线路的双重任务。对旅行社来说，一个景区（点），一条线路，仅仅是旅行社向外推出旅游产品的组成要素。这些要素经过旅行社的加工、组合，根据不同时期赋予不同的内涵，会形成一个个新的旅游线路产品，供游客多次享用。设计科学合理的旅游线路，做到景点众多，内容丰富，时间安排紧凑，游览与休闲相结合，把各景点的特色展示给游客，从而取得旅游线路销售的成功，事关旅行社的效益。因此，旅行社非常重视旅游线路的设计。

### 3. 旅游者

自助游旅游者是旅游线路设计的主体。自助型旅游者根据自己的旅游动机、旅游偏好、旅游目的、旅游经验和旅游信息等为自己设计旅游线路。自助型旅游线路因为旅游个体差异，旅游内容差异很大，线路的详略程度差别也很大，有的甚至不需要书面的记录仅储存在旅游者脑中即可。自助型旅游线路受游客身体、闲暇时间、天气等诸多因素的影响，变动性较强。

## （二）旅游线路的组合形式

旅游活动涵盖了"食、宿、行、游、购、娱"等旅游要素，是一项综合性的活动，旅游线路的组合应该以游客获得最大的享受为目标。

### 1. 旅游线路的项目组合

旅游线路中应包含多种旅游活动，一条旅游线路如果活动太少，就不能激发旅游者的兴致，旅游者会感到兴味索然。比如一条生态旅游线路，在旅游中如果增加农家访问、生存锻炼、劳动体验、野炊烧烤、竞技比赛等活动项目，旅游者会在满足生态旅游需要的同时，增长知识，亲近自然，增进与他人的友谊，愉悦心情。

### 2. 旅游线路的时间组合

时间组合是旅游长短强弱节奏的组合。在时间安排上，旅游活动衔接要紧凑而不紧张，过程要舒缓而不拖拉，快节奏和慢节奏要交叉变换，刺激性活动和悠闲活动要穿插进行。以休闲为目的的旅游线路安排应该尽量避免或减少快节奏的刺激活动，适当放缓时间安排进度。

### 3. 旅游线路的空间组合

空间组合是景区（点）地域密度上的组合。景区（点）地域密度集中的适合观光度假旅游，景区（点）地域跨度大的适合主题较突出的旅游。例如，推出的红色旅游线路北京-保定-西柏坡线路，主要的旅游景点有：北京市天安门广场、卢沟桥；保定易县狼牙山五壮士塔、白洋淀景区；石家庄平山县西柏坡纪念馆和中共中央旧址。各景点距离远，交通占用时间长，但主题突出，深受旅游者欢迎。

### 4. 旅游线路的旅游者组合

旅游者组合是针对不同消费群体所进行的组合。消费者组团有散客团、家庭团、单位团，以及朋友、同事、同学团等。前三类旅游团的团员年龄、文化、爱好多不相同，适宜推出综合性强的旅游组合线路。后一类的旅游团一般旅游目的比较一致，适宜推出主题针对性强的旅游组合线路。

**5. 旅游线路的功能组合**

功能组合是针对一个特定的景区（景点）而言的。有些景区（景点）本身的主题比较突出，要想增强吸引力，除靠主题外还应围绕主题增加服务功能，在"食、宿、行、游、购、娱"等方面多下功夫，增添、变换、创新服务内容和形式，形成功能强大的旅游线路组合，让游客"来得顺畅、住得舒适、吃得香甜、游得欢乐、购得满意、走得顺利"，愿意多次游赏。

## 三、旅游线路设计研究的主要内容

一条完整的旅游线路应该包含以下几方面内容。

★旅游时间。包括总的旅游时间以及整个旅游过程中的时间安排。

★旅游目的地。包括主要旅游资源的类型、级别，主要游览景区（景点）的特色等，旅游目的地决定了旅游活动的主要内容。

★旅游交通。包括旅游交通方式及工具，即：从旅游客源地到旅游目的地的交通方式和等级、旅游目的地内部的交通方式和等级、某些特种交通方式的使用等。

★旅游食宿。包括旅游住宿的酒店或宾馆的等级和客房的标准、旅游餐饮的种类和标准等。

★旅游活动安排。是旅游线路设计的核心所在和重点内容，旅游活动的安排直接影响到旅游线路对旅游者的吸引力。

★旅游服务。主要以接待和导游的服务为主，旅游服务的好坏，直接影响旅游线路的质量和旅游活动的效果。

★价格。是一项非常敏感的内容，目前大多数旅行社向社会推出的旅游线路只有一个笼统的总报价，若能有比较详细的分项报价可能会更受旅游者的欢迎。

旅游线路有很多构成要素，从旅游供给角度考虑，旅游线路是由旅游资源、旅游设施、旅游可进入性、旅游成本因子（价格、时间）、旅游服务等要素构成的，它们就是旅游线路设计所要研究的主要内容。

### （一）旅游资源

2003年版《旅游资源分类、调查与评价（国家标准）》对"旅游资源"的定义为："自然界和人类社会凡能对旅游者产生吸引力，可以为旅游业开发利用，并可产生经济效益、社会效益和环境效益的各种事物和因素。"欧美一些国家，常把旅游资源成为旅游吸引物（Tourist Attraction），指旅游地吸引旅游者的所有因素的总和，不仅包括旅游资源，还把接待设施和优良的服务，甚至快速舒适的旅游交通条件也涵盖在内。

旅游资源是进行旅游线路设计的核心和物质基础，是旅游者选择和购买旅游线路的决定性因素。旅游资源的吸引力决定了旅游线路的主体与特色。旅游线路的设计必须最大限度地体现出旅游资源的价值。它是一个地区旅游业存在和发展的基础，也是旅游者选择旅游地的决定因素。在旅游线路设计中它是起影响作用的基础因子，也是旅游线路上旅游内容的最主要构成，同时也是影响旅游线路竞争力的主导因素。

旅游资源的存在形式，既可以表现为具体的实物形态，如自然风景、历史文物（长江三峡、黄山、长城、兵马俑、海市蜃楼、佛光等）；也可以表现为非物质形态的文化因素，如地区节事活动、民族风情等。旅游资源蕴藏于自然环境和人类社会之中，代表着各旅游地的不同特色。旅游资源的分类标准很多，如按资源特性作为分类标准，可以分为自然旅游资源和人文旅游资源。

### （二）旅游设施

旅游设施是完成旅游活动所必备的各种设施、设备和相关的物质条件的总称，是旅游经营者向旅游者提供旅游服务所凭借的各种物质载体，是旅游者实现旅游目的的保证。旅游设施不是旅游者选择和购买旅游线路的决定性因素，但它能够影响旅游活动开展的顺利与否以及旅游服务质量的高低。因此，旅游设施的完善与否，直接影响到旅游者的旅游效果。在旅游线路设计中必须充分考虑旅游者的客观条件与旅游过程中设施的方便性，使旅游者获得最佳旅游效果。旅游设施一般包括专门设施和基础设施两大类。

#### 1. 专门设施

专门设施是指旅游经营者专为旅游者提供服务的凭借物。通常包括餐饮、住宿、娱乐、游览设施等。餐饮设施指为旅游者提供餐饮服务的场所和设备，包括各种餐馆、咖啡屋、冷饮店等；住宿设施主要指不同类型的宾馆酒店；娱乐设施指为旅游者提供娱乐活动的场所和设备；游览设施指旅游景点为游客登临、游览、歇息以及保证游客安全的各种设施设备。

#### 2. 基础设施

基础设施是指旅游目的地建设的基本设施。这些设施不单是为了旅游者而建设的，旅游地居民在日常生活中也可使用这些设施。主要包括道路、桥梁、供电、供热、供水、排污、消防、通信、照明、路标、停车场等，还包括旅游地在环境绿化、美化、卫生等各方面的建设。旅游地的基础设施状况对旅游活动的顺利进行是十分重要的。一般而言，旅游专门设施作用的发挥，都要建立在基础设施的基础上。一个旅游地没有良好的基础设施，旅游业的发展也就无从谈起。

### （三）旅游可进入性

旅游可进入性是指旅游者进入旅游目的地的难易程度和时效性。旅游活动异地消费的特点，决定了旅游产品的提供只能存在于旅游目的地，旅游者是否能够按时顺利到达旅游目的地是构成旅游线路设计的重要因素。因此，旅游可进入性是连接旅游者需求与各种具体旅游产品的纽带，是旅游线路实现其价值的前提条件。旅游可进入性的具体内容包括以下几个方面。

#### 1. 交通状况

旅游者的异地空间转移，依靠的是交通工具。现代交通工具的不断发展，是现代旅游业发展的基本条件之一。可以说没有现代航空业的出现，就不会产生现代的国际旅游业。因此，良好的交通条件是旅游者进入旅游目的地的基本保证。交通条件不仅仅关系到旅游者能否抵达旅游地，更重要的是能否安全、舒适和快速地抵达旅游地。

#### 2. 通信条件

通信设施是旅游者能否顺利进入旅游地的重要条件。没有便捷的通信条件，难以使旅游者、旅游经营者和旅游目的地之间及时准确地沟通，会给旅游者的旅游活动的顺利实现带来很大的盲目性和不确定性。因此，旅游线路产品中通信设备的规模、能力及配套状况等，也会对旅游地的可进入性产生影响。

#### 3. 手续的繁简程度

国际旅游中入境、出境手续的难易、繁简程度，以及办事效率的高低，不仅决定进入到旅游地的难易程度，而且对旅游产品的成本、质量、吸引力等都有重要影响。

#### 4. 旅游地的社会环境

旅游地的社会环境对旅游者进入的难易程度也有很大影响。比如旅游地的民族文化中是否具有排外性因素，以及社会公众对旅游开发的态度、社会治安状况、管理水平等，都可能成为影响旅游可进入性的重要因素。

### （四）旅游成本因子

#### 1. 旅游时间

旅游时间包括旅游线路总的旅游所需的时间以及整个旅游过程中的时间安排。因旅游客源地、旅游目的地、出游季节、旅游者闲暇时间等不同，旅游线路中的时间安排也不一样。从旅游经营者角度考虑，旅游时间就是旅游者对各种旅游产品的消费时间，旅游时间长短直接影响旅游消费，二者成"正比"关系。旅游者逗留的时间越长，旅游经营者获利也就越多。

#### 2. 旅游价格

旅游价格（费用）是旅游者为满足其旅游活动的需要所购买的旅游产品的价值的货币表现。它受到很多外在因素的影响，如旅游供求关系、市场竞争状况、汇率变动及通货膨胀等因素，都会对旅游价格产生一定的影响。我国的旅游市场价格体系主要由旅游景区（景点）门票价格、旅行社价格、旅游饭店价格、旅游交通价格、旅游商品价格等相关价格要素构成。

### （五）旅游服务

旅游服务是旅游经营者向旅游者提供劳务的过程，旅游服务质量直接影响旅游线路的质量，没有上乘的旅游服务水平，就没有优质的旅游线路。因而旅游服务是旅游线路设计的核心内容，它在旅游线路设计中是不容忽视的。

## 第四节　旅游线路设计意义

### 一、旅游线路设计与区域旅游开发

旅游业作为朝阳产业，巨大的发展潜力越来越受到各个地区的重视，很多地方把旅游业作为区域经济发展的重点或支柱产业。

#### （一）区域旅游开发的类型

区域旅游发展取决于旅游资源、区位条件、区域经济背景等因素。不同的旅游资源条件、区位条件、经济条件的不同组合，形成了不同的旅游发展类型。区域旅游开发可以分为以下四种典型类型。

#### 1. 资源价值高，区位条件优良，区域经济背景好

这类地区旅游资源量多质高，旅游资源的分布与客源在空间上互相重叠，旅游业的

发展具有资源和客源的双重优势。并且其他产业发达，资金充足，旅游需求量大，是旅游开发最理想的地区，具备建设成为面向多方服务的，具有各种旅游活动行为层次结构和多种服务设施结构的综合旅游区的条件。

2. **资源价值高，区位条件好，区域经济背景差**

这类地区的旅游资源相对比较丰富，对旅游者的吸引力较大，区内有较大的铁路干线通过，交通没有大的困难，但区域经济比较落后，发展水平较低，劳动力素质、基础设施建设同经济发达地区相比有较大的差距，本地无法提供大量资金开发旅游。

3. **资源价值高，区位条件不好，区域经济背景差**

这类地区旅游资源极其丰富，并且常常具备很大的神秘性，对旅游者的吸引力非常大；但是由于远离经济发达的大城市，偏离主要交通干线，客源市场较远，加上区域经济不发达，有些地方甚至商品经济的思想还很淡薄，发展旅游业比较困难，大部分旅游资源还处于未开发或初开发状况，发展潜力很大。

4. **资源价值低，区位条件良好，区域经济背景好**

这类地区旅游资源比较贫乏，但处于交通要道，人口稠密，区域经济发达，土地利用率高，流动人口多，旅游需求量大，但发展旅游业的空间十分有限，潜力不足。

（二）旅游线路设计促进区域旅游开发

区域旅游开发成功与否，与这个地区的旅游资源条件的好坏、经济竞争能力的高低、基础设施的水平和可达性的高低、市场推销是否强劲有力和政府的旅游政策是否积极主动有关。不管是哪一种区域旅游开发类型，要成功地发展旅游业，都离不开旅游线路设计。从旅行社的角度来看，"旅游产品"的销售最终必须落实到具体的旅游线路，因此，旅游线路的销售成功与否最终决定了一个地区旅游开发的成败。毫无疑问，旅游线路销售的成败同旅游线路设计水平的高低密切相关。旅游线路设计对区域旅游开发有着重要的影响，这种影响主要体现在两个方面：一是旅游线路设计是区域旅游发展推出旅游产品的重要途径之一；二是高水平的旅游线路设计是提高旅游吸引力的重要措施之一。

## 二、旅游线路设计与旅游企业

旅游企业是以旅游者为对象，为其提供旅游活动创造便利条件并提供其所需产品和服务的经营性实体。旅游企业是旅游产品的主要经营者，旅游线路包含了诸多的旅游企业，其设计水平直接影响到旅游企业的运营与收益。

（一）旅游企业的构成

旅游饭店、旅行社和旅游交通是构成旅游业的三大支柱，它们在旅游业中发挥着不同的作用。

1. **旅游饭店**

旅游饭店除了在经济学上的意义外，更主要的是作为旅游者的活动基地，有特色（包括区位特色、建筑特色、装饰特色、服务特色等）的饭店同时也是旅游吸引物。

2. **旅游企业**

旅行社是为旅游者提供服务的机构，是各种旅游服务供应者或生产者与旅游服务消费者（即旅游者）之间的纽带与桥梁。

3. 旅游交通

旅游交通是指为旅游者提供所需的交通运输服务，从而实现其从一个地点到另一个地点的空间转移的社会和经济活动。

（二）旅游线路设计与旅游企业

仅从旅游企业的构成来看，旅游饭店、旅行社、旅游交通是相对独立的。但是，旅游是一种综合性的社会经济现象，如何把相对独立的旅游企业有机地结合起来，为旅游者提供安全、全面、周到的服务，是旅游企业需要面对的一个重要问题。到目前为止，有相当多的人认为在旅游业的三大支柱中，旅游饭店是旅游供给的基本基本构成因素，是旅游业经营活动中必不可少的物质条件；旅行社将旅游者在食、宿、行、游、购、娱等各方面所需要的服务综合起来，组合成旅游产品一次性地销售给旅游者，为旅游者提供方便；旅游交通是旅游业产生和发展的前提条件，也是旅游者完成旅游活动的必要条件。

旅游企业是为旅游者完成出游活动提供全方位服务，主要体现在旅游线路的设计与推销，旅游线路产品的实现方面。旅游企业合理地安排旅游线路和日程，选择适当的食、宿、行、游、购、娱等活动内容，向旅游者提供各种咨询和服务，帮助旅游者做出理想的选择，大大降低旅游者的实际消费。旅游线路设计水平的高低与旅游线路销售的好坏，直接影响到旅游企业的经济效益和社会效益。

### 三、旅游线路设计与旅游者

旅游者是旅游活动的主体，在旅游活动中占有重要地位。旅游者是旅游业发生、发展的客观依据，又是旅游业服务的主要对象和开拓经营的基本出发点，同时还是旅游业获得经济效益、社会效益和文化效益的主要依托，是各旅游企业赖以生存的基本条件和发展前提。

尽管我国目前旅游企业推出的产品与服务还有很多需要改进的地方，但是我国大多数旅游者出游的主要方式仍然是选择旅游企业，主要原因是因为选择旅游企业出游可以省掉许多麻烦，同时也可以节省若干费用。旅游者在选择旅游企业时，不仅考虑旅游企业的资质、信誉、服务水平等，还会考虑旅游企业推出的旅游产品设计水平的高低。旅游产品设计水平会影响旅游者选择旅游企业及出游线路的决策。

## 第五节　我国旅游线路及设计研究述评

### 一、我国旅游线路及设计研究概况

随着旅游业的飞速发展，许多学者开始关注旅游线路及其设计研究领域，并涌现出了一批研究成果，取得了一定成绩。但是，国内旅游学术界对旅游线路及其设计的研究尚不成熟。究其原因，不外乎两个：第一，旅游学本身是一门新兴学科，旅游理论尚处于不断发展和完善之中；第二，旅游业本身独立性不强，由许多其他行业相辅而成，人们往往可以从不同角度理解旅游线路。

关于旅游线路类型的划分，保继刚、楚义芳等（1999）指出，从空间角度划分，旅游线路可分为两种基本类型，一是大尺度的旅游线路，二是小尺度的游览线路（并认为在很大程度上与旅行社无关，而是旅游地规划的内容）。阎友兵（1997）曾专门著书论述这一专题。

楚义芳的《关于旅游线路设计的初步研究》（1992）是对于旅游线路设计具有里程碑意义的论文，提出了线路设计中涉及的关键因素，并绘制了具有一定可操作性的曲线图。许兴臣、冯玉清（1992）对线路制作及其向旅行商的推销进行了探讨。郑扬燕（2014）在其硕士论文中，以武汉市黄陂区作为案例进行实证分析，运用慢旅游理念指导区域的旅游线路开发设计，优化区域旅游线路。李旭、马耀峰（2003）对海外旅游者对旅游目的地和旅游线路的选择进行了研究。

万海滢、石惠春、冯斌（2013）以旅行社的旅游线路设计作为主要研究对象，基于陕甘宁在交通位置上的便利优势及其联动效果，采用核心—边缘理论对陕、甘、宁3省旅游线路进行分析，将整合式营销理念融入旅游线路设计中。黄万华（1997）以湖南省为例，马勇（1992）以湖北省为例，黄婧（2000）、黄婧和何彤慧（2001）以宁夏回族自治区为例对区域旅游线路设计进行了初步研究。陈俊鸿（1995）对风景区自助旅游线路进行了理论结合案例的研究；田贵君（1997）对张家界名牌游览线的开发进行了研究；居怀祥（1992）、蒋祖云（1992）分别进行了区域旅游线路的实际设计。周尚意、李淑方、张江雪（2002）以苏州一日游线路设计为例，对行为地理与城市旅游线路设计的关系进行了论述。苗圃、王新驰、高晴（2015）从旅游线路设计的角度分析了黄金周旅游拥挤现象。

刘振礼、王兵（1997）提出的旅游线路设计的原则包括：市场原则、主题突出原则、不重复原则、顺序与节奏安排、留有余地和机动灵活。许兴臣、冯玉清（1992）、管宁生（1999）提醒规划设计人员在进行旅游线路设计时要注意：对客源市场的需求和偏好要有较好的研究和理解；有利于充分体现游线上各景点的景色风貌；有利于充分发挥游线上各旅游点的功能；有利于节省途中时间，避免走回头路；有利于购物活动的实现；旅游节奏的松紧、景点游览的动静应有适当的交错；景点游览的顺序在总体上应符合"越来越好"的趋向，要有创新精神以便带给旅游者更多的信息；还应注意人体生物节律性对游览心理的影响、景物光照的变化、朝霞夕照的借助等技术问题。

李山等（2005）通过对以北京、上海和广州为旅游出发地的旅游线路的统计分析进行研究得出结论：在中国国内观光旅游线路设计中，游时（出游时间与游览时间的统称）随客源地至目的地之间的距离呈对数增长，其中出游时间（一次旅游的总耗时，单位为天）与出现直线距离（客源地与目的地之间的球面距离，单位为公里）之间具有方程所描述的统计关系，而游览时间（游客在目的地逗留的时间，单位为天）与出行直线距离之间具有方程所描述的统计关系。研究还发现，旅行社每日安排游览的景区（点）数目具有随出行距离呈"U"形曲线的特点，平均而言，在目的地逗留期间每天安排游览的景区（点）约为5个；从交通方式上看，随着出行距离的增加，呈现出汽车—火车—飞机交替演变的特点；旅游报价与出行直线距离之间存在线性相关性。

综上所述，可以看出，国内学者在旅游线路设计理论方面的研究多感性认识和一般性理论探讨，关于旅游线路的定义还没有形成一个统一的较为明确的意见，对具体设计的深层面的机制分析明显薄弱，对影响旅游线路设计的要素分析尚有待深入。可以说，我国关于旅游线路设计的研究尚处于起步阶段，尚未形成一套完整的理论体系。因此，加强对这方面的深入探讨显得尤为迫切，它对于指导区域旅游线路的开发与规划，促进整个旅游业的可持续发展意义深远。

## 二、我国旅游线路设计中存在的问题

旅游者对旅游线路的期望是最大化地满足旅游者的消费需求，成本最少，日程安排最方便；旅行社则希望在满足旅游者需求的前提下，降低成本、提高效益，并可应对突发事件及时调整线路；旅游景区在规划设计时要考虑景区内线路空间分布的合理性、科学性，在管理中要考虑如何合理分流、控制游客数量等问题。优秀的旅游线路在其投入运行前就应该已具备对游客的足够吸引力，运行中能使游客感到舒适和不断出现新奇感，运行结束后仍然能使游客保持一种长久的余味无穷的体会。

我国对旅游线路问题的研究历史比较短，由于对旅游线路还没有统一的规范性定义，加之学者的专业背景各不相同，使得许多名为旅游线路的研究，实质内容之间差别较大。这一方面说明旅游线路研究还处于探索性阶段，另一方面也说明旅游线路研究涉及不同的维度。分析目前的旅游线路研究文献，有以下特点：定性研究多，定量研究偏少；个案研究较多，通则性研究较少；跨学科性质显著，但研究的层次较低。旅游线路设计的两个主要领域是景区景观线路设计和旅行社组合旅游线路设计，关于旅游线路设计更多倾向于前者，带有较强的实用主义色彩，虽然针对性强，但缺乏一般性的解释。旅游线路设计是一种空间行为决策，包括宏观、中观、微观三种尺度。目前，国内的旅游线路设计大多不太成熟，存在不足，有很大的拓展空间，主要问题体现在以下几个方面。

### （一）就线路论线路

我国国内旅游线路设计中就线路论线路的现象十分明显，忽视了其他因素和合力效应。旅游业涉及"食、宿、行、游、购、娱"等，旅游线路在设计当中应该综合考虑这六大要素，避免因遗漏某一因素带来的不足和缺陷。

目前，旅游线路设计的研究尚处于起步阶段，从研究区域而言，我国学者的研究只局限于对国内和区域性旅游线路的策划及设计研究，对于跨国（国际性）旅游线路的研究不多，对旅游线路及其设计研究的深度和广度都需要拓宽。在基本理论上，旅游线路设计的理论在指导实践方面尚显不足。在研究方法上，目前国内对旅游线路设计的研究多采取个案研究方式，即：对某个特定区域的旅游线路进行归纳总结，缺乏共性和一般规律性研究，对蓬勃兴起的旅游活动的现实指导意义不强。旅游线路设计研究应向多学科、多层次综合研究发展，包括旅游学、地理学、美学、生态学、环境科学等，特别是要吸收现代休闲理论和区位理论的内容和方法。此外，对旅游线路设计的定量研究还处于起始阶段，理应得到更多的重视。

### （二）线路设计不合理

在线路设计不合理现象中冷热点搭配不当显得尤为突出。旅游线路设计片面追求将所有热点串起来，既不能使游客心理上获得最大的满意，又造成了不必要的资源浪费。缺乏对客源市场的调查分析，旅游线路创新的主要依据应该是客源市场最新的动态变化，但目前旅行社对于客源市场调查分析以及所投入的资金都相对有限。

从研究成果而言，对国外相关研究成果的论著介绍和翻译不多，即使是国内的著作，专门对旅游线路进行理论研究的书籍也很少，而且大多是对已经比较成熟的旅游线路作介绍。许多研究成果是根据区域旅游资源的状况得出的结论，具有相当程度的主观性，而国外相当多的研究成果是建立在市场抽样调查数据基础之上，具有较强的客观性。

### （三）线路类型不符合市场需求

目前的线路设计无论是区域线路还是短途线路都主要集中在游览观光旅游线路，休闲度假的线路不多。随着旅游业不断发展，市场不断拓宽，人们的需求越来越多样化，参与性旅游产品备受青睐，对休闲度假型旅游线路的需求增强。我国旅行社所面对的国内市场以观光客人为主，消费层次有待提高。我国的旅行社缺乏引导市场消费、开拓新产品的能力和运作经验。众多旅行社局限于在同质、缺乏个性的旅游线路产品上进行竞争。虽然各旅行社中设有散客部，但由于散客旅游经营的人均利润额较低，各旅行社大多还没有重视正日益兴旺的散客旅游市场，旅行社经营销售的基本为一体化服务的包价旅游线路，散客线路少。

### （四）线路设计更新缓慢

旅游线路老化是旅游业内公认的通病，其中的一个重要原因，就是旅行社对旅游新产品的开发缺乏主动性。据有关部门统计，我国现已拥有各类景区（景点）1万多处，旅游资源可谓十分丰富，但遗憾的是为数众多的旅游资源并没有转化为具有吸引力的旅游产品。即便是在国内旅游主要客源地的上海，400多家旅行社推出的旅游线路，也只有六七十种，远不能满足市场的需求。目前，国内旅游线路一旦设计形成后，基本没有更新，对游客缺乏吸引力，特别是对回头客。因此，旅游线路不应该是一成不变的，要不断花样翻新。唯有如此，旅游线路所反映的旅游活动项目和内容才具有强大的吸引力和持久的生命力。

### （五）线路设计研究人员少

由于人们对旅游线路所发挥的重要作用没有引起足够的重视，因此，国内对旅游线路设计研究较为深入的学者并不多，其研究也没有形成规范的体系，在旅游线路设计理论方面的研究多感性认识和一般性理论探讨，对具体设计的深层面的机制分析明显薄弱，对影响旅游线路设计的要素分析尚有待深入。

### （六）旅游线路设计以旅行社为中心

旅游线路在实施过程中很大程度上是以旅行社的意志为核心的，没有考虑旅游者的意愿。而且大部分旅行社都从经济利益出发做短期的盲目的设计，毫不顾及旅游者的感受和作长期的打算。另外，旅行社对于线路缺乏创新意识，许多热门线路在不同的旅行社是相同的，事实上线路的创新是旅行社发展的重要途径，但是总得不到很好的实施。

目前，我国对旅游线路产权尚没有明确的界定。一方面，旅行社开发旅游线路的行为得不到补偿，挫伤了旅行社开发新线路的积极性；另一方面，大小旅行社竞相角逐有限的热点旅游线路，旅游线路拥挤使用现象十分突出。

### 三、我国旅游线路设计的发展趋势及对策

随着我国二十多年来各地区旅游资源的大规模开发和景区（景点）的大量营建，旅游业逐渐成为区域经济发展的支柱产业和区域经济新的增长点。旅游客源市场越来越大，而同时舍旅行社而去的旅游者却越来越多。他们并非不知道自助旅游要比随团出游更费力、费钱，但这种旅游充满了新、奇、闲、趣，极具吸引力。与此同时，大大小小的旅行社也如雨后春笋般争相涌入旅游市场，面对竞争激烈的旅游市场，旅行社要在旅游线路设计中取得优势，必须采取一定的措施。

#### （一）我国旅游线路设计的发展趋势

未来的旅游线路设计将朝着市场化、专题化、精致化方向发展，将更加体现人文、生态和可持续发展理念，未来旅游线路设计将出现以下趋势。

★旅游线路设计将更加具体、深入和专业，带有研究和探索性的地方性线路规划是一个发展方向；

★未来旅游业将进入理性化发展时期，旅游线路设计必定朝着精致化、个性化的方向发展；

★随着我国旅行社行业对外开放步伐的加快，境外旅游线路设计和咨询公司将越来越多的介入我国旅游线路设计领域中，中外同行的竞争态势将更加明显，国外的先进理念对我们也是一种冲击，在学习先进理念的同时，我们还要注意创新意识的开发；

★根据国外旅游线路设计研究的历程推测，未来我国旅游线路设计理念将更加重视人文精神的发展，生态旅游将越来越得到社会的承认和重视，可持续发展思想深入人心。

#### （二）旅行社在旅游线路设计中应采取的措施

**1. 细分市场，做好旅行社产品的市场定位**

欧美国家的旅行社业发展到今天的结构格局，经过了一系列竞争、淘汰、分化、整合的市场变迁过程。以旅游批发商为例，他们竞争的关键就是低廉的价格和物有所值的产品。有实力的批发商可以从旅游单项产品供应商那里获得更低的买入价格，而实力较小的批发商在同类产品中无法获得更大的竞争优势，经过了市场的选择和淘汰，其中一些旅游批发商转变自己的市场定位，专门从事生产满足特种需要的旅游产品，在较小的市场份额中凝聚起产品优势，构建起自己的市场壁垒，直接避开大型批发商的价格优势，稳固了自身的生存空间。

在我国，旅行社之间长期处于一种恶性价格竞争的态势。这种状况对旅行社业的发展是极为不利的。当然，也许正是需要这样一段痛苦的过程完成旅行社行业内部的优胜劣汰、分化整合，才能使市场变得有序而成熟。但是现阶段各家旅行社可以吸取西方发展的经验，评价自身的优势和市场需求的形势，找到最契合的市场位置，提早避开价格竞争。因此，根据需求细分市场，进行准确的线路市场定位是在顾客导向的市场观念植

入旅行社企业之后的最优道路选择。

针对日益兴旺的散客旅游市场，旅行社应积极开发适于自助旅游的产品，拓展经营空间，为散客设计拼合式旅游线路，或担当起旅游出行信息提供者、咨询顾问的角色，根据旅游者的特殊需求为其量身定做，以便在富有个性的旅游线路上有所创新和发展。

### 2. 寻找旅游产品中的差异化要素

在旅行社的产品市场上，构成线路产品的旅游资源和旅游空间具有明显的公共物品的性质。各旅行社与景点组成的旅游线路之间不存在产权关系，所有旅行社对这些线路的消费都是非竞争性的，不存在进入壁垒，所以，任何一家旅行社都不可能对某一线路具有垄断的经营权。这就是造成当前中国旅行社产品雷同、绝大多数旅行社不进行产品开发的根本原因。为了旅行社行业的健康发展，应该对现有产品进行深入细致的开发，寻找雷同旅游产品中的差异化要素。

（1）一个旅游区域内的若干旅游景点分布在不同的空间位置，对这些景点游览的先后顺序的各种串联方式形成不同的游览线路，由于各个景点的类型和吸引力级别的差异，不同顺序的游线会给游客带来不同的整体感受。

（2）在游线中串联着的若干景点，每个旅游景点因自身的构景特征不同而各有其不同的最佳观赏时间。例如，主景为水体的景点以清晨游览为佳；观赏植物为主的景点多以下午为佳；以山体为主的景点一般傍晚较好。

（3）不同的游览行进方向还会使游人对沿途景物的观赏角度发生变化，而同样的景物若以不同的角度观赏，会产生不同的观赏效果。所谓"横看成岭侧成峰"就是以不同的视角对同一山体的不同观感的写照。

旅行社通过以上三个层面对旅游线路细致地再安排再设计，能够实现相同要素组合产品的感受差别化，从而提高旅游者的体验质量。

### 3. 注重价值创造、价值增值，塑造全新的价值链模式

迈克尔·波特认为，企业的竞争优势来源于企业以比竞争对手低的成本完成所必需的活动，或者以增加顾客价值的特定方式完成某些活动。他提出，竞争优势从根本上来自于每个企业在设计、生产、销售、配送等过程中所进行的既相互联系又相对独立的各种活动，这些活动中的每一项都有助于确立企业相对竞争优势，奠定差别化基础。价值链就是对这些企业活动进行分解的工具，其分析的目的是确定企业整个价值增值活动的各个环节如何才能以最小的支出增加顾客认为最有价值的产品特性。

因此，对于旅行社来说，当务之急是在价值链尽可能多的环节中开展创新，以每个环节的细小差异，塑造出整体上与其他旅行社迥然有异、特立独行、立体全息的旅游线路产品。比如，一些旅行社可以与保险业、银行业密切合作，形成战略同盟关系。在旅游服务、保险产品（如旅游质量险等）和金融支持（如银行提供小额的旅游融资或者对旅游者的长期旅游计划进行财务管理、理财建议等）的结合上做足文章，从而使提供种类众多、量身定做、尽可能满足顾客需求的立体全息旅游线路产品成为可能。在这种情况下，竞争对手完全"克隆"整条价值链，生产出完全相同产品的难度将远远超乎想象，而旅游线路同质化的问题自然会迎刃而解。

## 本章小结

本章是全书的基础概念性章节，对旅游线路的概念，旅游线路产品特点进行了概括性介绍，初步探讨了旅游线路设计的主要研究内容，指出旅游线路设计的意义，并阐述了我国旅游线路设计中存在的问题及应采取的措施、旅游线路设计的发展趋势等。

## 思考与练习

1. 什么是旅游线路？可以从哪些角度去理解？
2. 旅游线路有哪些特征？
3. 旅游线路作为一种旅游产品有哪些特点？
4. 旅游线路设计的主要研究内容有哪些？
5. 我国旅游线路设计中主要存在哪些不足？
6. 我国旅游线路设计的发展趋势是什么？
7. 旅行社在旅游线路设计中应采取哪些措施？

**线路拓展资料一：**

## 校园旅游线路设计

一、校园旅游的概念

校园旅游是以校园（主要是高校）的教学楼、实验室、科研所、图书馆、体育馆等教学设施以及秀丽的校园景色为依托，以悠久而深厚的文化底蕴以及浓郁的学术氛围为背景，以知识传播和科学普及为主要目标，以社会青少年及中青年家长为主要对象而开展的专项旅游活动。

二、校园旅游的类型

（一）中小学生理想游

中小学生急切想了解高校、体验大学生活，他们渴望能够接触高校、与高校学生直接交流。高校旅游可以满足他们的好奇心理，高校的学习氛围、生活气息更能激发他们勤奋学习的动力。相对于其他形式的旅游，高校旅游更易获得学生家长、老师和学校的认可，从而吸引众多的中小学生参加。

（二）大学新生入学游

刚刚考入大学的新生，大多对陌生的学校及其所在的城市充满好奇心和探知欲。同时，通过组织、吸引新生参观游览所在学校及其所在城市的其他兄弟院校和旅游景点，能使其了解今后几年将要生活的环境、学习的场所，从而锻炼适应环境能力，增强人际交往能力，增进友谊和合作意识。

### (三）探亲访友游

高等学校作为大学生这个年轻群体的集聚地，人员往来十分频繁。一是现在的大学生多数为独生子女，家人的探望关怀超过以往任何时期；二是如今的年轻一代很重视人际交往，老乡、同学的往来成为他们日常生活的重要内容。

### （四）毕业庆典游

大学毕业庆典是毕业生一生中难以忘怀的时刻，往往邀请父母、兄弟姐妹、亲戚、好友参加其学位授予仪式，观赏隆重的毕业庆典。同时，毕业生可以带领亲朋好友参观学校景点、设施，合影留念，欣赏精彩的毕业晚会。

### （五）校友返校游

各届毕业的学生，因为工作、生活的紧张忙碌或其他不便很少有机会重返母校，有着故地重游的强烈愿望。校友通过返校参观游览母校，重温在校生活，既能满足校友重游母校的愿望，又能增进校友与学校的情谊。

## 三、校园旅游线路设计的类型

校园旅游线路设计可以分为单一校园旅游线路设计和区域校园旅游线路设计两种基本类型。

### （一）单一校园旅游线路设计

单一校园旅游线路设计即对单个校园内的资源进行开发与组合，在校内形成合理的旅游项目和游览线路。这类线路设计必须做好三项工作：一是要深入挖掘自然景观隐藏其间的精神实质，可将景观中的寓意和寄托着的人类情感提炼出来；二是要将博物馆、实训室等人文景观从历史角度和现代眼光去解读，用现代科技或静态或动态地去展示；三是在挖掘上述旅游资源的基础上，将校内各景点连接起来，形成具有丰富旅游内容、吸引游客、联合营销，且不影响正常教学的合理线路。

### （二）区域校园旅游线路设计

区域校园旅游线路设计即设计校园旅游专线。针对大城市高校数量繁多、类型较齐全、分布比较集中的特点，每类院校都有自己独特的旅游资源和文化风格，可以充分发挥这一资源优势，将其转化为旅游产品。考虑到同类景点资源的合并开发，线路的合理组合，横向广度联系既扩大了规模又增强了影响力。可以大城市为中心，将该城市的高校资源进行组合，推出高校旅游专线，缓解"高校游"的供需矛盾，扩大高校旅游的影响。

## 四、校园旅游线路设计案例

### （一）清华大学校园旅游线路

清华大学，前身清华学堂，创建于1911年。地处北京西北郊繁盛的园林区，是在几处清朝皇家园林的遗址上发展而成的。清华校园周围高等学府和名园古迹林立，园内林木俊秀，水木清华，清澈的万泉河水从腹地蜿蜒流过，勾连成一处处湖泊和小溪，滋润着一代代清华学子高洁的志趣和情操。

海淀区本部是通常意义上的清华校园，面积将近400公顷，如果全程徒步的话，那是需要极大的勇气和体力的。时间也是一个重要的问题，偌大的校园，即使匆匆浏览一遍也要半天时间，若要识得个中滋味，便需有一日之闲了。

清华园有威严的一面，同时也有浪漫的情怀，如果你想在这里寻找诗情画意，那么就轻轻地接近水木清华，在荷塘月色间体会它的曼妙情境。傍晚时分，在荷塘岸边看水波荡漾见得游鱼，一定会感慨繁华都市间竟然深深隐藏着这样清幽之所，更何况，在旁边还遍布着清华著名的工字厅、古月堂和近春园。

1. 清华大学必看景色

★图书馆

有人说：建筑是凝固的音乐。如果把清华园的建筑当成一首曲调优美、旋律高昂的乐曲，图书馆无疑是这首乐曲中最动听的音符之一。无论春夏还是秋冬，无论旭日东升还是红轮西坠，每当你走进清华大学图书馆，扑面而来的是淡淡的书香，映入眼帘的是莘莘学子孜孜以求的身影。这里是知识的海洋，这里是求知的天地，这里是通向彼岸的精神家园，这里是走向辉煌的成功之路。

★水木清华

"水木清华"是清华园内最引人入胜的一处胜景，位于工字厅北侧，常被与颐和园中的谐趣园相比，被称为清华园的"园中之园"。"水木清华"一带的景色设计别具匠心，四时变幻的林山，环拢着一泓秀水，山林之间掩映着两座玲珑典雅的古亭。水木清华的荷花池是清华园水系两湖一河之一（水木清华荷花池、近春园荷塘和万泉河）。夏季荷花盛开，一片葱郁之色；冬季白雪落于池面，周围琼枝环绕，别有一番景致。

2. 清华大学旅游路线

路线一：半日游

可以从西校门坐校内的公共汽车，停车场下，北行至近春园、清华园和大礼堂区，返至二校门，再坐车一路浏览风光，经主楼，到图书馆区、理学院，最后回到西校门。

路线二：一日游

若时间充裕，不妨拿出两个半天来，下午从南校门进入清华，到南北主干道，向西到二校门，在大礼堂区、清华园和图书馆区消磨一下午，去"万人大食堂"吃晚饭，傍晚到近春园吹吹晚风，看湖光树影的风情变幻，晚上便住在近春楼；第二天早起，在理学院区转转，然后坐校内的公共汽车到东部的中央主楼区，从主校门出清华，最后游览清华科技园。

推荐方式：自行车/校园公共汽车/出租车

清华校园内有公共汽车，还有专门做校园游生意的出租车，非常便利；但是游览清华最好的方式还是骑自行车，一骑单车，想走便走，想停便停。

（1）共享单车。

（2）在清华，几乎每个大的岔路口都有明显的指路牌，还附有简单的地图，非常方便。

（3）校内公共车。

（二）北京大学校园旅游线路

北京大学是中国第一所国立大学，也是中国近代正式设立的第一所大学，其成立标志着中国近代高等教育的开端。在中国近现代史上，北大始终与国家民族的命运紧密相连，深刻的影响了中国百年来的历史进程。北大校园北与圆明园毗邻、西与颐和园相望。北大充分利用了这一难得的历史遗产，营建了风景如画的校园环境，使之既有皇家园林的宏伟气度，又有江南山水的秀丽特色。

可能你并没有在北京大学读书，但你也许会曾在某个瞬间幻想过它们，幻想过那些在古老中式建筑里的景致和生活。然而，一所真正优秀的大学并非只有历史，它的每一分钟也同样属于现在的无限辉煌。

1. 北京大学必看景色

★未名湖

未名湖声名在外，春夏时节正是景色最美的时候。不管是绕湖漫步，还是拿本小说在此静读都会让你静享这里厚重的文化韵味。湖畔曲径通幽，则使她显得更加淡泊宁静。沿未名湖北路一直走，可见鼎鼎大名的山鹰社所在地，有兴趣可在此感受山鹰社"存鹰之心于高远，取鹰之志而凌云，习鹰之性以涉险，融鹰之神在山巅"的社团精神。未名湖的美丽，四季各有不同，夏季的湖水如一块温润软玉，湖畔杨柳依依、曲径通幽，衬托的湖水更加淡泊宁静。

★校景亭

在北京大学德斋（红一楼）北部土山上，有一座名为"校景亭"的亭子。它原名翼然亭，是昔日名园鸣鹤园中一座最大的方亭。亭的北面俯临红湖，四周叠置假山，树木阴翳。亭子掩映其中，把古园林建筑中"藏"的特点体现得淋漓尽致。亭正西有白石砌岸的长方形鱼池，盛夏荷花盛开，别有一番风致。校景亭早在乾隆初年就已存在，算是燕园最古老的一座亭子。1926年，燕大迁来以后，对翼然亭进行修整，并在亭内彩绘燕园校景十二幅，将燕园的代表景点荟萃于一亭之上。

2. 北京大学游览路线

路线：一日游

由北大西门进入，过校友桥，参观办公楼小广场，左转参观赛克勒考古与艺术博物馆、红湖建筑群、镜春园、朗润园与致福轩；由此向南到德才均备斋，沿未名北路，到第一体育馆；由此右转往南沿湖东岸，过博雅塔；右转到未名湖南岸，一路西去，看钟亭、临湖轩；转弯向南到六院、静园草坪；进入教学区，参观图书馆、理科楼群；然后参观大讲堂、三角地、饮食一条街；再穿过宿舍区，沿五四大道出北大南门。

推荐方式：步行/自行车

若时间紧张，可以骑自行车游览北大，匆匆一瞥，也可看得大概；时间不紧张，建议还是步行游览，因为北大处处是风景，未名湖畔掩映的树丛、湖心岛上、一条条曲曲折折的小路旁。骑自行车，只怕不能得其便利，反而要平添无数的麻烦了。

(三) 厦门大学旅游景点

厦门大学依山傍海，正大门与南普陀寺景区大门紧邻，另一边则是美丽的海滨沙滩与胡里山炮台，被誉为"中国最美丽的校园之一"。校园依山傍海，附近有南普陀寺和胡里山炮台，风光秀丽。校园中有芙蓉湖和情人谷等景点，静谧而浪漫。除去自然的景色风光，厦门大学的建筑也很值得欣赏，这里的旧建筑被喻为"穿西装，戴斗笠"，意思是中西风格结合。

清水墙、琉璃顶的建筑，配上木棉花、凤凰花、三角梅等四季花卉，令厦门大学有着非常迷人的景色。无论漫步在校园，还是在树下看书，都会感觉很惬意。而且鲁迅先生曾在此工作，所以园内建有唯一一座在高校内的鲁迅纪念馆。大学里还有很多特色纪念品小店，可以购买可爱的厦大地图、厦大明信片等等。学校周边更是咖啡馆林立，小资氛围十足。厦门大学必看景点：

★大南校门

大南校门毗邻南普陀寺。位于厦门大学大南片区，1921年建校时的名称。该校门位于大南片区，进校门后的马路为大南路，在大南校门附近还有教工宿舍楼群。因为厦大学子简称大南校门为"南校门"，常让人误以为它朝南，实际上，它和西校门一样，也是朝西的。2001年为迎接80周年校庆而重建。

★嘉庚楼群

该楼群以厦门大学的创办人、著名爱国华侨陈嘉庚先生的名字命名。它是厦门大学建筑系师生自己设计，由五个相连的楼组成，位于风景秀丽的芙蓉湖畔，是厦门大学的标志性景观。嘉庚楼群的风格是西式的，以对称性突出的颂恩楼巍巍壮观。颂恩楼下有八个如被斜刀削了的竹子形圆柱，上面书写着"自强不息，止於至善"八个大字，这是厦大的"校训"。

★群贤群楼群

群贤群楼群五幢一字排列，建在厦门市五老峰下、南普陀寺前的演武场上。该楼群以居中建筑，装饰最考究，面积也最大，作为学校办公楼使用，以群贤为名。东边为集美楼、映雪楼，西边为同安楼、囊萤楼，建于1921—1922年，楼群建筑面积9 576平方米，为陈嘉庚独资兴建厦大的主楼群。囊萤楼、映雪楼很长时间作为学生宿舍，后来调整与同安楼、集美楼一样做教学、科研用房。

★鲁迅纪念馆

厦门大学鲁迅纪念馆在厦门大学集美楼，1926年09月04日至1927年01月16日鲁迅在厦门期间曾寓居于此。1952年在此设立厦门大学鲁迅纪念室。该馆共有五室，其中四室以六百多件文物和资料、照片分别介绍鲁迅的生平和在绍兴、北京、厦门、广州、上海各历史时期的战斗历程，其中在厦门部分是展出重点。

★芙蓉湖

芙蓉湖也很漂亮，湖边有两棵垂柳，还有几只天鹅，波光潋滟的湖面非常漂亮，还有一座小拱桥，很多人都会驻足留念。

★芙蓉隧道

芙蓉隧道直接通往厦大学生公寓，是一个很长的隧道，估计要走20分钟的路程，隧道的两边都是厦大学生的涂鸦杰作，展现了厦大学生丰富的才华和想象力。

★情人谷

厦大情人谷原来不叫情人谷。它是厦大北面五老峰地势造就的一个山谷。山谷里有个人工水库。在厦门还未引进九龙江水之前，全厦大的用水几乎都靠这个水库供应。水库有五老峰的秀峰灵石为屏，奇花异草为锦，有太姥山的怪石林雄，又有兔耳岭高山丛林秀丽，山光水色美得恍若仙境。

### （四）广州大学城旅游景点

广州大学城位于番禺区新造镇小谷围岛及其南岸地区，是国家一流的大学园区，是华南地区高级人才培养、科学研究和交流的中心，是产、学、研一体化发展的城市新区。大学城周边有黄埔军校旧址、辛亥革命纪念馆，孙中山纪念馆等旧居遗址，还有广东科学中心、档案馆、大学城体育中心等科教活动场所，广州大学城是广州自由行的首选之地，高校也是一道美丽风景。广州大学城必看景点：

★中山大学

中山大学是孙中山先生亲自筹资建立的大学，地处大学城北部，正门面向正北方，上书"国立中山大学"几字，孙中山先生塑像位于其后。1924年，孙中山先生亲自参与筹资开办国立广东大学，任命邹鲁为第一任校长，这便是今天中山大学的前身。

★华南理工大学

1952年华南工学院成立，1988年更名为华南理工大学，著名经济学家成思危于1952年进入华南工学院学习。华南理工大学与清华、同济、哈工大、重大等同为建筑老八校之一。

★华南师范大学

1933年勷勤大学师范学院举行开学典礼，教育家林砺儒先生担任校长，这便是华南师范大学的起源。1982年改为华南师范大学。

★广州大学

广州大学创办历史可追溯到1927年的私立广州大学，其后经历过改组、合并等，现有大学城、桂花岗两个校区。

★星海音乐学院

冼星海，被称为"人民音乐家"的中国近代伟大作曲家、钢琴家，代表作是《黄河大合唱》。星海音乐学院曾用过"广州音乐专科学校""广州音乐学院"等名称，1985年为纪念冼星海更名为星海音乐学院。

除了以上提到的高校，大学城里还有广东工业大学、广东外语外贸大学、广东药科大学、广州中医药大学等高校。大学城里商业配套完善，高校周边有充足的住宿、餐饮、娱乐设施，随处可见共享单车，公交车也很多。除了众多美丽的高校校园外还有湾咀头湿地公园、岭南印象园、中心公园、梁明诚雕塑园等旅游景点，保证了岛上的吃、住、游，广州大学城受到自助游群体的青睐和推崇。

### （五）武汉高校四季赏花游

武汉各高校大多数都有自己或官方、或民间评选出的"校花"，每年二月到八月，游客们可以在高校内"赶场"看花。

★武汉高校四季赏花指南——冬

二月到华中师范大学赏梅花。华中师范大学的梅园始建于2001年，栽种数量1875株腊梅及红梅，每年二月梅花盛开。

★武汉高校四季赏花指南——春

三月可以到武汉大学赏樱花。武汉大学的樱花是所有高校最富盛名的。每年的三月中旬是樱花盛放的季节。还可以到武汉理工大学赏玉兰花。武汉理工大学南湖校区内，由校友集资修建的玉兰花园也颇具规模,成为该校一道新的景点。四月可以到华中农业大学赏桃花。五月到湖北经济学院赏油菜花,汤逊湖畔藏龙岛科技园内的湖北经济学院附近,101省道周围有大片油菜花地,四月底五月初完全绽放,一片花海蔚为壮观。

★武汉高校四季赏花指南——夏

六月可以到华中科技大学赏荷花。该校源湖、镜湖、明湖等校园湖泊种植50余亩荷花,并已连续多年举办"荷花文化节"。还可以到中国地质大学赏栀子花。

★武汉高校四季赏花指南——秋

八月到华中师范大学赏桂花。桂花是华师的"校花",华师的所在地也被称为"桂子山"。现在学校各处的桂花树有一万两千多株,其中1800株具有三十年历史。九月到武汉音乐学院赏菊花。十月到中南财经政法大学赏兰花。

## 线路拓展资料二:

# 秦皇岛旅游线路设计

京津冀包括北京、天津和河北两市一省,位于华北平原的中北部。它是我国旅游活动兴起和发展最早的地区之一,并以其优越的区位和丰富的旅游资源成为全国旅游业发达的区域。

秦皇岛地处河北省东北部,南濒渤海,北依燕山,东邻辽宁,西近京津。辖海港、北戴河、山海关、抚宁四个城市区和昌黎、卢龙、青龙满族自治县三个县。秦皇岛市旅游资源集山、河、湖、泉、瀑、洞、沙、海、关、城、港、寺、庙、园、别墅、候鸟与珍稀动植物等为一体,旅游资源类型丰富,是开展多项目、多层次的旅游活动,满足不同旅游者旅游休闲的最佳场所。经过多年开发建设,全市旅游基础设施和景点建设步入发展快车道。逐步形成了以长城、滨海、生态为主要特色的旅游产品体系。

秦皇岛正在打造一幅"长城滨海画廊,四季休闲天堂"的美丽画卷。作为环渤海地区重要城市,秦皇岛具有广阔的发展前景。现在,秦皇岛人民正在全力打造"绿色秦皇岛""和谐秦皇岛""活力秦皇岛"和"魅力秦皇岛",努力把秦皇岛建成"园林式、生态型、现代化滨海名城"。

**线路名称:**碧海蓝天,秦皇岛海滨风情3日游

**第1天 北戴河**

第一天主要围绕怪楼奇园,老虎石海上公园,还可以到中海滩、奥林匹克大道公园游玩,总之悠闲和不累是旅行的主题。

★怪楼奇园。游玩指南:怪楼奇园座落于北戴河海滨百花山上。怪楼建筑面积999平方米,楼内神奇莫测,暗道相通,山石瀑布,楼道索桥,多门多屋等真假难辨,使人感到惊奇无数。奇园内绿树成荫,喷泉如挂,灯火璀璨,百花齐放,百鸟争鸣,各种怪石,如禽如兽,千姿百态,惟妙惟肖。

游玩时间:建议2小时。开放时间:5—10月:8:00—17:30;11—4月:8:00—

17：00。怪楼奇园与奥林匹克大道公园相距2千米，乘车约3分钟。

★奥林匹克大道公园。奥林匹克大道公园位于河北省秦皇岛市北戴河区，是全国唯一的以奥运为内容的主题式公园。奥林匹克大道公园2005年5月1日建成并向社会免费开放。主要景观由主题雕像、音乐喷泉、58件单体雕像、奥林匹克浮雕墙，以及30位历届奥运会获得冠军的中国运动员掌印、足印及签名等组成。

午餐是北戴河特色午宴，下午前往老虎石海上公园。

★老虎石海上公园。游玩指南：老虎石海上公园占地面积3.3万平方米。这里巨石延伸入海，形如群虎盘踞，故名老虎石。老虎石浴场滩宽海阔，入海坡度平缓，水质良好。还有大型的娱乐公园，园内设有海上飞伞、帆板、冲浪板、儿童乐园等，是目前国内较大的海上综合性公园。

游玩时间：建议3小时，开放时间：7：00—21：00，老虎石海上公园与中海滩两地距离约162米，步行约4分钟。

★中海滩。游玩指南：北戴河海滨东一路至剑秋路一带海滩，通称中海滩。这一带依山襟海，位置适中，有宽阔的浅海和明净的沙滩。游客可以吹吹海风，散散步，在大海里畅游。

游玩时间：建议2小时，开放时间：全天开放。晚餐自理，可以尽情享受北戴河海滨的海鲜，推荐海鲜烧烤，建议到正规餐馆就餐，尽量不在大排档进餐。

**第2天　北戴河**

第二天主要游览北戴河的鸽子窝和碧螺塔公园，尽情享受沙滩、蓝天、碧海组成的悠闲时光。

★鸽子窝公园。游玩指南：鸽子窝公园（又称鹰角公园）位于北戴河海滨的东北角，是观日出的好地方，有时在此观日出时还可见到"浴日"的奇景。海水退潮之后游客可以在滩涂上捡海星、挖海葵、摸贝壳、逮螃蟹。长有海藻的石头很滑，要注意安全。

游玩时间：建议2~3小时，开放时间：5—9月：3：00—18：00，10月至翌年4月：8：00—18：00。鸽子窝公园与鸟类博物馆紧邻，如果时间充裕还可以参观鸟类博物馆，漫步滨海栈道。

★鸟类博物馆。鸟类博物馆坐落于北戴河海滨鸽赤路，占地面积50亩，场馆总面积1 947.39平方米，展陈面积为1 650平方米。鸟类博物馆集收藏鸟类标本，利用多媒体展示鸟类起源、进化、发展，是一座集知识性、趣味性于一体的专题科普博物馆。

★滨海栈道。滨海栈道总长度1万米，西起北戴河湿地公园，东至秦皇岛海港区体育基地游船码头。这条沿海沙滩木栈道途经观鸟湿地、野生动物园、秦皇岛新澳海底世界等8个景区，是秦皇岛市的一道靓丽风景线。

午餐是北戴河特色午宴，下午前往碧螺塔海上酒吧公园，时间充裕还可以到东海滩游玩。

★碧螺塔海上酒吧公园。游玩指南：北戴河碧螺塔海上酒吧公园，位于北戴河海滨小东山，主建筑碧螺塔为海滨东山地区最高点，它是世界独一无二的海螺形螺旋观光塔。公园靠近海边，面积不大，有丰富的美食和歌舞表演，晚上非常热闹。

游玩时间：建议3小时，开放时间：全天开放。

★东海滩。东海滩主要是指碧波荡漾的小东山湾一带，在那里能看到碧螺塔与游船码头遥相呼应，鸥鸟翔戏，船影如幻，岸景旖旎。蓝天、碧浪、金沙、绿树，丽影迷人；海水清澈，滩缓、沙细、浪小、潮平，浪花里嬉笑怡心。晚餐自理，可以在碧螺塔酒吧公园进餐并欣赏歌舞表演。

### 第3天 北戴河→昌黎

最后一天爬上联峰山登高望海，再到昌黎国际滑沙中心玩玩沙子，三天的海滨休闲之旅圆满完成。

★联峰山。游玩指南：风景不错，景色优美，北戴河很值得去的景点。

游玩时间：建议3小时，开放时间：旺季5：30—17：00，淡季8：00—17：00。每天开放时间会根据游客人数进行一定调节。

★昌黎国际滑沙中心。游玩指南：昌黎国际滑沙中心位于昌黎县东侧著名的黄金海岸旅游区中部，是一处规模巨大的海滨沙丘乐园，景区内有众多以沙滩和大海为主题的娱乐项目，适合来此度假游玩。

游玩时间：建议4~6小时，开放时间：8：00—17：00。

**线路点评**

碧海蓝天，秦皇岛海滨风情3日游的旅游线路重点突出了海滨休闲度假的主题，游客可以利用三天时间深度游览北戴河、昌黎多处与大海有关的景区。该线路将秦皇岛阳光（sun）、海水（sea）、沙滩（sand）的3S元素充分展现在游客面前，让游人轻松惬意地度过一个美妙的假期。

资料来源：整理自携程旅行网

# 第二章

# 旅游线路类型

旅游线路的类型到目前为止并无统一的划分方法，人们往往根据自己的研究角度和目的，在不同的情况下，选用不同的划分标准，因而所划分出来的线路类型也是结果各异。通过本章的学习：

- ◆ 了解旅游者外出旅游的目的，根据这些目的来设计合理的旅游线路
- ◆ 掌握周游型、逗留型、节点型旅游线路的概念、特点和类型
- ◆ 掌握包价旅游线路、拼合式旅游线路和自助式旅游线路的概念、特点和类型
- ◆ 掌握定制旅游的概念、特点和类型

管宁生（1999）认为，一个旅游区域内的若干景点各在不同的空间位置，对这些景点游览或活动参与的先后顺序与连接，可有多种不同的串联方式，因此产生、组合成不同的旅游线路。根据旅游者在旅游过程中的位移距离、所涉及的时间及空间范围、运动轨迹和组织形式、线路设计者的思路及线路本身的用途等因素，可以将旅游线路划分为不同的类型。

## 第一节 按照旅游活动组织形式分类

旅游者在外出旅游时会有各种组织形式，根据旅游者出游的组织形式，旅游线路可分为包价旅游线路、拼合式旅游线路、跳跃式旅游线路和自助型旅游线路等几种。

### 一、包价旅游线路

#### （一）包价旅游线路的概念

包价旅游（package tour），为"综合服务包价旅游"的简称。指从旅游者出发开始，直至旅游者重新回到出发点的整个过程都由旅行社来设计完成，即旅游企业根据市场需求及旅游目的地的类型等要素组合成的旅游线路。路线上的"食、宿、行、游、购、娱"等各项活动和内容、日程、价格均安排计划好，并通过一定渠道销售给旅游者。根据市场需求的不同，目前有两大类包价旅游：团体综合服务包价旅游和散客综合服务包价旅游。

旅游者在外出旅游时，一次性付费包括交通、住宿、餐饮、门票、保险、导游服务

等在内的旅游产品,这种旅游产品可以认为就是由旅游企业提供的旅游线路。说简单些,就是旅游者购买包价旅游线路后,一切旅游活动均有旅游企业安排,旅游者不用自己操心。尽管包价旅游线路在服务内容上有些差别,但其核心部分即交通、住宿、导游服务是必不可少的,其余的项目可根据旅游企业的能力或旅游者的意愿进行调整。例如一条旅游线路中可含从客源地出发至返回客源地的所有费用,也可仅包括主要的旅游费用如交通、住宿等,而其余的如餐饮、门票等由旅游者到时自己购买。传统的旅游线路设计大多面向包价旅游,随着包价旅游在旅游市场中所占的比重逐渐减少,散客在旅游市场中的份额日渐上升,对于散客,多设计另外两种形式的线路,即拼合式线路和跳跃式线路。

### (二) 包价旅游线路的特点

#### 1. 以团队旅游为主

包价旅游线路的主要销售对象是团队游客。为了保证一定的团队规模和利润,即使散客购买这种线路,也是由旅游企业进行组团后出游,也就是俗称的散客拼团。

#### 2. 旅游经费包干

包价旅游线路虽然在设计推出时已经考虑到旅游者的某些要求,但是,在线路的推出中仍然是以旅游企业的意愿为主。虽然有些时候旅游企业会根据旅游者(特别是团体旅游者)提出的要求进行修改或调整,但这种变动不会太大。

#### 3. 旅游方式少变

包价旅游线路的活动目前还是以观光游览为主,而且一条包价线路确定后,如果没有特殊情况,旅游企业一般不会对这条线路进行修改。

旅游者选择包价旅游线路进行旅游的最主要原因是为了方便和省心,也就是旅游者交费后,一切由旅游企业进行安排,不用自己操心,省却了很多麻烦。

#### 4. 旅游时间性强

包价旅游线路中旅游者的时间、旅游行动受到旅游企业的制约,旅游出发、返回时间、在景区(景点)的活动时间都是事先安排好的,没有特殊情况不会出现变更。而旅游企业对于旅游活动的安排往往会与旅游者的意愿有矛盾,这一点也正是旅游者对包价旅游线路意见较大的地方。

#### 5. 旅游者自主权少

当旅游者一旦确定(或购买)包价旅游线路并开始旅游后,所以的旅游活动都由旅游企业安排,旅游者在旅游活动中的自主权很少。

#### 6. 旅游者省心

购买包价旅游线路的旅游者把所需款项付清后,整个旅游也就交给旅游企业安排了,无需自己操心。

#### 7. 节省旅游费用

通常各个旅游企业或部门之间有协作关系,对由于旅游企业组织的团队旅游者来说,在旅游过程中的各种消费在价格上会有优惠,所以,在同样档次的旅游项目中,即使加上旅游企业的管理费等成本费用和利润后,包价型旅游团队的费用一般要比旅游者自主旅游低一些。

**8. 旅游线路设计复杂**

包价旅游线路是旅游企业销售产品的主要形式，它包含了旅游资源、旅游设施、旅游时间、旅游服务、旅游价格等要素，且各种要素之间还要合理衔接与协调，加上这种线路一般是面向不特定旅游者的，要能满足大多数旅游者的需要也不是件容易的事。

## 二、拼合式旅游线路

### （一）拼合式旅游线路的概念

拼合式旅游线路是指在整个旅程设计中有几种分段组合路线，旅游者可以在购买时自己选择和拼合，并且在旅程中可以改变原有的选择（分段）。拼合式旅游线路的设计原理和技术要求与包价旅游线路基本上是一致的，它们的区别仅在于前者有几种分段组合的线路而后者是一条完整的线路。

### （二）拼合式旅游线路的特点

**1. 灵活性**

拼合式旅游线路的销售比较灵活，旅游者在购买时有较大的选择余地，可以根据自己的爱好与要求进行选择和拼合。

**2. 可变性**

旅游者在购买后，如果中途与需要，还可以改变原来的选择，不像包价旅游线路那样一次购买后就不能再改变。

**3. 方便性**

旅游者购买线路后的方便程度与包价线路基本相当，一旦线路购买并拼合好后，旅游企业会和包价线路一样提供比较周到的服务。

## 小案例：北戴河两晚三日自驾游拼合式线路

D1：A 路线：上午 11：00—11：30 在北戴河崔各庄环岛接团，随后自驾入住酒店。午餐后，游览渔岛（游览时间约 3 小时）；乘船上岛，清澈见底的湖水让你感受泛舟的乐趣，沿途还可以看到形态各异的沙雕作品。参加滑沙、滑草冲进沙湖、海边垂钓、沙滩足球、排球等娱乐项目。景区以原始生态自然景观为主，还有海洋类科普长廊，并设有孩子们喜欢的水上乐园，清澈的露天温泉。晚餐后，回酒店休息。

B 路线：上午 11：00—11：30 在北戴河崔各庄环岛接团，随后自驾入住酒店。午餐后，游览秦皇岛野生动物园（游览时间约 3 小时），园内放养着 80 余种 5 000 多只动物，有世界珍禽名兽和我国一、二级保护动物，如东北虎、非洲狮、长颈鹿、斑马、棕熊、黑天鹅等。让您感受"从前人看笼中兽，今日兽观车中人"美好自然景象！晚餐后，回酒店休息。

C 路线：上午 11：00—11：30 在北戴河崔各庄环岛接团，随后自驾入住酒店。午餐后游览秦皇求仙入海处（游览时间约 1.5 小时），感受秦文化，得知秦皇岛名字的由来。景区建设融古建筑、园林、雕塑艺术为一体，展示战国时期七雄争霸的历史背景，可观秦风阙门、始皇碣石行大型群雕、战国风情、求仙殿等，体会战国七雄的文化、风俗、建筑特色。随后海边自由活动。晚餐后，回酒店休息。

D2：A路线：早餐后8：00准时从酒店出发，乘坐豪华游船（游览时间约1小时）。随后，游览鸽子窝公园景区（游览时间约2小时），瞻仰毛泽东主席塑像，咏毛主席词：《浪淘沙．北戴河》、看"秦皇岛外打渔船"、望海长廊、浴日亭，登鹰角亭，观北戴河全景；红顶、素墙、蓝天、碧海、金沙。午餐后，参观深海养殖基地（参观时间约1小时），自由选购纪念品，为亲人朋友带回一份礼物。随后，自由活动。17：30酒店集合，用晚餐。晚餐后，欣赏海上酒吧公园——碧螺塔酒吧公园（游览时间约3小时）。登碧螺塔遥望秦皇岛港，夜晚来临之时在海上平台欣赏异国风情歌舞表演，更有独具特色的海上迪厅、空中酒吧街、沙滩篝火等休闲娱乐项目，让游客享受城市之外的浪漫风情。结束一天行程，回酒店休息。

B路线：早餐后8：00准时从酒店出发，游览京东八大海岸之——昌黎黄金海岸（游览时间约3小时），体验滑沙、滑草、沙山滑道、奇力小屋、鸟艺表演、时空隧道、森林狩猎、儿童乐园等多种娱乐项目的乐趣。在这里您能真正感受到回归自然，猎奇探险，返朴归真。午餐后，参观深海养殖基地（参观时间约1小时）。自由选购纪念品，为亲人朋友带回一份礼物。随后，自由活动。晚餐后欣赏海上酒吧公园——碧螺塔酒吧公园（游览时间约3小时）。登碧螺塔遥望秦皇岛港，夜晚来临之时在海上平台欣赏异国风情歌舞表演，更有独具特色的海上迪厅、空中酒吧街、沙滩篝火等休闲娱乐项目，让游客享受城市之外的浪漫风情。结束一天行程，回酒店休息。

C路线：早餐后8：00准时从酒店出发，石塘路海鲜市场自由购物（游览时间约2小时）；11：30酒店集合用午餐。午餐后，游览沙雕大世界（游览时间约3小时），沙质细腻，充分利用了2 000多年以来由海潮季风的作用形成30~40米高的岸边沙丘，雕刻了高37米沙雕大佛及30多座精美的沙雕艺术作品，供游客观赏，曾召开过数次沙雕艺术节大会。体验滑沙、滑草、看沙雕、海上脚踏车、冲锋舟、滑板车、海边垂钓、射箭、沙滩足球、排球、高尔夫球等项目。晚餐后，欣赏海上酒吧公园——碧螺塔酒吧公园（游览时间约3小时）。登碧螺塔遥望秦皇岛港，夜晚来临之时在海上平台欣赏异国风情歌舞表演，更有独具特色的海上迪厅、空中酒吧街、沙滩篝火等休闲娱乐项目，让游客享受城市之外的浪漫风情。结束一天行程，回酒店休息。

D3：A路线：早餐后8：00准时从酒店出发，参观全国首家4A级现代化高科技园区——集发生态观光园（游览时间约3小时）。在园内可看千余种名优花卉，欣赏到"南花北开，南树北栽，西瓜上树，青菜绕柱"的奇特景观，还可以在水上乐园中放松疲惫的身心，在儿童乐园里找回您的童贞，在表演区内还可以看到土乡土色的磨米磨面，您还可以乘竹筏沿河漂流。午餐后送团，自驾返回温馨的家。

B路线：早餐后7：30准时从酒店出发，游览南戴河国际娱乐中心（游览时间约3小时）它是北方最大的娱乐基地，有滑沙、滑草、高山滑艇、高山滑圈、林海索道、鸟艺表演、森林火车、悬挂式过山车、往复式过山车、木星、极速风车、彩球飘飞、空中飞舞、三星飞旋、滑行龙、观光缆车、天旋地转、豪华转马、遨游太空、橄榄球、旋转飞椅、海盗船、超级秋千、飞毯、UFO飞碟车、音乐喷泉、乌篷船、碰碰船、电瓶船、疯狂列车、激情跳跃、美人鱼、幸福快车、勇敢者转盘、白象戏水、飞龟、星空之门、豪华碰碰车、迪斯科转盘、中华荷园、亲海广场等100多种项目及景点。午餐后送团,自驾返回温馨的家。

C路线:早餐后7:30准时从酒店出发,游览乐岛欢乐海洋公园(游览时间约3小时);可参加几十余项戏水项目及惊险刺激的陆地嘉年华。观华北首家极地馆、全国最大的海洋回游馆、北方最大的鲨鱼馆,海狮湾、海豹湾、海狗湾等,在开放式的海洋剧场里观赏海豚、海狮等动物明星的精彩表演。午餐后送团,自驾返回温馨的家。

**自驾游自由选一览表**

| 食 | | 住 | | 行 | | 游 | 购(是否进店) |
|---|---|---|---|---|---|---|---|
| 方式 | 选择 | 标准 | 选择 | 方式 | 选择 | 组合方案 | |
| 自理 | | 准二 | | 自带 | | AAA | |
| 海鲜 | | 准三 | | 火车 | | ABC | |
| 团餐 | | 准四 | | 飞机 | | BAC | |
| 烧烤 | | 其他 | | 其他 | | 其他 | |

服务标准:1. 住宿:二星团,双人标间或同级标准;三星团,双人标间或同级标准。
    2. 用餐:□自理
       □海鲜、烧烤(提供场所,任您选择,费用自理)
       □团餐,经济型:早餐,5元/人;正餐,15元/人
        品质型:早餐,10元/人;正餐,30元/人
       (2早5正,正餐10菜1汤,10人一桌,不含酒水)
    3. 门票:所列景点首道大门票;自费景点为自愿消费景点
    4. 导游:优秀导游讲解(进店免导服)。
    5. 导服:5元/人/天(不进店)。
    6. 购物:深海养殖基地(约一小时)不强制消费。
备注说明:1. 在不降低标准和不减少景点的情况下,行程可能视当时情况互换。
    2. 参团时如遇单男或单女,请按导游安排拼房入住或补交单房差。
    3. 儿童(1.2米以下)含餐、当地用车及导游服务费,不含景区门票,若发生请自理。
    4. 不减少景点情况下,我社有权调整行程前后顺序。客人投诉以当地客人所签意见反馈单为准。
    5. 20人以上成团。
    6. 旅游期间如有客人自愿放弃当地景点、用餐及住宿,费用概不退还。

资料来源:整理自秦皇岛逸游旅行社

## 三、跳跃式旅游线路

### (一)跳跃式旅游线路的概念

跳跃式旅游线路是指旅游企业提供的只是整个旅程中几小段或几大段服务,其余皆有旅游者自己设计。旅行社提供的单项服务主要有:导游服务、接送服务、接送服务、订房服务、订票服务、订参观游览服务,代办签证,代办保险等服务。如携程旅行网的旅游线路"厦门+鼓浪屿5日自由行·万达2晚岛上温泉水乐园&专享接机",携程只为旅游者提供机票、接送机、预订酒店服务,其他行程均推荐由旅游者自行选择。

### (二)跳跃式旅游线路的特点

跳跃式旅游线路可以看成是一种半自助式的旅游线路,旅游者有较大的自由度与自

主权,这种线路的设计要相对简单。

一般来说,散客需要的旅游线路零散、复杂、多是分段拼合式线路,小段旅游线路,甚至只是旅程中的几项服务,人均利润额也会增大;且销售给散客的旅游线路,旅行社本身投入少,因而单位成本带来的效益显著提高。当然,在多数情况下,旅行社须充当情报信息中心等角色,在游客咨询旅游信息的过程中,扩大宣传,吸引甚至留住游客。

## 小案例：海南三亚5日4晚半自助游

线路特色：时尚新玩法：一手高口碑酒店资源任您挑选+无忧纯玩必玩景点+充足自由时间随您DIY!

行程安排：

**第1天　全国各地——三亚**

自行前往出发地机场,办理登机手续。出发地没有导游哦~抵达三亚,地接社工作人员将举着标识在机场接待出口接您,沿途欣赏南国风光,回酒店休息。

**第2天　亚龙湾爱立方槟榔谷**

亚龙湾爱立方景区将自然资源和现代科技进行了深入的融合和挖掘,形成立体的"海、山、湖、林、谷、滩"联动的动态旅游环线。同时,景区将通过游览景观和文化科普两大主线打造主题园区域：亚龙湾印象区、滨海乐园区、山海联运区、观海休闲区、山顶区、蝴蝶谷区六大休闲娱乐区。

槟榔谷位于海棠湾西部的甘什岭自然保护区内,这里森林茂密,四周是满山遍野的槟榔,保留着原生态的热带景观。槟榔谷主要展示的是黎族和苗族原生文化,通过部落风情和实景演出让人们了解海南的少数民族。槟榔谷最初是一个黎族山寨,经过这十年发展已经成为海南岛最大的一个展示海南原住民民族风情的地方。景区由非遗村、甘什黎村、谷银苗家、田野黎家、《槟榔·古韵》大型实景演出、兰花小木屋、黎苗风味美食街七大文化体验区构成,风景秀丽。

**第3天　蜈支洲一整天**

蜈支洲岛又名情人岛,是海南岛周围为数不多的有淡水资源和丰富植被的小岛,并有许多难得一见的植物。四周海水能见度6~27米,有五彩斑斓的热带鱼。南部水域海底有着保护很好的珊瑚礁,是国内最佳潜水基地。

**第4天　旅游DIY—您的假期您做主**

**第5天　自由活动—惜别三亚**

资料来源：整理自携程旅行网

### 四、自助式旅游线路

**(一) 自助式旅游线路的概念**

自助式旅游线路是指旅游者自行组织旅游活动的一种旅游线路,其线路的设计、旅游活动的实施没有旅游中介组织(如旅游企业)的介入。随着旅游的蓬勃发展,信息渠道的通畅，越来越多的旅游者，不满足于对已有旅游线路的被动选择，他们更乐于DIY式的自助式旅游，以获得最大的旅游满足。在一些发达国家，已经没有我国传统意义上的组团游，人们习惯于直接到旅行网站查询、预订"机票+酒店"式便捷、极富个性化的自助"套餐"（自助旅游）来安排自己的游程。旅游网站为游客提供了极其便捷、极富个性化的自助旅行系列产品，例如，位列美国三大旅行网站之首的Expedia，进可供游客挑选的世界各国旅游目的地就多达480个。在我国，一些知名旅游网站驴妈妈、马蜂窝等都是为自助旅游者提供服务的非常好的平台。

（二）自助式旅游线路的特点

1. **有别于一般旅游团旅游方式**

一般旅游团受到团队的限制于成本的考虑，因此旅游形式大多不变，每到一个地方领队或导游会给游客一定的时间参观照相，然后就前往下一站，尽可能给游客多游览一些景点。这样能满足大多数人对于旅游的要求，希望在最短的时间内看最多的内容。其实，这种旅游团的形式本身没有什么问题，只是参加者必须与团体配合，所以让旅游者觉得行动不便处处受束缚的感觉。另外，导游或领队出于行动的统一性与安全性考虑，为避免有任何人的个别行动造成团队的不便或延误，往往不愿意让团员单独行动。自助式旅游就不存在这个问题。

2. **自助式旅游**

最大的特色就是旅游自主内容性很强，每个人都有充分的时间来享受旅游中的乐趣，即使是行程安排的恰当的半自助式旅游，都可享受自由自在的活动与旅游内容。

3. **经费完全自我控制**

自助式旅游者的旅游费用完全由自我控制，花的每一分钱都在自己掌握中。也就是说，自助式旅游是一种把钱花在自己最想花钱的地方的旅游方式。

4. **计划性强**

旅游者从有进行自助旅游的打算起，就会开始做旅游计划。衡量自己的时间与财力、寻找想去的地方，查询订票、定房，安排每天的行程、收集旅游目的地相关资料等。

## 五、定制旅游线路

（一）定制旅游线路的概念

定制旅游线路不同于以上旅游线路，是从国外传入中国的一种新兴旅游线路形式。定制旅游在中国目前处于发展阶段。定制旅游（customer-designed）完全为旅游者量身定制，一人成团，专车专导。旅游者可以自己任意安排出行时间，入住自己喜爱的酒店，乘坐自己喜好的车辆，想去哪就去哪，想吃啥就吃啥，想玩啥就玩啥，只要旅游者有想法，定制游都将竭尽全力满足其要求，真正做到随心所欲。

巴黎的私人定制旅游是一种国外非常流行的旅游方式，是根据旅游者的需求，以旅游者为主导进行旅游行动流程的设计。通俗的说就是根据自己的喜好和需求定制行程的旅行方式。这种模式在业界的特点就是弱化了或者去除了中间商，能够给旅游者带来最个性化的服务。

目前定制游衍生出一种更高形态的旅行方式，创意高端私人定制旅游。早期的定制游对游客有较高的要求，一般需要游客对旅行目的地有一定的了解和认识，并自行提出初步的旅行方案。而目前欧美主流的创意定制游则更加的注重享受。游客并不需要对目的地有太多的了解，甚至可以不明确目的地，创意定制的服务机构了解游客的个体特征，如兴趣爱好，出行人的情况和预算，即可为出行人创造出一系列极具特色的创意行程。比如针对喜欢冒险的游客，设计出007新邦德角色真实体验之旅；针对单身出行的男女，设计出推莎翁式英伦浪漫交友之旅；针对全家出行的群体，设计出爸爸去哪儿之英国站的亲子行程。

### （二）定制旅游的兴起

定制旅游最早开始于自助游一方面由于随着生活水平、受教育程度、交通条件和其它内外因的影响，旅游者对旅游内容的要求越来越高，行程的安排也日益个性化。

而传统的旅游企业所提供的产品和服务已经很难涵括所有旅游者的需求，因此，旅游者需求和旅游企业提供的产品之间形成了巨大的空隙，这给定制旅游的出现提供了机会。他们在旅游网站搜索旅游目的地的信息，选择自己喜欢的旅游目的地。旅游网站的新闻资讯、出游常识、景点介绍及交通住宿方面的信息，都为旅游者提供了他们最想要了解的内容。另一方面由于旅游企业服务质量的下降导致旅行社在降低价格的同时也在减少旅游成本，降低服务质量，使国内旅行行业陷入一种价格战的恶性循环，从而使旅行者丧失依托旅行社的兴趣与信任。

基于市场的原因，定制旅游概念在业内已经逐步兴起，不少机构开始涉足其中。但是，很多机构大有挂羊头卖狗肉的嫌疑，组团社打着定制旅游的旗号，实际还是出售的标准旅游产品，原则上还是停留在概念上，目的仅仅是有了一个将利润做大的理由。作为初级阶段出现的很多问题显然不是定制旅游本身所引起的，问题在于对定制旅游的产品服务流程的理解和实施。

### （三）定制旅游的类型

定制旅游的三种形式：（1）单项组合定制，如自由行的机票+酒店。（2）主题定制，如奢华旅游，有具体行程和主题，其实就是针对小众的特色旅游线路。（3）完全C2B定制，客人提出具体需求商家对接。

### （四）定制旅游线路与传统包价旅游线路的区别

传统包价旅游线路：是以降低成本为基础，牺牲个性，放大共性，基本上没有兴趣细分、需求细分，提供以低标准和低成本为导向的常规模式产品，靠增加服务项目和购物来补贴成本差额，以增加收入和利润，运营上的要点是成团，在服务上的重点是完成各自的任务。

定制旅游线路：从设计看，定制旅游是在精准的目标人群细分、兴趣细分、需求细分的基础上，整合能满足游客个性化需求的旅行供应商与跨行业资源的合作伙伴，遵循以客户体验价值为导向的产品设计原则，不仅关注产品的成本和销售价格，更关注游客的时间成本和体验成本，游客也将参与产品的设计与选择，按需定制，在前期组团中，更多的是提供顾问式服务，行程中的服务要素是灵活、周到、流畅、专业。

"特色是旅游之魂，文化是旅游之基，环境是旅游之根，品质是旅游之本。"这句话,其实就是对定制旅游线路产品核心的高度概括。可见,定制旅游,从消费到经营,都需要破除旧观念。定制旅游线路,不一定是奢侈,但一定要有主题特色,有人文、历史、自然的独特之处。

## 小资料:个性化催生定制旅游

随着旅游产业的发展和升级,以及旅行活动的频率、深度不断增加,个性化旅游的需求越来越多了。对这部分消费群体来说,针对旅游者自身个性化需求而设计行程的定制旅游产品便应运而生了。

对旅行社来说,定制旅游产品可谓是旅游业的"金矿",与普通旅游产品相比,定制游的利润达到10%~15%,甚至更多。四川康辉旅行社总经理郑军认为,目前的大众旅游线路很多已走入低价竞争的恶性循环中,旅行社只有通过差异化竞争才能更好的生存。"设计独特、服务优质的定制旅游产品,将成为旅行社新的经济增长点。"

随着国内富翁旅游的私密性和尊崇性加强,以及国内80后90后个性化需求,越来越多的游客喜欢通过定制旅游完成自己的旅游旅程,而更多的企业员工春游也倾向于通过定制企业春游方案来完成。据7998旅游网站内统计分析,每天约有1 000条定制旅游需求发布,每天约有1万家旅行社参与定制旅游竞标,而这只是中国定制旅游的起点,也许未来3年内中国定制旅游将占据国内旅游市场的半壁江山,定制旅游将会极大程度上改变旅行社主导线路设计的状况。

资料来源:整理自7988旅行网

## 第二节 按照旅游目的(内容)分类

旅游目的是旅游者出游的主要动机之一。根据旅游者的出游目的,旅游线路可分为观光型旅游线路、休闲度假旅游线路以及各种专题(主题)旅游线路。

### 一、观光游览型

该线路一般是为一般无特殊要求的观光旅游者设计的,常以内容丰富多彩的自然风光和民族风情为主来满足多数旅游者观光游览的需要,属于旅游中的基本层次。由于游客重复利用同一线路的可能性较小,因而旅游线路成本较高。如携程旅行网推出的"昆明+大理+丽江+玉龙雪山+香格里拉8日7晚跟团游";去哪儿网推出的"探寻十三朝古都纯玩无购物-黄帝陵、壶口瀑布、兵马俑华清池华山西安双飞6日游"等。

### 二、休闲度假型

休闲度假型旅游线路多用于满足游客度假、休闲的需要,旅游线路串联的旅游点少(一般只有1~2个),而游客在每个旅游点停留的时间长,旅游线路重复利用的可能性较高,因此,旅游线路的设计要简单、经济的多。度假旅游线路的类型多包括海滨度假、温泉度假、滑雪度假、乡村度假等。如携程网上的"北戴河+秦皇岛+山海关2日1晚跟团游"。

## 案例：北戴河+秦皇岛+山海关2日1晚跟团游

第1天：秦皇岛站接站，乘车赴历史文化名城——山海关，12：00用午餐：特色四条包子。四条包子铺是一道来自国家历史文化名城——秦皇岛山海关的美味可口的传统名点，属于河北菜。普通的面粉，常见的馅料加工成造型美观、口味独特、醇而不霸、肥而不腻。13：00游览天下第一关约2小时：天下第一关是世界文化遗产、全国重点文物保护单位、全国首批5A级旅游景区、创建全国文明风景旅游区工作先进单位。"茫茫碣石东，此关自天作。粤惟中山王，经营始开拓！"天下第一关"为万里长城东部起点的第一座关隘，是关内关外的分界线，是明朝京师——北京的重要屏障。15：30游览老龙头（外观），游览时间约30分钟。

老龙头景区由宁海城、入海石城、澄海楼、南海口关、龙武营、海神庙等组成。万里长城像一条巨龙，横亘在华夏大地上，东端在山海关城南4千米处直插入海，犹如龙头高昂，成为明长城东部起点，因此称为老龙头。17：00前往渔岛菲奢尔海景温泉度假酒店，18：00用餐，可自理菲奢尔温泉馆海鲜自助餐（78元/人，1.2米以下免费）

第2天：前往渔岛菲奢尔海景温泉。7：30早餐，8：00游览渔岛菲奢尔海景温泉，渔岛在原有室外温泉的基础上，打造了一座热带雨林式室内温泉——菲奢尔海景温泉，将室内外温泉融为一体，室内秀色氤氲、水木清华，室外山林滨海、雅然成趣，突破了寒冬的限制，成为了一个四季观海项目，在这里你可以泡着温泉看大海，静享温泉舒适奇妙之旅。主要由"中药养生区、溶洞温泉区、异国风情区、动感娱乐区、中医诊疗区（VIP包池区）"五大区域组成；室外温泉主要由"俪人养颜区、山林娱乐区、滨海温泉区"三部分组成。14：00返程。

资料来源：整理自携程旅行网

### 三、专题（主题）型旅游线路

专题旅游是为满足某些特殊兴趣和爱好的游客而举办的具有特定内容的旅游项目。在当前竞争激烈的国际旅游市场中，各旅游东道国为立足于不败之地，不得不千方百计更新游览内容，不断推出标新立异的专题旅游项目，以迎合游客求知、求新、求奇的心理要求，从而出奇制胜，招徕游客。如比利时先后开展了一系列以纪念活动为中心的专题旅游，如"鲁本斯年""比利时七大奇迹年"和"布鲁塞尔津市一千周年"的纪念活动等，使游客接待量显著增长。中国近年陆续推出的运河旅游、丝绸之路旅游、长江三峡旅游、冰雪节旅游、风筝旅游、烹饪旅游、武术旅游等各具特色的专题旅游，已初步取得成效。此外，中国传统的气功、针灸、推拿以及中草药、太极拳等中医疗法与健身术，对治疗慢性病和疑难病症有特殊疗效，在海内外享有盛誉。开展以保健疗养为特色的中医中药专题旅游，将有广阔的发展前景。

专题（主题型）型线路是一种以某一主题内容为基本思路串联各点而成的旅游线路。全线各点的旅游景物（或活动）有比较专一的内容和同属性，因而具有较强的文化性、知识性和趣味性。由于各条线路的主题多种多样，因而受到不同兴趣爱好者的欢迎。

随着旅游者文化层次的提高，旅游者需求日益多样化和个性化，旅游市场细分也越来越精细，出现了众多的主题旅游形式，这些主题旅游线路也在各旅游企业宣传或营销中占有越来越重要的地位。如携程旅行网在旅游首页醒目的位置上就是主题旅游的版块，分为"户外活动""人文探索""赛事经典""旅居度假""健康养生"五大主要主题，在每项主题下面都有细分的主题旅游线路，如健康养生下面又包含健康医疗、禅修养生等细化的旅游线路。

2009年，国家旅游局公布了《中国国家旅游路线初步方案》，首批推出的备选名单有12条专项旅游线路：丝绸之路、香格里拉、长江三峡、青藏铁路、京杭大运河、红军长征、黄河文明、长江中下游、京西沪桂广、滨海度假旅游线路，国家旅游局对广泛认同的线路将分批推出。

## 小资料：长征主题红色旅游精品线路

2016年国家旅游局发布8条长征主题红色旅游精品线路，线路以中央红军长征路线为基础，包括8条专题线路，第一条线路是从"共和国摇篮"江西瑞金出发，途径于都、福建龙岩等地，到达湘江战役发生地广西兴安的"突围之旅"；第二条线路从广西兴安出发，到贵州遵义，被称为"转折之旅"；第三条线路为"出奇之旅"，从贵州遵义出发，到达金沙江边的云南禄劝县；第四条线路从云南禄劝到红军团结一心飞夺泸定桥的故事发生地，四川泸定，这条线路被称为"团结之旅"；第五条线路从四川泸定到小金，为红军不畏艰难翻雪山的"挑战之旅"；第六条线路为"卓绝之旅"，从四川小金到若尔盖，红军不怕牺牲穿过了泥泞的若尔盖大草原；第七条线路，胜利就在眼前，"曙光之旅"从四川若尔盖途径宁夏隆德，到达陕西吴起；最后一条线路为红军"会师之旅"，从陕西吴起途径宁夏固原、西吉，最终到达甘肃会宁。

资料来源：整理自国家旅游局官网

## 第三节 按空间轨迹分类

这里的空间轨迹主要指旅游者在旅游过程中的空间移动过程。根据旅游者运动的空间轨迹，旅游线路可以分为周游型旅游线路、节点型旅游线路和逗留型旅游线路等。

### 一、周游型旅游线路

#### （一）周游型旅游线路的概念

当旅游者在旅游过程中在空间留下的运动轨迹成为一条闭合环状的线路时，这样的线路就称之为周游型旅游线路。也就是说，旅游者在外出旅游时，以旅游客源地为起点，经过若干个旅游目的地后回到客源地，中间所经过的路线不重复且成环状，这样的旅游线路就是周游型旅游线路。

## （二）周游型旅游线路的特点

### 1. 旅游内容以"观光游览"为主

周游型旅游线路的活动内容以观光游览为主，人们常用"走马观花"来形容周游型旅游线路，线路中所包含的旅游资源类型以自然风光和具有特色的人文旅游资源等观赏型旅游资源为主。旅游者在选择周游型旅游线路时，力求到级别较高的旅游点旅游，因此，周游型旅游线路中的各类旅游资源的级别或知名度要高，一条线路中包含的高级别景点多。

### 2. 旅游线路成闭合环状

周游型的旅游目的地很多，在设计周游型旅游线路时，要根据旅游目的地和旅游资源的空间布局，将其线路轨迹设计成环状闭合，不走回头路。

### 3. 旅游效率高，旅游效果一般

周游型旅游线路虽然是"走马观花"式的旅游，但对于旅游者来说，能够在一次旅游中游览几个旅游目的地的高级别旅游景点时值得的。且因为设计的线路不走回头路，因此在时间组合上能节约较多的成本。但周游型旅游线路在旅游点的活动安排比较紧凑，旅游者在旅游景点的活动受到限制，再加上旅游者要有较多的时间花在各种交通工具上，常是一天换一个住宿地，旅游者会感到十分疲劳，这些都会影响旅游者的旅游体验。

### 4. 线路设计难度较大

周游型旅游线路包含的旅游目的地较多，设计到的旅游景点、旅游活动项目、住宿、餐饮等都比较复杂，在各项选择上要考虑的因素也比较多。再加上空间轨迹环状闭合的限制，对旅游交通等要求极高，因此设计的难度较大。但是设计成功的线路生命力较长，有些经典线路可经久不衰。如经典的华东5市游，就是典型的周游型旅游线路。

# 案例：华东5市+乌镇5日4晚跟团游

**第1天** 南京集合【中山陵、玄武湖、夫子庙】宿南京，含中餐

行程安排：游南京最具历史、文化代表的标志性景点钟山风景区国家5A级景区——【中山陵】，紫金鼎，博爱坊，天下为公坊等。游览南京古城特色景观区、中国最大的传统古街市【秦淮河——夫子庙商业街】，沿途欣赏乌衣巷、文德桥、秦淮河美丽风光、神州第一照壁、自费品尝特色风味小吃。【老门东历史文化街区】（老南京历史的真实再现，德云社南京分社坐落于此，集聚南京美食、酒吧于一身的历史文化街区）。

**第2天** 南京——无锡——杭州

行程安排：游览东方第五佛——【灵山大佛】：灵山大照壁、五明桥、五智门、佛足坛、菩提大道、阿育王柱、佛手印、灵山大佛等。"九龙灌浴"表演；灵山新景——梵宫：华藏世界、"净、信、孝、和"木雕、天象图，十二生肖铜像；远观曼飞龙塔、远观香水海、远观五印坛城。杭州宋城观看千古情演出：这是一部气势磅礴的民族史诗、一个缠绵迷离的美丽传说、一场盛况空前的皇宫庆典、一段气贯长虹的悲壮故事。大型歌舞《宋城千古情》的演出有着"一生必看的演出"之誉，感受现代高科技手段

营造如梦似幻有着"给我一天，还你千年"的曼妙意境，一品江南的南宋文化。

**第3天　杭州——乌镇**

行程安排：为您《私人定制》（约40分钟）：包船欣赏大小西湖美景，大西湖是人们印象中的传统西湖，包括著名的西湖十景，西进后的小西湖则给人一种步移景异、曲径通幽的感觉。其中杨公堤"堤在水中，水在堤中"，平整的台阶式驳坎，水面与陆地"有意"的"亲近"接触。更有湖边花木芳姿绰约，鸟鸣湖幽。前往中国最后的枕水人家——【乌镇】。游览乌镇西栅景区。西栅位于乌镇西大街，毗邻古老的京杭大运河，与东栅以旅游观光为主题不同，西栅打造的是一番"全新"的古镇游体验（由导游办理入园手续，从安渡坊码头乘摆渡船或步行进入景区）。这种"新鲜"的感受不仅在于白天观光，更在于流光溢彩的夜游休闲，让人能真正住下来细品。这里是—江南古镇的封面！一样的古镇，不一样的乌镇！

**第4天　乌镇——苏州**

行程安排：游览中国四大名园之一的【留园】，以园内建筑布置精巧、奇石众多而知名，著名的留园三绝有"冠云峰、楠木殿、鱼化石"已被列为世界文化遗产。游千年古刹——【寒山寺】。观妙利普明宝塔，聆听古钟怀旧，感受和合二仙和平祥和的故事，远观中国的"比萨斜塔"——虎丘塔。

**第5天　上海**

行程安排：上海迪士尼旗舰店（陆家嘴店）位于上海陆家嘴的这家迪士尼旗舰店是它在全球最大零售面积的一间，也是全球迪士尼商店中唯一一个有漫威专区的商铺。另外，上海迪士尼旗舰店首度引入中国元素，店内的中国装潢元素也格外让人兴奋，弧形入口选择了中国式木质外观，正中是红色字体"Disney"标志。

资料来源：整理自携程旅行网

## 二、节点型旅游线路

### （一）节点型旅游线路的概念

节点型旅游线路是指旅游者在空间的运动轨迹成节点状，也就是旅游者以某一地为中心，以放射状的线路到该地点的周围进行的旅游活动。如旅游者到云南旅游，以昆明为中心，向大理丽江、西双版纳、腾冲等四散活动的旅游线路形式。

### （二）节点型旅游线路的特点

节点型旅游线路以一个城市（镇）为中心，其他所有旅游目的地都与之连接，形成一个发射系统，其特点就是有明显的集散地，便于服务设施的集中和发挥规模效益。

如果能在当天完成往返旅游的，旅游者一般不愿意在外地留宿，一则花费大，二来心理上对暂住地有特殊的归属感，因此这种线路比较符合旅游者心理。

## 三、逗留型旅游线路

### （一）逗留型旅游线路的特点

逗留型旅游线路是指旅游者在旅游过程中不是以观光游览为主，而是以度假、休闲、探亲、休养为主要内容的一种旅游线路。逗留型旅游线路在一次旅游过程中旅游目的地不多，在一个旅游目的地的逗留时间相对较长。在一定意义上说，也可称为"深度游"。

**（二）逗留型旅游线路的特点**

与周游型旅游线路相比，逗留型旅游线路具有以下特点。

**1. 旅游内容以休闲、疗养、度假为主**

逗留型旅游线路一般旅游目的都以休闲、度假、疗养等为主，包含目的地较少，在某一地停留的时间较长。旅游者对目的地知名度要求不高，但要有特色。有时也会根据不同的季节与度假要求选择不同类型的旅游目的地。比如春节期间，北方游客前往海南、云南热带亚热带地区度假的游客就明显增多，他们大多数选择三亚、西双版纳一地，停留5~7天，体验当地自然风光、民俗风情、节庆活动、特色美食，享受不一样的春节假期。

**2. 旅游者重游率较高**

旅游者在利用逗留型旅游线路时更看重的是休闲、疗养、探亲等各项安排，特别是对食、住、休闲、娱乐等方面的要求较高。旅游者如果对旅游接待设施、旅游供给设施能力、旅游服务水平、社会治安等各种安排及服务都满意的话，就可以重复利用同一条旅游路线，也就是旅游重游率较高。

**3. 旅游效果好**

选择逗留型旅游线路的旅游者一般闲暇时间较多，他们会在旅游目的地停留较长的时间，可以省却频繁换乘交通工具和不停更换住宿地的劳累，还可以有充分的时间对旅游目的地的自然风光、风土人情等做比较深入细致的了解。旅游者可以是团队集体活动，也可以是单独行动，可以参加各种各样的体验或娱乐活动，也可以得到充分放松和休息。因此，旅游体验效果要明显优于选择周游型旅游线路的旅游者。

**4. 旅游线路设计相对比较简单**

逗留型旅游线路所设计的旅游目的地及相关单位要少，交通、住宿、餐饮、旅游活动安排要相对简单一些，难度也要小一些，主要体现在各种交通工具之间的衔接要求相对比较低，时间安排相对宽裕。

## 案例：五台山2日游—深度五台山朝圣之旅

**第1天　北京—五台山—镇海寺—宝华寺—菩萨顶**

13：00抵达世界文化遗产世界五大佛教圣地【五台山】。【五台山】：中国四大佛教名山之首；中国十大名山之一；中国十大避暑名山之首；中国唯一兼有汉地佛教和藏传佛教的道场；因五峰巍然矗立，峰顶平坦如台，故称五台山；又因山上气候多寒，盛夏不见炎暑，故又称清凉山。是中国佛教四大菩萨中主管智慧的文殊菩萨道场。五台山古名清凉山，因"夏无酷暑，岁积坚冰"而成为著名的避暑胜地。东汉年间佛教传入五台山，是佛教四大菩萨之文殊菩萨讲经道场。两千年历史沉淀，这里梵宇林立，香火旺盛。步入五台山，置身于红墙黄瓦的寺院里，看着香烟缭绕，听着钟磬悠扬，红尘烦恼，恍若隔世。参拜顺治皇帝出家寺院【镇海寺】，抱长寿松，拜男身观音菩萨法像，了解顺治皇帝出家秘史（参观约1小时）；参拜位于北台顶脚下塔儿沟的【宝华寺】，沿途可观赏大龙门寺露天甘露文殊法像，抵达寺院后瞻礼五台山著名的西藏飞来塔，礼拜文殊菩萨，赏五台山唯一的北魏石狮。（佛事活动费用已含，参观约1.5小时）游览五台山小布达拉宫、黄庙首庙—【菩萨顶】，拜文殊真容，观台怀全景，聆听当年鲁智深大闹五台山的故事（游览时间1小时）。

**第2天　五台山—五爷庙—殊像寺—黛螺顶—北京**

朝拜五台山香火最旺盛许愿最灵的【五爷庙】。五爷庙游览特色：五台山香火最旺，许愿最灵的寺庙，烧香礼佛，许下美好愿望！游览小朝台之称的【黛螺顶】。【黛螺顶】：游览特色：登大智路1 080台阶，朝拜五方文殊菩萨。指定停车场集合乘车，品尝五台山特色素斋宴，后返京。抵达北京复兴门百盛西门送团，结束愉快旅程

资料来源：整理自携程旅行网

## 第四节　按照旅游线路的距离分类

根据旅游者在旅游过程中的位移距离及活动范围，可将旅游线路分为远程旅游线路、中程旅游线路、短线旅游线路。

### 一、短程旅游线路

短程旅游线路游览距离较短，活动范围较小，一般多为区内旅游或到附近周边的城镇、远郊旅游。这类旅游线路游览时间为1~3天，包含一日游线路。例如，秦皇岛市内、周边承德、唐山、保定等省内旅游线路或者北京、天津等旅游线路。

## 小案例：河北丰宁+坝上2日1晚跟团游·秋季
## 坝上草原+大汗行宫

**第1天　北京—丰宁—丰宁坝上—丰宁坝上草原**

【行程安排】12：00左右中餐后，下午【草原自由活动4小时】，这个下午是大家最期盼已久的日子：①您可自费骑马参观各种的草甸，各色的野花，一座座突起的小丘陵，一片片白桦林、尽享"蓝蓝天空白云飘，白云下面马儿跑"歌词中镜头；在坝上草原策马扬鞭驰骋，多么潇洒，多么自由，多么快乐，让您尽情释放自我，肆无忌惮的欢笑！②您可自费乘坐越野吉普车前往草原深处，尽赏美景于眼底，美丽壮观的山峦，山间白桦林连绵成片，其间经常会有一些小型野生动物出没，给旅程增添意想不到的乐趣，蓝天、白云、牛羊群、马儿，尽情感受大自然的博大胸怀，给您无拘无束的自然美感。③您可自行步行进草原参观或自行登上山丘观赏草原美景，在蓝天、白云、野花、绿草、清新的空气中，使你留连忘返！

**第2天　丰宁坝上—丰宁坝上草原—丰宁—北京**

【行程安排】5：00左右起床自行观草原日出；8：00左右游览丰宁坝上草原【大汗行宫】，大汗行宫总占地面积200万平方米，是京北第一草原上规模最大的景区。它

以其独特的地域文化为背景，而建设的"成吉思汗行宫"，通过大汗行宫建设过程中对蒙元历史文化的挖掘，用点滴讲述着粗犷的蒙古民族创造的"马背文化"。12：00左右中餐后集合乘车返回北京；晚抵达北京结束愉快草原之旅！

资料来源：整理自北京青年旅行社

## 二、中程旅游线路

中程旅游线路游览距离较远，活动范围一般在一个省级旅游区内或者跨省级旅游区的周边地区，一般游览时间在3~7天。

## 三、远程旅游线路

远程旅游线路游览距离长，旅游者活动范围大，一般指跨省级范围及出境旅游线路。远程旅游线路的特点有：

(1) 旅游线路长，往往一次旅程高达几千千米以上。
(2) 旅游范围大，一般跨省或者出境旅游。
(3) 旅游时间长，对旅游者闲暇时间要求高。
(4) 旅游费用高，需要有一定的经济能力。
(5) 旅游线路设计难度大。

由于在远程旅游线路上的一些特点，在进行远程旅游线路设计时，不仅要考虑到食住行游购娱等各旅游要素的安排和衔接，还要考虑到旅游者客源地与旅游目的地之间的各种差异，如政治、经济、社会、民族、文化、自然条件特别是气候等差异。如果是出国旅游更要考虑到签证、货币、社会、文化、政治、安全等各种因素。

## 小案例：希腊雅典+爱琴海+圣托里尼7日5晚跟团游

**第1天　北京—伊斯坦布尔—雅典**

主要游览景点：雅典卫城，位于雅典市中心西南部，雄踞于一座高150多米、四面陡峭的山丘上，是整座城市的地标以及古希腊的象征。卫城由帕特农神庙、艾雷克提欧神庙、雅典娜胜利女神神庙等古建筑组成，一夫当关，万夫莫开，曾经是坚固的军事要塞。泛雅典娜体育场：这座呈马蹄铁形状的竞技场拥有着相当厚重的历史底蕴，1896年第一届近代国际奥林匹克运动会正是在此举行。竞技场的前身可以追溯到公元前331年的泛雅典大会，场地起初十分简陋，直至古罗马时代才翻新了大理石观众席，后来到了17世纪末，在希腊富豪扎巴和阿维诺夫出资下，复原了这座古希腊竞技场。

**第2天　雅典—科林斯—埃匹达鲁斯—那普良—雅典**

主要游览景点：科林斯运河穿过被称为科林斯地峡的一小段陆地，它提供了一条从爱琴海到伊奥尼亚的海捷。科林斯运河只有5.5千米长，但深度达79米，是世界上开凿最深的运河，并且是极少数在坚硬石区开凿出来的运河之一。埃匹达鲁斯古剧场：这里是祭祀医神阿斯克列皮亚斯的圣地。建于公元前45年，距今已有2 500年的埃匹达鲁斯古剧场就坐落在山坡上，每年的埃匹达鲁斯庆典就在这里举行。圆形的大剧场从底层向上扩展，可以容纳 18 000 余名观众，站在剧场中心的圆圈中，即便是撕一张纸的声音，在剧场的任何一个角落都能听得清清楚楚，在没有音响设备的古代，利用建筑上的设计，达到了令人难以想象的演出效果。那普良小镇：希腊伯罗奔尼撒半岛的港口小镇。在 1829 年至 1834 年间，那普良是现代希腊历史上的第一个首都，也是历来的军事要塞之地。早在远古时期这里就已经有人居住，但今天已无法找到当时留下的遗迹。那普良小镇四季阳光充足，气候温和。因此成为最受雅典人欢迎的周末度假胜地。雅典和那普良之间有频繁巴士往来穿梭。

第 3 天　雅典-圣托里尼岛（船程时间约 8 小时）

第 4 天　圣托里尼岛

主要游览景点：圣托里尼岛是爱琴海中最著名的小岛，在很久以前不是现在这个现状，也不叫这个名字；它以前的名字是 Stronghyle（Strongili），是"圆"的意思，圣岛以前是一块圆形的大岛。3 500 年前的那次大地震，诱发了规模巨大的火山爆发；据说大爆发后，岛上积存的火山灰就有 30 米之厚。伊亚小镇 伊亚小镇位圣托里尼岛的北端，规模仅次于岛屿中心的 Fira 镇，在这里你可以看到依山而建、铺满石板的狭窄小路，林立的特色店铺以及色彩鲜明的古建筑群，但最著名的还是它号称全世界最美的夕阳。红沙滩：红沙滩在圣托里尼南端的 Acrotiri（阿克罗提尼）旁，这是一片景致迷人、与世隔绝的美丽海滩。这里有大片大片的红色裸岩，这里的岩石因富含铁物质，因此呈现出迷人的红色，在阳光的照耀下显得更加神奇和耀眼。

第 5 天　圣托里尼岛-雅典（船程约 10 小时）

第 6 天　雅典—伊斯坦布尔—北京

主要游览景点：雅典城区卡拉城区呈现 19 世纪的雅典面貌，这里保存了数十年以上的旧建筑，重新装修后成为餐厅、咖啡厅及商店等，走在布卡拉区感受希腊，亲近希腊。

第 7 天　北京

资料来源：整理自携程旅行网

此外，旅游线路还可以按照产品的档次划分为豪华旅游线路、标准型旅游线路和经济性旅游线路；按照交通方式还可以划分为徒步旅游线路、汽车旅游线路、自驾游旅游线路、骑行旅游线路、火车旅游线路、邮轮旅游线路等；按照旅游线路所需时间还可以分为一日游旅游线路、二日游旅游线路、三日游旅游线路等；按照活动范围还可以划分为国内旅游线路、出境旅游线路、边境旅游线路等。

## 小资料：邮轮旅游

邮轮旅游是用邮轮将一个或多个旅游目的地联系起来的旅游行程。这种旅行方式始于 18 世纪末，兴盛于 20 世纪 60 年代。邮轮度假风潮是由欧洲贵族开创的，它的精髓在于全家人借浩瀚的海洋去寻访历史，是种优雅、闲适、自由的旅行，是欧美人最向往的度假方式之一。

邮轮是海上漂浮的度假村，省去车马劳顿，享受旅游的每分每秒。邮轮的精彩生活一般从晚上开始,盛大的晚宴、各色酒店、演出、剧场会让黑夜变得那么短暂。而中午则是邮轮的早晨,只有吃完午饭,邮轮才开始热闹起来,在甲板上享受日光浴、打高尔夫、在泳池游泳、在健身房做运动、在美容室做SPA、在咖啡馆聊天。

邮轮航线种类:日韩航线 亚洲近海,最短航程,行程丰富,价格低廉;欧洲航线,地中海岸,欧陆风情 行程舒适,低调奢华;美洲航线,加勒比海,美轮美奂,别样旅程,省时省力;欧洲航线,山峡西沙,国内精选,团期丰富,选择多样。

国际邮轮线路案例:三亚—越南下龙湾—三亚3天豪华邮轮之旅

第1天 三亚 下午请您自行前往三亚凤凰岛邮轮码头(三亚市三亚湾路3号),15:00—17:00(17:00关闸)办理登船手续,[宝瓶星号]于18:00启航,开始浪漫的海上之旅。在邮轮上,您可尽情享受船上提供的各项设施,参加24小时停不了的精彩娱乐活动——例如:在甲板上学习健身操、交际舞、观摩一下鸡尾酒调配示范、品尝各国佳肴美食,图书馆阅读、切磋牌艺、去卡拉OK大展歌艺,或到游泳池游泳,享受日光浴,到按摩池里舒解压力。

第2天 下龙湾(越南) 邮轮将于11:00抵达下龙湾。下龙湾是世界八大自然奇观,被联合国教科文化组织纳入世界自然遗迹之一。和从陆地抵达下龙湾的感受不同,1 600多个大大小小的岛屿错落有致的分布在1 553平方千米的海湾内,山清水秀,奇峰迭起,远近高低,形象各异,气象万千,气势恢弘,恍如仙景。您可以根据自己的爱好自费选择船上组织的各种观光游览线路,乘坐观光船深度游览下龙湾海上特色风景区,探索海上岩洞内巧夺天工的钟乳石景致;或前往市区享用风靡世界的越南美食,欣赏越南传统水中木偶戏;爱购物的你不要错过去拜雀市集选购物美价廉的特产及工艺品……邮轮于18:00继续航程。

第3天 三亚 早上您可以在甲板上迎着徐徐的海风做个瑜伽,然后悠闲地用个早餐,如有时间还可以再充分享受邮轮上的各项休闲施设,尝试一下大海上挥挥高尔夫球杆,或是去露天按摩池放松身心,参加船上组织的各种游戏及派对。邮轮将于12:00抵三亚,难忘的邮轮之旅就此划上句号。

资料来源:整理自百度百科

## 本章小结

本章根据人们常用的旅游线路类型的提法,归纳出组织形式、活动轨迹、旅游目的、旅游线路的距离等几种常见旅游线路的分类方法。掌握不同旅游线路的内涵及特点,有利于更好地掌握旅游线路设计的指导思想和设计原则,进一步加深对旅游线路设计的认识。

## 思考与练习

### 一、思考题

1. 传统包价旅游线路的优缺点是什么?

2. 拼合式旅游线路的优点有哪些?
3. 专题旅游线路的特点是什么?
4. 周游型与节点型线路的区别有哪些?
5. 定制旅游的优点有哪些?

## 二、案例分析

### 保加利亚正时兴"牙科治疗与旅游打包"

金融危机席卷世界各地,保加利亚作为欧洲的一个新兴市场,不可避免地受到冲击,包括旅游业在内的不少行业均陷入衰退。不过,其中却有一株奇葩在危机中悄然绽放,迎来一股发展热潮,这就是牙科旅游。目前,越来越多西欧游客涌入保加利亚的牙科诊所,牙科旅游热悄然升温。为何保加利亚的牙科旅游业能够在危机中逆流而上?保加利亚的牙科旅游业的发展情况与现状到底如何?带着这些问题,新华社记者来到保加利亚牙科旅游联合会会长文齐斯拉夫·斯托耶夫位于索非亚市中心的诊所。

斯托耶夫介绍,保加利亚的牙科旅游已有20年历史,大致可以分为两种业态。一种是传统方式,即外国人来保是以看牙为主要目的,然后顺道旅游。他说:"这种形式非常热门,而且在目前全球金融危机的情况下变得更热了。"大多数来自西欧的牙病患者都是先通过网络上的宣传材料自己调查和分析,找到中意的牙医后再通过网络咨询,约好时间后专程赴保诊疗。这种方式也可称作"牙科自助游"。

另外一种则是"真正的牙科旅游",是一种有组织的、将治疗与旅游打包在一起的业态。这种业态又可以根据组织者的不同分为两种形式。一种是由牙科诊所自己组织的牙科旅游,他们在提供治疗的同时也组织患者到保加利亚各地旅游,这种形式在牙科旅游中所占的比例较小。更普遍的则是由旅行社,其中主要是国外的旅行社组织的团队牙科旅游。这些旅行社根据保加利亚的旅游条件和不同的治疗项目精心打造出形式多样的旅游线路,然后在西欧国家兜售。斯托耶夫介绍说,牙科旅游是旅游业中发展非常迅速的一个细分行业,但遗憾的是,保加利亚目前在全球牙科旅游业中仅占有3%的市场份额,这"实在是太少了,尤其是看到保加利亚在牙科旅游中所存在的巨大开发潜力"。

保加利亚在发展牙科旅游方面具有许多优势。一方面是保加利亚的自然环境优美,旅游项目多种多样,素有"玫瑰之国"和"上帝的后花园"之称。另一方面,保加利亚的牙科医生无论从数量上还是素质上都有较大优势。目前,保加利亚共有大约7 800名牙医,他们都受过专业医学教育,通常都掌握一门以上外语,而且拥有ISO质量认证证书。保加利亚的牙科诊所拥有高标准的牙科设备,使用优质的材料,牙科实验室也非常先进。更为重要的是,保加利亚牙科的医疗消费水平很低,在这里看牙的花费只有西欧发达国家的五分之一到十分之一,即使加上机票和食宿等旅行消费,整体费用也会比在本国看病便宜许多。保加利亚牙医有一套体系来保证医疗质量。外国患者也无需为售后服务担心,如果在保加利亚接受治疗回国后出现任何问题,保加利亚牙医在当地都有合作伙伴,他们将会对患者负责。

游客来到保加利亚后，主要集中在著名的黑海旅游城市瓦尔纳、首都索非亚和第二大城市普罗夫迪夫市等地。这几个城市一方面交通便利，有航班频繁往返并有线路众多长途汽车和火车往来于保加利亚各地。其次是旅游接待设施完备，宾馆、餐饮等行业非常发达。更为重要的是，这些地方集中了保加利亚相当大比例的牙医，从而让游客有了更多的选择。

按照斯托耶夫的说法，"我们发展牙科旅游的特点就是，将高质量的牙科诊疗、非常有竞争力的医疗价格与保加利亚独特的自然风光完美结合在一起"。

保加利亚的牙科旅游者主要来自英国，其次是意大利、德国以及瑞典、挪威等北欧国家，甚至还有来自美国和加拿大的游客。这些游客大部分都是各自国家中的中等收入人群，还有少部分是高收入群体。但是，最近两三年，这些国家的低收入者也逐渐出现在保加利亚牙科旅游者的名单当中，特别是来自德国的老年人不断增多。斯托耶夫举例说，例如在四五月，海边旅游业还没有进入旺季各种消费仍处在较低水平，这个时候就是那些低收入者的最佳选择。

斯托耶夫说："游客们非常清楚自己的需求。他们来这里最常做的是一些不需要很长时间的治疗项目，例如植牙、镶牙、牙齿美容等。"游客在保加利亚的逗留时间都是根据治疗需要而定，一般在7~14天，最长的也不会超过一个月。此外，这两年还有一个新的发展，就是来自希腊的牙科旅游者大量涌入，他们主要集中在保加利亚西南部的温泉名城桑丹斯基和佩特里奇等地。

资料来源：整理自2010年5月8日新华网

**试分析：**
1. 请根据不同标准将案例中的"牙科旅游"线路进行归类。
2. 开发"牙科旅游"对于游客和保加利亚来讲各自有怎样的重要意义？
3. 金融危机对旅游线路的设计与开发会产生怎样的影响？

## 线路拓展资料一：

## 红色旅游线路设计

一、红色旅游的概念

红色旅游主要是以中国共产党领导人民在革命和战争时期建树丰功伟绩所形成的纪念地、标志物为载体，以其所承载的革命历史、革命事迹和革命精神为内涵，组织接待旅游者开展缅怀学习、参观游览的主题性旅游活动。为了更好地发挥爱国主义教育基地的作用，在"十二五"规划期间，中央决定将红色旅游内容进行拓展，将1840年以来170多年之间的中国近现代历史时期，在中国大地上发生的中国人民反对外来侵略、奋勇抗争、自强不息、艰苦奋斗，充分显示伟大民族精神的重大事件、重大活动和重要人物事迹的历史文化遗存，有选择地纳入红色旅游范围，这就更有利于传承中华民族先进文化和优良传统。红色旅游把红色人文景观和绿色自然景观结合起来，把革命传统教育与促进旅游产业发展结合起来的一种新型的主题旅游形式。其打造的红色旅游线路和经典景区，既可以观光赏景，也可以了解革命历史，增长革命斗争知识，学习革命斗争精神，培育新的时代精神，并使之成为一种文化。

## 二、红色旅游的特点

### （一）学习性

红色旅游的学习性，主要是指以学习中国革命史为目的，以旅游为手段，学习和旅游互为表里。但是，这种学习不宜搞成灌输式的"现场报告会"，而应营造出自我启发的教育氛围，达到"游中学、学中游"，寓教于游、润心无声的境界。

对国民进行本国历史的旅游教育，在某些发达国家和地区已成为制度。如德国一些州就对中小学生进行反法西斯的修学旅游做了专门立法，要求每个学校都要定期组织学生到纳粹集中营等地游览参观，勿忘历史。中国人的旅游与学习总是紧密相连在一起，有着"读万卷书、行万里路"的传统。开展的红色旅游，是这个优良传统的发扬光大。它完全可以归类于修学的大类，定位于朝觐"革命圣地"的专题旅游，列入学校、机关、企事业单位、党团工会组织的爱国主义教育的序列。

### （二）故事性

故事性是相对说教性而言，反映出人们对历史吸引物的取舍观。到一些红色旅游点，给人的感觉是在参观"中国革命历史博物馆"的地区展览，千篇一律，千人一面，静态有余，动感不足，缺乏实景地厚重的历史感、独特的亲切感和"姹紫嫣红"的美感。这里除了经济条件落后、展陈手段单一等因素外，也是在英雄史观等陈旧观念影响下产生的人为缺陷之一。

要让红色旅游健康发展，使之成为有强烈吸引力的、大众愿意自费购买的旅游产品，还需要妥善处理红色教育与常规旅游的辩证关系，其中的关键是以小见大，以人说史。历史典故往往形象、生动、有趣，容易让英雄走下圣坛，贴近群众和生活，产生亲和力。因此，要深入发掘红色旅游中的历史人物故事，既要反映领袖、英雄等"大人物"在历史中的重要作用，更要通过"小人物"的故事，揭示人民群众创造历史的真谛，使历史鲜活和丰满起来。

### （三）参与性

有些红色旅游景点的旅游过程较为艰苦，为改变这种状况，少数景点努力过头，出现城镇化、商业化、舒适化的倾向，有损害红色旅游本质特色的危险。为避免重蹈覆辙，红色旅游点应紧跟体验经济的潮流，突出旅游节目的参与性。红色旅游本身就是一种实践性学习。

## 三、红色旅游的发展意义

红色旅游中国文化不可缺少的一部分，发展红色旅游是为了弘扬中国的民族精神。红色旅游的发展，在社会主义市场经济条件下实现社会效益同经济效益的有机结合，是一条将精神财富转化为社会财富，最终造福于社会的良性循环之路。

### （一）红色旅游具有不可比拟的教育宣传功能，担负着弘扬和培育民族精神的使命

革命传统是中华民族的宝贵精神财富，中国共产党在长期革命斗争实践中形成的井冈山精神、长征精神、延安精神和西柏坡精神等，都是民族精神在特定历史时期的升

华。弘扬革命传统是新时期对广大人民群众提出的新要求。充分利用革命传统教育基地和爱国主义教育基地的资源优势，发展红色旅游，是革命传统教育和爱国主义教育的新形式。红色旅游寓教于游、寓游于教，是革命传统教育方式的创新，是贴近历史和生活的大课堂，是新形势下人文精神的回归。

（二）红色旅游不仅是革命精神的实践之旅，也是推动经济发展的新引擎

红色旅游是革命传统教育观念和旅游产业观念与时俱进的结合，既是观念的创新，也是产业的创新，是我国旅游产业一个新的重要组成部分。旅游业在国际经济学界被称为"朝阳产业""无烟产业"：据世界旅游组织资料统计，旅游业每直接收入1元，相关行业的收入就能增加4.3元，旅游业每增加1个直接从事人员，社会就能增加5个就业机会。我国的红色旅游资源从东南沿海到雪域高原，从商业经济重镇到穷乡僻壤，绵延曲折，逶迤万里。红色旅游带动了老区的基础设施建设，改善了老区的招商环境，扩大了就业机会，增加了当地财政收入。比如当年红军医院旧址所在的井冈山小井村、琼崖革命根据地所在的琼海市椰子寨村，依靠红色资源迈上了小康之路。

（三）发展红色旅游是保护文化遗产的契机，是践行"三个代表"重要思想的体现

近一段时间来，中国内地很多地方都在对"红色景点"进行修缮。湖南省花垣县对国立八中进行全面维修和保护。国立八中也修缮了"国立八中旧址纪念碑"。花垣县在保护修缮好花垣县第一届县委遗迹的同时。保护和利用好革命历史文化遗产，弘扬其所代表的先进文化，是践行"三个代表"重要思想的重要体现。

四、红色旅游市场定位

红色旅游策划的市场定位应突破以往的国内市场分区划片、全面包容的惯例，主打五大城市，即：武汉、郑州、北京、上海、广州。将北京、上海、广州作为信阳市无可争议的国内一级优先开发旅游市场，形成强有力的独特的信阳旅游策划市场开拓模式。

来自巅峰智业的旅游策划专家刘锋博士分析："红色旅游策划的市场定位，目前国内游客的集群式批发地，以上五市居民收入高、出游率高、观念成熟、人口基数大，影响力大、带动性强。"除了武汉、郑州两市具有优越的地域优势外，北京、上海、广州三市是华北、华东、华南的政治、经济、文化的辐射中心城市。周边地区与城市的经济发展、观念更新、行为趋向等基本上是以其马首是瞻。

经济实力强盛地区的红色旅游策划势力扩张，最先会体现在文化、消费、世界观等方面向经济实力较弱的地区渗透。旅游策划倾向是其中重要的组成部分，美国对中国的贸易顺差只是体现在文化娱乐产品的销售方面，就很好的说明了这一点，对以上五大城市游客市场的极端关注，将有效地带动周边地区以及华北、华东、华南三大块市场。

品位高，唯有以上三市符合要求："第一轮国内观光已经完成，第二轮深度旅游正在开始，我们可以说信阳是目前国内最好的第二轮深度旅游策划的目的地，北京、上海、广州是信阳旅游最重要的客源地。"

五、发展红色旅游的总体布局

（一）围绕八方面内容发展红色旅游

1. 反映新民主主义革命时期建党建军等重大事件，展现中国共产党和人民军队创建初期的奋斗历程。

2. 反映中国共产党在土地革命战争时期建立革命根据地、创建红色政权的革命活动。

3. 反映红军长征的艰难历程和不屈不挠、英勇顽强的大无畏革命精神。

4. 反映中国共产党带领人民抗日救国、拯救民族危难的光辉历史。

5. 反映解放战争时期的重大战役、重要事件和地下工作，展现中国人民为争取自由解放、夺取全国胜利、建立人民共和国的奋斗历程。

6. 反映全国各族人民在中国共产党的领导下，建立爱国统一战线，同心同德、同仇敌忾的团结奋斗精神。

7. 反映老一辈无产阶级革命家的成长历程和丰功伟绩，以及他们的伟大人格、崇高精神和革命事迹。

8. 反映各个历史时期在全国具有重大影响的革命烈士的主要事迹，彰显他们为争取民族独立、人民解放而不怕牺牲、英勇奋斗的崇高理想和坚定信念。

(二) 培育十二个"重点红色旅游区"

1. 以上海为中心的"沪浙红色旅游区"，主题形象是"开天辟地，党的创立"。

2. 以韶山、井冈山和瑞金为中心的"湘赣闽红色旅游区"，主题形象是"革命摇篮，领袖故里"。

3. 以百色地区为中心的"左右江红色旅游区"，主题形象是"百色风雷，两江红旗"。

4. 以遵义为中心的"黔北黔西红色旅游区"，主题形象是"历史转折，出奇制胜"。

5. 以滇北、川西为中心的"雪山草地红色旅游区"，主题形象是"艰苦卓绝，革命奇迹"。

6. 以延安为中心的"陕甘宁红色旅游区"，主题形象是"延安精神，革命圣地"。

7. 以松花江、鸭绿江流域和长白山区为重点的"东北红色旅游区"，主题形象是"抗联英雄，林海雪原"。

8. 以皖南、苏北、鲁西南为主的"鲁苏皖红色旅游区"，主题形象是"东进序曲，决战淮海"。

9. 以鄂豫皖交界地域为中心的"大别山红色旅游区"，主题形象是"千里跃进，将军故乡"。

10. 以山西、河北为主的"太行红色旅游区"，主题形象是"太行硝烟，胜利曙光"。

11. 以渝中、川东北为重点的"川陕渝红色旅游区"主题形象是"川陕苏区，红岩精神"。

12. 以北京、天津为中心的"京津冀红色旅游区"，主题形象是"人民胜利，国旗飘扬"。

(三) 组织规划三十条"红色旅游精品线路"

根据连点成线、连线成面的旅游规律要求，规划建设30条"红色旅游精品线路"。主要规划原则是：

1. 红色旅游资源集中,便于客源地和中心城市连接,形成旅游的网络节点。
2. 内部景区(点)之间交通连接顺畅,或者经过改造、部分路段建设后能够满足旅游需求。
3. 便于连接"红色旅游经典景区",形成支撑重点红色旅游区的骨干框架。
4. 便于与丰富的自然生态旅游、历史文化旅游、民族风情旅游等结合,形成吸引力强的复合型旅游线路。

(四)重点建设百个"红色旅游经典景区"

建设100个左右内涵丰厚、品牌突出、特色鲜明、具有一定规模和较高管理服务水准的"红色旅游经典景区"。基本要求是:

1. 以全国爱国主义教育示范基地为重点,包括对广大群众具有典型教育意义的重要革命历史文化遗址,革命领袖故居、旧居、活动地以及重大战役、战斗遗址,具有重大影响的革命烈士事迹发生地等。
2. 景区已基本具备外部通达条件或其外部交通建设可以列入进去建设规划。
3. 通过建设和完善,景区年接待规模应达到10万人次以上。
4. 景区拥有丰富的自然、人文旅游资源,可形成有较强吸引力的综合旅游景区。

重点景区

【京津冀红色旅游区——西柏坡】

主要景点包括北京、天津、西柏坡、小南海、龙滩古镇,军事博物馆,李大钊烈士陵园,顺义区焦庄户地道战遗址纪念馆;

唐山市乐亭县李大钊故居和纪念馆;天津市周恩来邓颖超纪念馆,平津战役纪念馆,盘山烈士陵园;

河北保定市阜平县城南庄晋察冀军区司令部旧址,中共中央旧址。

【川陕渝红色旅游区——邓小平故居,华蓥山】

华蓥山游击队是指1947—1949年由中国共产党南方局所领导川东临时工作委员会所组织一系列革命武装起义,因其起义和活动地点靠近或在川东平行岭谷最西侧-华蓥山,因此统称这些地下武装为—华蓥山游击队。

主要景点包含邓小平故居、华蓥山、朱德故里、白帝城、小三峡、刘伯承故居等。

【鲁苏皖红色旅游区——沂蒙山】

西边的太阳落山了,微山湖上静悄悄,这里是铁道游击队的故乡,这里诞生了震惊中外的孟良崮战役、台儿庄血战,新四军东进北上,八路军第115师主力挺进山东,沂蒙山小调宛转悠扬,奏响了埋葬蒋家王朝的革命序曲。解放战争时期,这片土地上发生了孟良崮、济南、淮海、渡江等著名战役。

这片土地上的人民为中国革命和解放事业作出了巨大贡献,谱写了一曲曲军民鱼水情。鲁苏皖红色旅游区范围广,面积大,拥有众多的革命遗迹和宝贵的精神财富,形成众多红色旅游经典景区和红色旅游精品线路。

主要景点:

1. 包括八路军115师旧址、中共山东分局旧址、临沂蒙阴县、沂南县沂蒙山孟良崮战役遗址、大众日报创刊地

2. 枣庄市台儿庄大战遗址、枣庄市及济宁市铁道游击队红色旅游系列遗址

3. 济南市红色旅游系列景区：济南革命烈士陵园；济南战役纪念馆）、莱芜市莱芜战役纪念馆。

【陕甘宁红色旅游区——延安】

陕甘宁包括今天的陕西北部，甘肃东部和宁夏的局部。陕甘宁是革命的中心根据地，其中延安被誉为革命圣地，在中国现代史上占有极为重要的特殊位置。主要景点包括延安，西安等诸多革命遗址，风景胜地。

主要景点：

1. 西安市红色旅游系列景区：八路军西安办事处纪念馆；西安事变纪念馆。
2. 汉中市川陕革命纪念馆。
3. 延安市延安革命纪念地系列景区：延安纪念馆；枣园旧址；杨家岭旧址；王家坪旧址；凤凰山旧址；清凉山旧址；"四八"烈士陵园；洛川县洛川会议旧址纪念馆；子长县瓦窑堡会议旧址等。
4. 咸阳市旬邑县马栏革命旧址。
5. 铜川市陕甘边照金革命根据地旧址。

【湘赣闽红色旅游区——井冈山】

井冈山—星星之火，可以燎原

湘赣闽红色旅游区包括湖南、江西、福建等地。八一南昌起义打响了武装反对国民党统治的第一枪；诞生了以毛泽东为代表的一大批中国共产党先进分子。主要旅游景点：庐山、婺源、井冈山、黄山、洞庭湖、衡山、张家界等。

【江苏红色旅游区——江苏省高邮市】

江苏高邮抗日战争最后一役纪念馆已成为江苏地区重要的红色旅游景点。

【河北省邯郸市涉县】

邯郸市涉县，这走出了改革开放设计师邓小平和2位元帅、3位大将、18名上将、48名中将，百名一二九师领导担任国家重要职务，被誉为中国第二代领导摇篮。

在邯郸召开华北财经会议，刘邓大军南征会议。这里是《人民日报》《人民画报》《新华日报（太行版）》诞生地和《毛泽东选集》第一卷印刷地。中央人民广播电台前身华北新华广播电台在邯郸涉县开播，中国人民银行前身的冀南银行总行在邯郸涉县诞生。左权、徐向前、刘伯承夫妇都安葬在邯郸。

将军岭位于刘邓大军129师司令部旧址北角，1986年以后，刘伯承、黄镇、徐向前、李达、王新亭、袁子钦、赵子岳等将帅灵骨安放在山上。1990年10月，邓小平亲笔为将军岭题写岭名。

【左右江红色旅游区】

左右江红色旅游区包括广西等地。围绕纪念广西百色起义为主旋律，主要景点包括广西桂林，广西百色市百色起义纪念馆，百色起义烈士陵园，崇左市龙州县红八军军部旧址等。

【黔北黔西红色旅游区——遵义会议旧址】

遵义会议后重新确定毛泽东在党的领导地位。是中国革命伟大转折点。主要景点包

括赤水、燕子沟、大同古镇、遵义会议会址、红军山、娄山关、古夜郎漂流等。

## 线路拓展资料二：

## 贵州红色旅游线路设计

贵州，是一块红色的土地，这里有着中国共产党和中国人民的很多足迹，遵义、赤水娄山关、茅台镇、息烽、黎平、鸡鸣三省都是著名的旧址。还有很多英雄儿女，如：邓恩铭、王若飞，他们用他们的热血谱写出中华新篇章。还有在这片土地上不断流传下来的传奇故事，"遵义会议""四渡赤水""娄山大捷""突破乌江"等。

遵义会议会址，是国家4A级景区，著名的遵义会议就是在这里召开的，这次会议上确立了以毛泽东为代表的新的中央领导集体。这次会议是中国共产党历史上生死攸关的转折点。

娄山关，亦称太平关，人称黔北第一险要，素有"一夫当关，万夫莫开"之说，位于遵义、桐梓两县交界处，是川黔交通要道上的重要关口。景区分为乌江渡、播雅天池、红花岗区、凤凰山、海龙屯、娄山关、天门洞、夜郎镇等8个景区和8个独立景点。也是非常著名的红色旅游资源。

镇远古镇，位于舞阳河畔，是中国山地贴崖建筑文化博物馆，主要景点有：高过河、舞阳河、青龙河、报京、石屏山、铁溪景区等。

贵州作为红色旅游大省，红色旅游资源丰富，是贵州旅游的金字招牌之一。这里有的不仅是山水，试试去红色线路走走，感受过去的峥嵘岁月，追寻那些红色记忆，书本上的知识，哪有实地的震撼？今天的幸福生活离不开革命先烈前赴后继、流血牺牲，缅怀他们，来一段红色征途感怀之旅是你最佳选择！

**西线：瀑布之乡，红色星光**

线路：贵阳—天龙（屯堡文化，明朝军队的长途西迁）—安顺市（含王若飞故居、文庙、历史街区等）—龙宫—天星桥—王二河水库、晴隆抗战文化（含史迪威公路延伸的关岭永宁钢、石二桥、晴隆24道拐）—花江大峡谷—贞丰三岔河（红八军革命遗址、滇桂黔革命根据地遗址、布依族风情）—兴义（民族婚俗博物馆、马岭河峡谷、万峰林）—去云南昆明。

线路特色：贵州西线拥有黄果树、龙宫、红枫湖、马岭河4个国家级风景名胜区，关岭国家地质公园、屯堡文化村等特色品牌景区，被称为贵州省的黄金旅游线。入夏以来，这里红色旅游升温，绿色旅游趋旺。安顺王若飞故居作为全国青少年爱国教育基地和红色旅游经典景区，每年都有数万青少年前往参观。

这条黄金旅游线上的红色旅游点，还有晴隆县莲花镇半官坡的史迪威公路24道拐，始建于1927年，1936年进行了改建，在二战期间是运送美国援华物资的主要通道；关岭国家地质公园总体规划和开发建设详规已通过评审。这些特色景点投入接待后，将为西线红色旅游增辉添彩。

80年前，红军取得了长征全面胜利，在人类历史上写下了气壮山河、浓墨重彩的一笔。80年后的今天，踏着红军当年长征的足迹，祭拜先烈寻访旧踪，感受多彩贵州的清山绿水，民俗民风原生态。带上亲人、带上朋友来贵州旅游。一边欣赏优美的风景，一边感受浓厚的红色文化。

**北线：国酒之乡，红色长征**

线路：贵阳—息烽集中营—乌江渡口—遵义会议会址（含红花岗烈士陵园）—湄潭红九军司令部旧址及浙大西迁抗战文化—娄山关战斗遗址—桐梓小西湖抗战文化—仁怀国酒门、茅台渡口、茅台国酒文化博物馆、茅台镇—习水三岔河—习水土城、青杠坡战斗遗址—赤水黄皮洞战斗遗址—袁猴渡口、凤溪渡口—赤水桫椤自然保护区—燕子岩、竹海国家森林公园，十丈洞、四洞沟瀑布，丙安、大同古镇—去四川泸州。

线路特色：黔北旅游线包括遵义会议会址、娄山关、茅台酒厂、赤水等主要景区(点)，是一条以红军长征文化、国酒文化为主体的旅游线。

赤水（国家级风景名胜区）。赤水风景名胜区位于黔西北，距贵阳约460千米。陆接川南、江连吴楚，素有"黔北门户"之称。赤水市境内有十丈洞、四洞沟、天台山、九角洞、丙安古镇、月亮湖、九曲湖、长嵌沟8大景区和18个独立景点。景观以瀑布、竹海、桫椤、丹霞地貌、原始森林为主要特色，兼有红军长征、历史文化古迹等人文胜迹，是集生态、科普、考古、观光、休闲、度假、保健、旅游为一体的胜地。景区内千姿百态、神韵各异的瀑布举目皆是，丹霞绝壁、奇峰怪石，深山幽谷、竹海绿波、古树巨藤、奇花异卉。主要景区有：四洞沟瀑布群景区、十丈洞瀑布公园、野竹坪竹海国家森林公园、金沙沟桫椤自然保护科考观光区、月亮湖度假休闲观光区、友仁溪周末休闲观光区等。

交通资讯。赤水区位交通水陆空兼备，赤水河绕城而过，直通长江，陆路距重庆260千米，距成都360千米，距泸州76千米，至遵义299千米，至贵阳460千米，每天往返贵阳、遵义、重庆、成都、泸州方向的客车数班，特别是赤水——泸州往返客车班次在10个以上，泸州机场开通了北京、广州、上海、汕头、深圳、海口、昆明、贵阳等地的客机，从贵阳乘火车至成渝线重庆站或隆昌站下车，转乘汽车经泸州亦可达赤水，交通十分方便。

**西北线：乌蒙磅礴，红色激情**

线路：贵阳（息烽集中营）—黔西、大方（红二、六军团战斗遗址、百里杜鹃）—织金（织金洞）—毕节（贵州抗日救国军司令部旧址、夏曦烈士纪念碑）—威宁（红二、六军团战斗遗址、草海）。

**南线：绿色宝石，红色奇景**

线路：贵阳—都匀（斗篷山）—瓮安猴场会议会址—三都（板告、怎雷水族村寨）—独山（黔南事变纪念馆、深河桥战斗遗址）—平塘（县城玉水金盆景观、掌布地址奇观及乡村旅游、甲茶休闲度假区）—荔波（红七军革命遗址、邓恩铭烈士故居、樟江、大小七孔、水春河漂流、瑶族村寨）—去广西河池。

**东南线：苗疆腹地，红色黎明**

线路：贵阳（黔灵山张学良、杨虎城囚禁地）—凯里（含镇远舞阳河）—雷山

（含巴拉河、西江苗寨）—台江施洞（银饰手工制作）—剑河（温泉）—天柱（三门塘）—锦屏（隆里古镇）—黎平（黎平会议会址、天生桥）—肇兴（侗寨、堂安侗族生态博物馆）—从江（高增侗寨、岜沙苗寨）—榕江（三宝侗寨、永乐梯田）—贵阳。

**东线：舞阳仙都，红色摇篮**

路线：贵阳—黄平（旧州二战盟军飞虎队机场旧址、亻革家村寨、飞云崖、野洞河）—施秉（云台山、杉木河漂流）—镇远（日军战俘营、青龙洞、下阳、铁溪）—铜仁市（周逸群故居、九龙洞）—印江（红二六军团战斗遗址、黔东革命根据地遗址、梵净山）—去湖南张家界。

资料来源：整理自贵州旅游发展委员会微信公众号

## 线路拓展资料三：

# 南昌+井冈山4日3晚跟团游

一、产品特色：革命摇篮+ 红色之旅+ 纵观历史+ 鬼斧神工

山辉水映、人杰地灵的江西，是濡养"旅游文学"的摇篮，是滋长文哲灵思的泉源。自古以来，无数文人墨客在这片土地留下生命的足迹，创作出激情的佳作，以至文星焕彩。唐代诗人白居易至庐山见而爱之，感言道："若远行客过故乡，恋恋不能去"；苏轼泛舟赣江上，听淙淙流水，发出"江西山水真吾邦"的赞叹；儒家理学泰斗周敦颐在这里心激如莲："予独爱莲之出淤泥而不染，濯清涟而不妖"……

特色1：{精美景点} 看中国第一画——【井冈山斗争全景画声光电演示馆】；观井冈山"一号工程"——【博物馆】；游财富之山——【笔架山】；五大哨口之一——【黄洋界】；峡谷深幽、奇峰险峻、林翠花香、飞瀑成群——【五龙潭瀑布群】；井冈第一住所——【大井朱毛旧居】；悼念英雄——【北山烈士陵园】！

特色2：{革命摇篮} 星星之火起源之处，希望萌发之地。

特色3：{行程舒缓} 脚步放慢，深度游玩，井冈山深度游，重温红色经典！

特色4：{顺心用餐} 全程精品团餐。

二、行程安排：

D1 温馨的家—或者—南昌

交通：早指定时间及地点集合出发，车赴革命摇篮—井冈山（全程高速及一级盘山公路约350千米，车程约4.5小时）。

12：00 午餐；

13：00 前往景点：杜鹃山（笔架山）

杜鹃山在井冈山的南大门，原名笔架山，景区主要由红色桃花源和杜鹃山两大区域组成。到了每年的4、5月，在景区在陡峭的山脊上盛开满满的杜鹃花，一路升向蓝天，映红了五百里巍巍井冈，形成了景区内一个重要的景点"十里杜鹃长廊"。此外，还有"七大峰""五大奇观"。若坐着索道上山，满山遍野的杜鹃铺于脚下，犹如踩着一条美

丽的彩虹，云游在山水之间。

前往景点：井冈山革命博物馆

井冈山革命博物馆位于茨坪西坡中段，始建于1959年，为纪念中国共产党创建的第一个农村革命根据地井冈山而建。馆标"井冈山革命博物馆"是由朱德同志1962年3月重上井冈山时题写，博物馆建筑古朴庄严，具有明显的民族风格。是著名的爱国主义教育基地。

前往景点：井冈山斗争全景画声光电演示馆

看中国第一画——【井冈山斗争全景画声光电演示馆】（60元/人自费）：体验到"五百里井冈尽现眼底，八十年前烽火再现眼前"的真实情景，参观井冈山"一号工程"——【博物馆】，乘观光车赴财富之山——【笔架山】（自费乘坐缆车162元/人）：参观七大山峰（古柏峰、望指峰、松涛峰、杨眉峰、观鸟峰、石笋峰、孔雀峰等）、五大奇观（十里栈道、十里杜鹃长廊、十里台湾松等）、十大美景（弹指一挥间、金鸡报晓、天烛峰、蛤蟆叫天、群猴听训等）。

16：00前往景点：井冈山丝绸文化展示中心

参观参观中国桑蚕基地，海上丝绸之路起点，【井冈山丝绸文化展示中心】，后入酒店。行驶：约10千米/约20分钟　游览时间：约1小时

17：30午餐

19：00前往酒店：井冈山天泓山庄。参考酒店：鹃花宾馆、商贸宾馆、电信宾馆或同等级；行驶：约10千米/约20分钟

D3 井冈山_ 南昌

08：00早餐：

08：30前往景点：大井

1927年10月下旬，毛泽东率领中国工农红军上井冈山首先就到达这里。他领导红军深入群众，向群众宣传革命真理，组织、武装群众，帮助群众生产劳动，解决实际生活困难。这里还设立了红军医务所，免费为当地群众治病。大井的革命遗址已列为全国重点文物保护单位，并对外开放。

前往景点：龙潭瀑布群

龙潭瀑布群又称五龙潭，因五神河水在不到两千米的河程中五次飞跃山岩，形成五个梯状的瀑布和深潭，因而得名。景区内瀑布数量多、落差大、形态美，有"五潭十八瀑"之称。主要有碧玉潭、锁龙潭、珍珠潭、击鼓潭（飞凤潭）、仙女潭。除飞瀑外，景区内还有龙女峰、姐妹峰、海螺峰、回音壁、一线天、琴台、"金龟击鼓"、人面崖、"定海针"、揽月台等景点。

前往景点：黄洋界

位于茨坪西北面，这里海拔1 343米，群山巍巍，形势险要，时常弥漫着茫茫云雾，好像一望无垠的汪洋大海，故又名"汪洋界"。

早餐后，游乘观光车游览【黄洋界】（五大哨口之一，1928年8月敌军四团攻击该地，我军兵力只有一个营，以少胜多的著名战役。专门写了《西江月．井冈山》纪念），参观峡谷深幽、奇峰险峻、林翠花香、飞瀑成群的【五龙潭瀑布群】（可步行或

自费乘索道72元/人），【大井朱毛旧居】（1927.10.24来到井冈山第一个住所，房前有"读书石"，房后有两棵"神奇树"同中国的命运关系荣辱与共），行驶：约10千米/约20分钟，活动时间：约3小时。

12:00 午餐。

13:00 前往景点：井冈山烈士陵园

井冈山革命烈士陵园坐北朝南，面对雄伟的井冈山主峰，整座陵园占地面积400亩，四周青松翠柏，庄严肃穆，依山而建，由纪念堂、碑林、纪念碑、雕塑园四部分组成。其中，烈士纪念堂内存放着井冈山斗争时期为革命英勇捐躯的烈士的遗像，还存放着部分老革命家的骨灰。

参观【北山烈士陵园】（由井冈山革命烈士纪念堂、井冈山碑林、井冈山雕塑园、井冈山革命烈士纪念碑组成）行驶：约2千米/约5分钟，活动时间：约30分钟。

13:30 交通：下午返回南昌（车程约5小时），入住酒店。

18:30 晚餐：自理

19:00 前往酒店：南昌华兴宾馆。参考酒店：华兴、云来、丰泽源或同等级

D4 南昌_ 或者_ 温馨的家

航班：上午（或下午）乘车赴昌北机场，乘相应航班返回，结束愉快行程，回到温馨的家！

三、费用

费用包含：往返经济舱机票燃油附加费（以实际收费标准为准）机票税、全程旅游巴士、含出发地到机场集合地的交通费往返80元/人，行程所含机票游客预订成功后即安排出票，机票一经出票不可改期、签转、退票，如果因客人原因导致机票姓名与证件不符及客人无法按期出行或误机产生损失将由客人自行承担。如遇航空公司临时取消航班，我社会通知您更换临近的班期出发，敬请谅解！请游客确定好具体出行日期再下订单，我社不接受预定成功后不能按时出行的任何退费申请。敬请谅解！出行请持第二代身份证办理登机手续，随行儿童请带上户口本原件。为不耽误您的行程，请您至少在航班起飞前120分钟到达机场办理相关手续。

行程所列酒店住宿费用

酒店标准2人间，3晚住宿，2~3人间旅游酒店，1人1床位，出现单人补房差（有独立卫生间、热水、电视，无空调）

一早三正餐（十人一桌、八菜一汤，2主荤3花荤3素1汤搭配）；

当地中文导游服务。

根据当天人数调配车辆大小，一人一正座

儿童价特殊说明：年龄2~12周岁，包含往返机票，行程中的旅游大巴车、正餐费；

自理费用：

超重行李的托运费、保管费；因交通延阻、罢工、天气、机器故障等不可抗力原因所导致的额外费用；酒店内洗衣、理发、电话、传真、收费电视、饮品、烟酒等个人消费；自由活动期间的用车服务；提供导游服务的产品在自由活动期间无陪同服务；当地

参加的自费以及"费用包含"中不包含的其他项目。

因景区儿童标准不一样，儿童价不含景区门票费用，如产生儿童门票费用，游客可自行到景区购买门票或由导游代为购买。

资料来源：整理自携程旅行网

**实务操作**：（从下列项目中选择一个项目进行实务操作）

项目1：分析京津冀红色旅游资源状况，为河北省大学生设计一条红色旅游线路。

项目2：根据秦皇岛现有旅游资源，为秦皇岛中小学生设计一条红色旅游线路。

项目3：分析家乡旅游资源特点，设计一条红色+休闲（红色+乡村）等主题旅游线路。

# 旅游线路设计理论基础

**学习目标**

旅游线路设计是一项技术性与经验性非常强的工作，在设计时要按照一定的指导思想和原则去进行，同时还要考虑其影响因素。对于旅游企业来说，一定要以发展的眼光和实事求是的总原则来编排旅游线路，为国家和社会创造效益，为旅游者提供优质服务。通过本章的学习：

◆ 理解旅游线路设计的定义
◆ 掌握旅游线路设计的指导思想和影响因素
◆ 重点掌握旅游线路设计的原则，能在这些原则的指导下进行线路的编排

## 第一节 旅游线路设计指导思想

旅游线路设计（planning of tourist route），又可称旅程设计（planning of tourist itineraries），是根据现有旅游资源的分布状况以及整个区域旅游发展的整体布局，采用科学的方法，确定最合理的游线，使旅游者获得最丰富的旅游经历的过程。旅游线路设计主要从两个方面来考虑：一是尽可能满足旅游者的旅游愿望，使旅游者获得最佳的游览效果；二是便于旅游活动的组织与管理。旅游线路设计是一项技术性与经营性非常强的工作，其意义是便于旅游者有目的地选择、安排自己的旅游活动，有计划地支配旅游费用，避免"漫游"，有利于发挥各旅游点的功能和便于旅游服务部门组织接待等。

### 一、指导思想

**（一）创新精神**

任何产品都要经历从投入到衰退的阶段，旅游线路也遵循这一规律。旅游市场具有不稳定性和可选择性，因此旅游线路的设计要随着市场的不断变化而不断创新，才能使旅游线路具有强大的吸引力和生命力。旅游线路的设计在适应旅游产品不断变化的情况下要不断更新，对传统线路应该有所改进和突破，对旅游资源、交通等要素进行新的组合，以实现旅游线路的可持续发展。

**（二）依托城市**

一个地区除了旅游资源以外，基础设施、旅游接待设施以及交通设施也是影响旅游业成败的关键因素，而这些因素大都要依托于一定的城镇体系，在旅游线路设计中起着

骨架支撑作用。区域中的主要城镇往往也是主要的旅游中心，它们不仅是旅游客源地，更重要的是旅游接待中心、旅游集散中心，一些机场、火车站、汽车站、码头总是布局在那里，并且有较好的接待条件和较强的容纳能力。城镇体系的建设与旅游业的发展是相辅相成的，基础设施、旅游接待设施以及交通设施都良好的城镇一般来说也是旅游业发展比较好的地方，而旅游业的发展也促进了这几个方面的建设。

旅游线路不能脱离旅游中心。目前，我国的一些旅游区与依托城市之间的关系有以下几种。

**1. 资源优良，区位条件与区域经济基础好**

这种情况以我国沪、宁、杭地区和北京市及其郊区最为典型。比上述地区稍微差一些的旅游风景区，有西安地区、广州及珠江三角洲地区等。

**2. 资源品位高，区位条件与经济背景较差**

这种类型在我国占有很大比例，如安徽黄山与九华山、湖南张家界、宜昌长江三峡、贵州黄果树、四川峨眉山等。其共同点是，依托城市经济基础稍差或距离依托城市较远，经济条件不够优越，交通也欠发达。这些情况在一定程度上制约了区域旅游的发展。

**3. 资源品位较差，区位与经济条件好**

这类地区主要有湖北武汉、四川成都等地。武汉和成都本身的旅游资源较少，邻近的周边地区资源类型单调，档次不高，而一些著名的风景区又距离这些城市较远。往往是游客到访这些城市之后，匆匆一游便很快离去，便捷的交通反而为送走客人提供了方便条件。

### （三）全域旅游

全域旅游是在一定区域内，以旅游业为优势产业，通过对区域内经济社会资源尤其是旅游资源、相关产业、生态环境、公共服务、体制机制、政策法规、文明素质等进行全方位、系统化的优化提升。全域旅游实现区域资源有机整合、产业融合发展、社会共建共享，以旅游业带动和促进经济社会协调发展，这是一种新的区域协调发展理念和模式。

在全域旅游中，各行业积极融入其中，各部门齐抓共管，全城居民共同参与，充分利用旅游目的地全部的吸引物要素，为前来旅游的游客提供全过程、全时空的体验产品，从而全面地满足游客的全方位体验需求。旅游线路设计者在设计线路时应遵循这一主旨，不再停留在追求旅游人次的增长上，而应注重旅游线路质量的提升，追求旅游对人们生活品质的提升，追求旅游在人们新财富革命中的价值。

### （四）美学思想

旅游美学的最根本意义在于，其具有促进和提升旅游实践品位和格调的功能。旅游是现代人对美的高层次的追求，是综合性的审美实践。旅游线路设计就是要在旅游资源中发现美，并按照美学原理创造美，使分散的美集中起来，形成相互联系的有机整体，使复杂、粗糙、原始的美经过创造和保护而美颜永驻、跨越时空、流传久远。

旅游线路设计者必须了解游客的需求，即旅游者对景观的审美偏好、审美习惯，以最大限度满足旅游者的审美需要，进而获得社会的认可和回报。美的最高境界是自然的意境美、艺术的传神美、社会的崇高美和悲壮美，这也是旅游线路设计中所追求的最高目标。旅游产品的美学特征越突出，知名度越高，旅游吸引力和市场竞争力就越大。

### （五）生态观念

生态旅游的产生是人类认识自然、重新审视自我行为的必然结果，体现了可持续发展的思想。生态旅游是经济发展、社会进步、环境价值的综合体现，是以良好生态环境为基础，保护环境、陶冶情操的高雅社会经济活动。生态旅游在国外，尤其是在美国、加拿大、澳大利亚以及很多欧洲国家已经发展非常成熟，成为现代世界上非常流行的旅游方式。它所提倡的"认识自然，享受自然，保护自然"的旅游概念将会是21世纪旅游业的发展趋势。专家认为，草原、湖泊、湿地、海岛、森林、沙漠、峡谷等生态资源和文物一样，极易受到破坏，并且破坏了就很难再生，甚至可能在地球上消失。

### （六）效益观念

旅游效益是旅游者和旅行社甚至全社会都在追求的，不同的是旅游者追求以旅游体验为主的旅游效益，旅行社追求的是经济效益及其在社会上的声誉，全社会追求的是旅游的综合效益，包括经济效益、社会效益和生态效益。设计旅游线路时，要兼顾旅游经济效益、旅游社会效益和旅游生态效益，尽可能做到效益最大化。

在旅游活动中获得效益是所有旅游活动参与者、经营者、决策者所追求的目标。作为旅游者来说，追求的是旅游"性价比"。作为旅游经营者来说，追求的主要是经济效益。作为旅游决策者及全社会来说，经济效益、社会效益、生态效益同样重要，追求的是旅游业的科学发展。

**1. 旅游经济效益**

旅行社产品同其他产品一样，也有各种成本支出。一条旅游线路的成本主要由两部分组成：线路构成项目的成本（包括住宿、餐饮、交通、门票、导游服务等各种费用）和旅游线路设计费用（包括设计人员工资、业务费等）。旅行社作为一个企业，其设计旅游线路的最终目的在于销售旅游线路，获得经济利益，即以相对低的投入，获得相对高的效益。

**2. 旅游社会效益**

旅游活动是一种特殊的活动。旅游者通过旅游，除了可以游览风景名胜，品尝各地美食、开阔眼界、增长知识以外，更重要的是，可以领略到自然世界和人类生活的"真、善、美"，获得巨大的精神享受。因此，旅行社设计的旅游线路也应该有较高的文化品位和内涵，能满足旅游者求真、求美、求善的精神需求。

同时，旅行社作为社会经济生活中的一个组织，也必须考虑自身的行为对社会造成的影响，也必须重视旅行社自身在公众中的品牌形象。事实上，只有那些既注重经济效益又讲求社会效益的旅游线路，才是真正受旅游者欢迎的产品，才是能在市场中长盛不衰的产品。

**3. 旅游生态效益**

旅游生态效益越来越受到人们的重视，像"除了脚印，你什么也别留下；除了照片，你什么也别带走"的生态旅游口号越来越深入人心。对于生态比较脆弱的旅游目的地，保护旅游生态环境更显得十分重要。在旅游线路设计中，必须要注意保护旅游生态效益。

## 二、影响旅游线路设计的主要因素

### （一）旅游资源特点

旅游资源的品味、规模及其特色是影响旅游线路设计的重要因素，它直接决定了旅游线路规划设计的方向、内容和灵活度。一般来说，若旅游区拥有数量较多、品位较高、特色鲜明的旅游资源，那么就可以设计多条主题鲜明、内容丰富、灵活度较高的旅游线路。

### （二）旅游景点（区）的空间格局及组合特点

旅游景点（区）的空间格局及组合特点直接影响到旅游线路的数量、形态、走向和结构体系。如果旅游区空间几何形态呈块集状，一般在旅游区内可以形成两条或两条以上的一级旅游线路；如果旅游区空间几何形态呈线状或带状，在这样的旅游区一般只有一条一级旅游线路。旅游区内景点若是围绕旅游中心城市集中分布，则有利于设计以旅游城市为中心的多条环形或辐射形旅游线路，若景点远离中心城市或深处边远地带，则不利于形成旅游线路，但如果这类边远的景点旅游质量很高，对游人的吸引力很强，或是若干个景点成群分布，则有可能以当地城镇为依托形成次一级的新兴旅游区和旅游线路。旅游区内部如果存在阻碍游人穿行的自然地形障碍（如高海拔、雪山冰川、大漠、江湖、沼泽等），必然影响旅游线路的走向，旅游线路必须绕过这些自然障碍。

### （三）客源市场特征

游客的旅游行为偏好及旅游行为综合特征是旅游线路设计的重要依据。首先，各类游客具有不同的旅游偏好和行为特征。如港澳台同胞与华侨来大陆旅游侧重于佛教文化、科学考察与研修以及多民族风情旅游；其次，不同的职业、年龄和文化素养的游客，其旅游动机也各不相同，这在线路设计时应充分考虑；最后，旅游线路的设计还受游客行为规律的影响，当旅游成本已确定时，整个旅程带给游客的体验水平只有等于或大于某一确定水平时，游客才会出行。

### （四）旅行通道与交通设施的往返联结及组合

旅游交通是旅游线路组织的生命线。不论是国内旅游还是国际旅游，都必须精心地安排全程的交通方式、工具和相互衔接。

旅行通道的畅达性和旅游交通方式联合运营程度也是旅游线路设计的一个重要依托。旅游客源地与旅游目的地之间、旅游目的地各景点之间、旅游景点与旅游依托城市（旅游服务中）之间的旅行通道要满足游客"进得来、出得去、散得开"的需求，尤其是在旅游旺季时，旅游线路设计一定要考虑这个因素，因为它直接影响了游客的旅行质量和重游率。多种旅游交通方式的良好结合也有助于提高游客的旅行满意度。总之，要尽量做到"便利、高效、快速、安全、舒适、经济"。对国外游客，旅游线路的起讫地点应尽量安排在不同的进出口岸，以便利旅游者出入境，避免重复往返。

为安排好旅游交通，必须对国内的交通现状，包括类型、分布、形式、网络做到心中有数，以制定具体的线路计划，使之路线合理，形式多样，衔接方便，尽量缩短交通旅程，增加游览时间。

当然，旅游交通的组织不仅是一个"旅"的问题，还应包含着"游"方面的设计。要从路线的主题思想需要，旅游城市和景点的实际条件，尽可能安排其中一、二段丰富多彩的旅游交通节目，如乘船、骑骆驼、坐马车、乘电缆车等，将它们细致地组织到旅游活动项目中去。合理的旅游交通组织起着调节游客情绪的重要作用。如富春江—千岛湖—黄山旅游线路设计中交叉组织车、船交通，并在景点中安插了乘牛车、渡竹筏、坐电缆车等活动项目，这样既丰富了旅游内容，又可增添游兴。

## 第二节　旅游线路设计原则

### 一、市场导向原则

按照国际旅游业发展经验，人均国内生产总值（GDP）达到1 000美元时，国内旅游就兴旺起来，达到3 000美元时，就会出现到周边国家旅游的热潮。2014年，我国人均GDP已超过了7 000美元，大众旅游已兴起，国内旅游市场需求呈现出普遍化、消费化、集中化、组织化和多元化的特点。旅游者地区、年龄、文化、职业的不同，对旅游市场的需求也不同。随着社会经济的发展，旅游市场的总体需求也在不断变化，成功的旅游线路设计，必须首先对市场需求进行充分的调研，以市场为导向，预测市场需求的趋势和需求的数量，分析旅游者的旅游动机，并根据市场需求不断地对原有旅游线路进行加工、完善、升级，开发出新的旅游线路迎合旅游者的需要，最大限度地满足游客的需求，对旅游者保持持续的吸引力。

根据旅游者的需求特点，同时结合不同时期的风尚和潮流，设计出适合市场需求的旅游线路产品，可以创造性地引导旅游消费。例如，在经济发达地区，因用于旅游的闲暇时间多，经济支付能力强等因素，以观赏为主的旅游早已让位于以度假为主的旅游；再如现在越来越多的年轻人喜欢富于冒险、刺激的旅游活动，野外露营、攀岩、漂流、蹦极、沙漠探险等户外活动，既充满挑战，又满足了人们的猎奇心理，很快得到年轻人的青睐成为流行时尚。因此，针对不同的旅游市场，除了要以人为本，强调线路产品的普适性与个性化的结合，设计出多种类型的旅游线路以满足旅游者的现实需求，还要从发掘潜在的需求和创造未来需求的角度去设计旅游线路，以此来刺激旅游者，开辟未来旅游市场。

### 二、旅游者导向原则

旅游者是旅游活动的主体，在设计和销售旅游线路时，必须以旅游者的意愿为导向，最大限度地满足旅游者的需求。一般情况下，旅游者的可达机会随距离增加而急速衰减。例如，就中国城市居民旅游和休闲出游市场而言，80%集中在距离城市500千米的范围内。旅游者出游决策和实施同旅游景观的吸引力（旅游价值）达到某一最低值相对应，即当旅游成本已经确定的情况下，整个旅程带给旅游者的体验水准只有等于或大于某一确定水平时，旅游者才会成行。而随着旅游成本的增加，旅游体验水平只有呈等于或高于与旅游成本增加速度成比例的某一速度增长时，旅游者对于旅游线路才会有满意的评价。

### (一) 旅游体验效果递进

总体来看，旅游者对旅游线路选择的基本出发点是以最小的旅游时间和旅游消费比来获取最大的有效信息量和旅游享受。同样的旅游项目，会因旅游线路的结构顺序与节奏的不同而产生不同的效果。在交通合理方便的前提下，同一线路旅游点的游览顺序应由一般的旅游点逐步过渡到吸引力较大的旅游点，这样才能极大地调动旅游者的游览兴趣，促使游程顺利完成。

在旅游线路设计中，必须充分考虑旅游者的心理状况和体能，并结合景观类型组合、排序等，使旅游活动安排做到劳逸结合、有张有弛；遵循体验效果递进原则，把高质量的旅游景点放在后面，使旅游者兴奋度一层一层地上升，在核心景点达到兴奋顶点。一条好的旅游线路，就如同一首和谐优美的"交响乐"，要有"序曲→发展→高潮→尾声"，其中有时是激昂跌宕的旋律，有时是平缓的过渡，富于节奏感、韵律感。当然，旅游线路的节奏安排还应注意游客的特点，例如，中老年人适合节奏慢、旅途舒适的线路；年轻人更青睐节奏快、富有挑战性和刺激性的旅游线路。

### (二) 新奇与熟悉相结合

旅游者的旅游动机尽管多种多样，但究其共性都是追新猎奇。新奇的事物令人兴奋、愉快、满足。一条旅游线路中，除了包括必要数量的旅游热点景区外，根据旅游线路的主题和市场需求，有针对性地选择一些对于旅游者来说还不是很熟悉的、新奇的旅游冷点景区，往往会收到出人意料的效果。但在新的环境中，一点熟悉的因素也没有，又有个适应和熟悉的过程。新奇和熟悉，既是矛盾的现象，也是平衡的现象。在组合旅游线路时要正确处理，使二者有机结合起来，才能使旅游者在旅游活动中既得到追求新奇的满足，又不产生孤独、陌生及思乡之感。当然，追求新奇应是占主导地位的，也是旅游线路设计的主要依据，在辅助环节中可以穿插一些旅游者熟悉的内容，为旅游者创造一个既有新奇感又有安全感的环境。

## 三、不重复原则

在设计旅游线路时，应慎重选择构成旅游线路的各个旅游点，最佳旅游线路应是由一些旅游依托地和尽可能多的、不同性质的旅游点串联而成的环形（或多边形）路线，应力避往返旅途重复。当依托地周围的那些旅游点之间距离较近时，可将它们分作几组安排在同一天游览；若各旅游点与旅游依托地距离在一天行程以上时，旅游者便没有必要返回依托地过夜，而是就近住宿，然后前往下一组旅游地，这就形成了环形旅游支线。

事实上，旅游者的游览活动并不仅仅局限于旅游景点上，旅途中沿线的景观也是旅游观赏的对象。在游览过程中，如果出现走回头路，就意味着要在同一段游路上重复往返，相同的沿途景观，要再浏览一遍，旅游者会感到乏味，减弱旅游的兴趣。这种重复，对旅游者来说，就是一种时间和金钱上的浪费，是旅游者最不乐于接受的。因此，在旅游线路设计时应尽量避免。

当依托地周围的那些旅游点之间距离较远，而它们都与旅游依托地距离在一天行程之内时，为减少改换住宿地点的麻烦，增加游客的安全感，一般是重返原住宿处过夜，然后再前往其他旅游点，这就形成了放射形旅游支线。采用这种类型的旅游线路的原因在于：一是由于旅游者对中心城市有归属感，觉得中心城市食、宿条件比周围景点或小城市好得多；二是周围城市之间没有方便的交通联系，或者虽有交通也不及与中心城市的联系方便；三是路程短，可以在一日内游览完并返回。多种因素使游客宁愿走回头路也不愿在周围景点过夜，或是用环线把它们连接起来。目前，这种旅游线路在国内的短途旅游中常见。

### 四、多样化原则

组成旅游线路的各项内容，如旅游景点、旅游活动项目、餐饮、住宿、交通、服务的类型很多，完全有条件组合成多种类型的旅游线路以供市场选择。任何一次旅游中交通费用和食宿费用均占相当大的比例，在具体的旅游线路组合时，可以选择不同类型的旅游点和不同等级的宾馆（甚至是租用不同等级的房间），分别组合成不同档次的线路供游客选用，以适应不同经济水平的旅游者的需要。

各旅游景区（点）有等级、功能之分，分别有各自不同的吸引半径（例如同属北京，八达岭长城、故宫的吸引半径超出了国界；而龙门涧、十渡等景区的吸引半径主要还是在市内），因此，要注意旅游线路上旅游景区（点）及活动内容的多样化，如在一个景点参观一些古代庙宇、佛塔等古迹，而在下一个旅游景点，则可品尝一些名扬四海的美味佳肴，再下一个景点，又可欣赏风景优美、民风淳朴的宁静小镇等。总之，在旅游线路设计时，为增加旅游乐趣，要使景点选择尽量富于变化，避免单调重复。以游览观赏为主要内容的旅游线路，切忌观赏内容的安排过于紧张，避免把轻松愉快的旅游变成一次疲劳的参观活动。

### 五、合理搭配原则

旅游线路在时间上是从旅游者接受旅游经营者的服务开始，到圆满完成旅游活动，脱离旅游经营者的服务为止。旅游线路时间安排是否合理，首先，要看旅游线路上的各项活动内容所占的时间位置和间距是否恰当。其次，要在旅游者有限的旅游时间内，尽量利用快捷的交通工具，缩短单纯的交通运行时间，以争取更多的游览时间，并减轻旅途劳累。因旅游交通费用往往是主要开支，故最好能将旅游目的地附近的景点顺便一览。当然，如果遇到一些美丽的景观公路，则另当别论。最后，不论是为期一天的短途旅游，还是为期一个月的长途旅游，都要适当留有自由活动时间。同时，还要留出时间，以应付旅途中随时可能发生的意外，如果时间紧张的话，要抓住重点，宁可放弃一些次要的旅游点。在旅游消费过程中，以时间为序的各项空间活动的准时性，也是反映旅游业管理水平的重要标志之一，如交通工具是否准点、从业人员是否正点迎送等，都有可能影响整个旅游体验。

就人体的生物钟规律来说，经一夜睡眠的充分休息后，每天上午是人在一天之中精力最为充沛的时候。对于旅游者来说，上午的猎奇、感知欲最旺盛，心理上希望、并且在实际上能够收集和感知的环境信息量最大。因此，上午的游览最好是安排在沿途及景点上的景物比较丰富的景区，以满足此时游人想多感知信息的心理需求。如果上午游览的景观的丰富度和环境信息量不足，就容易使人产生该条游线的游览内容不够丰富，甚至平淡的感觉。经过上午半天的参观游览，尤其是中午进餐之后，人体的血液多流入胃肠消化道，而大脑则处于相对缺血的状态，于是出现常言所说"饭饱神虚"的现象。此时旅游者对获取和感知环境信息的欲望大为减退。因此，中饭之后的沿途及景点上的景观安排，应当相对淡化一些。午餐一两个小时之后，人的大脑又逐渐兴奋起来，这时的游览内容也应当相应地丰富起来。总之，游览内容的丰富度应尽量与游人一天中对旅游环境感知欲望的强弱相吻合，合理搭配游览景点，恰到好处地为游客提供适量的感知景物对象，以满足其旅游感知需求。

## 六、主题突出原则

主题和特色可使旅游线路充满魅力，具有强大的竞争力和生命力。个性化旅游需求推动旅游走向主题化，主题旅游线路、主题旅行社、主题旅游宾馆度假村、主题旅游项目蓬勃发展。

旅游线路的特色或主题的形成主要依靠将性质或形式有内在联系的旅游点串联起来，并在旅游交通、食宿、服务、娱乐、购物等方面选择与此相适应的形式。就一条观光旅游线路来说，应尽量安排丰富多彩的游览节目，在有限的时间里让游客更多地参观和领略当地最具代表性的风景名胜和社会民族风情，在组合旅游吸引物时要尽可能将最著名的景点连接起来，这样才能使旅游者在游览后对整体线路有深刻体会。例如"丝绸之路"旅游线路，就是将西安、敦煌、吐鲁番乃至中东、欧洲的与古代丝绸贸易有关的旅游点串联成线，其中包括参观文物古迹、了解民族风情、观赏仿古歌舞（如仿唐乐舞《丝路花雨》等）、品尝历史名菜佳肴、下榻富有地方和民族特色的饭店、骑骆驼或乘坐毛驴车，旅游购物则有古碑刻拓片、唐三彩等，以使游客充分体验古代"丝绸之路"的情调。

## 七、灵活机动原则

旅游过程牵涉面广，即使做了最充分的准备，意外的情况有时仍难以避免，如遇到不可抗力的灾害而只能改变旅行计划，或由于某些缘故而必须临时变更部分旅行安排等。因此，在旅游线路设计时，日程安排不宜过于紧张，应留有一定回旋余地；执行过程中，也须灵活掌握，允许局部变通。

例如，在设计欧洲旅游线路时，当地的罢工问题不容忽视。每年7—9月阳光最充沛的夏天大假期之后，法国往往就会进入罢工的高峰季节，银行、电力、航空、铁路、地铁、公共汽车的职员罢工十分常见，罢工的人多，次数多，警告性罢工、"瓶颈"式罢工、轮流式罢工、声援性罢工等名目种类繁多。对于罢工造成的不便，多数法国人都表示理解，因而境外游客自然也不便对法国的民生民权多说什么。但对游客行程计划，尤其是返程国际航班的波及，却是很大的。

### 八、旅途安全原则

在旅游活动中，保障安全是旅游者最基本的要求。在旅游安全没有保障的情况下，再精彩的游览活动也不能激发旅游者的旅游兴趣。只有那些能确保旅游者人身、财产安全的旅游线路，才能让旅游者放心购买，放心游玩，才是有市场活力的旅游线路。

#### （一）交通安全

旅游者一旦开始出游，飞机、火车、轮船、汽车是旅游者到达旅游目的地的主要交通工具，在当今社会，安全到达旅游目的地是旅游者对旅游交通的最起码的要求。为了确保交通安全，在旅游线路设计时必须选择安全的交通路线和选择有质量保证的交通工具和运输公司。

"条条大路通罗马"，在实际工作中，到达同一旅游点的交通路线往往有若干条。旅行社的旅游线路中在确定具体的交通路线时应以安全为第一原则，在保障安全的基础上再选择经济省时的路线。如雨季的山区常常会有山体崩塌、滑坡的现象，乘汽车沿盘山公路上山的安全性就大大降低，坐索道或景区小型飞机上山虽然会增加成本，但行程的安全性却更有保障。

目前，我国的交通运输业除铁路运输业以外，航空运输、船运、公路运输等都有多家运输公司经营，市场竞争十分激烈。旅行社在旅游线路中安排旅游者乘坐的交通工具来源也各不相同，有些是旅行社自有资产，有些是旅行社临时租用而来的。这些情况就造成了旅游交通工具的质量和交通运输质量良莠不齐。旅行社在面对市场中林林总总的交通运输企业和交通工具时，不能只简单地比较价格，而应该综合考虑，确保安全第一，选择信誉好、有质量保证的交通工具和运输企业。

另外，在旅游线路设计中要注意在旅游线路中尽量不安排夜间交通。一条旅游线路的时间总是有限的。一些旅行社为了在有限的时间内安排更多的游览活动，提高经济效益，往往会采取夜间行车，白天游览的模式。表面上看，旅行社提高了旅游效率，但实际上却增加了旅游交通安全的隐患。因为夜间行车，不仅路况差，而且驾驶员受生理规律支配往往感觉比较疲劳，容易造成交通事故。

#### （二）餐饮安全

"民以食为天"，旅游活动中同样如此。旅行中，一般游客对用餐环境、食品卫生状况和食品口味都比较注重。卫生、美味、有特色是游客对旅游餐饮的一般要求，其中卫生又是最基本的要求。如果在食品安全上发生问题往往会造成比较严重的后果，甚至会危及旅游者的生命安全，因此，旅行社在设计旅游线路时应格外重视餐饮安全问题，选择正规的旅游定点饭店。菜品以大众菜为主，一般不安排特色菜，因为有些特色菜原料和加工方法都比较特殊，游客食用后可能会引起身体不适。例如，旅行社一般不会安排客人吃海鲜。到海滨城市旅游，住海景宾馆、玩水上项目、吃海鲜大餐是一般旅游者比较向往的事。然而，目前旅行社所组织的海滨旅游线路大多不会安排游客吃海鲜。其实，旅行社不安排客人吃海鲜主要是出于餐饮安全的考虑。因为海鲜是凉性的食品，比较容易引起腹泻等胃肠道疾病，有时并非是食品卫生的原因，客人也会感觉不适。旅行社为了避免这些"麻烦"，所以一般不安排集体吃海鲜的项目。

### （三）自由活动安全

旅行社在设计旅游线路时，一般都会安排适当的自由活动时间。所谓自由活动，就是由游客自行安排在旅游目的地的活动，无须导游或旅行社人员陪伴。从理论上说，旅游者在自由活动期间的人身安全、财产安全与旅行社无关，但实际上一旦在旅游过程中旅游者发生安全事故，旅行社也难辞其咎。因此，旅行社在旅游线路中是否安排自由活动，安排多长时间，应以确保安全为出发点。一般说来，在治安状况良好、社会环境稳定的旅游目的地可适当安排自由活动，而在那些社会环境、治安状况较差的旅游目的地最好不要安排自由活动，以免发生意外。

## 九、冷热平衡原则

旅游线路设计者要从全局观念出发，做到以热带冷，平衡发展。其实，任何一个旅游区都有一个从冷到热的发展过程，并具有各自特点和资源优势。设计和开发旅游线路就是要不断发掘新的资源特点和吸引力。首先，必须调查哪些景点资源是相互补充的，哪些景点资源是相互制约的，以便在设计时充分利用和发挥资源特色，克服制约作用，增强互补作用；其次，应当知道，区域内某些景点，尽管目前还可能处于"温"或"冷"状态，但其资源特点往往与"热"景点是互补的，有利于增强主题思想；第三，旅游线路开发设计要独具慧眼，大胆创新，另辟蹊径，破除老路线、老面孔的从众思想，不断开拓新景点、新路线，尽快使"冷"点通过扶植变得"热"起来，从而带动整个区域旅游的平衡发展。这既能提高游客的"旅游价格性能比"，又能促进旅游区的扩散和持续发展。

## 十、时效优先原则

旅游活动的效果或旅游者的旅游体验受自然景观、客观因素影响明显，如何使旅游者的旅游活动与旅游地优美的自然景观、良好的客观环境完美结合，体现时效优先原则，是旅游线路设计者需要考虑的问题。体现时效优先原则要展现最美的旅游景观、针对不同的季节推出不同的旅游线路、紧扣社会热点推出适应性旅游线路。

### （一）展现最美的旅游景观

当旅游者选择一条旅游线路，选定一个旅游目的地进行旅游活动的时候，他的很大心愿是要看到旅游目的地最美的季节和最动人的景观。要想满足旅游者的这种心愿，在设计旅游线路的时候就要尽量注意旅游景观的时效性。

**1. 根据自然景观的季节性变化设计路线**

自然景观作为旅游活动的客体，具有季节性变化的特征。一些自然景观受季节变化影响，一年四季呈现不同的景象。某些特定的自然景观只有在特定的季节或特定的时间才能看到。如观赏香山红叶只有在深秋时分，著名的吉林雾凇只有在隆冬时节才会出现等。旅行社在设计旅游线路时应该熟悉各个旅游地自然景观的季节变化特点，推出相应的旅游路线。

**2. 围绕民间节庆活动设计路线**

在全世界各地，各种类型的民间节庆活动比比皆是。这些民间节庆活动以丰富的内容,奇特的形式吸引着各地的旅游者。特别是一些世界知名的节庆活动,如巴西的狂欢节、德国的啤酒节、傣族的泼水节等,对旅游者有极大的吸引力。然而,节庆活动并非天天都有,只有在特定的时段才会举行。旅行社要完成对民间节庆旅游线路的设计,需要对民间节庆信息有正确的了解。秦皇岛作为一座旅游城市,积极开展丰富的节庆活动,吸引游客,丰富旅游活动的内涵(表3-1)。

表3-1　秦皇岛市2017年主要节庆活动

| 所在县区 | 时间 | 地点 | 节庆活动内容 |
| --- | --- | --- | --- |
| 山海关区 | 农历二月初二 | 老龙头景区 | 二月二龙头节 |
| 山海关区 | 5月29—31日 | 孟姜女庙景区 | 孟姜女庙庙会 |
| 山海关区 | 6月上旬 | 石河镇万亩樱桃沟 | 大樱桃节 |
| 北戴河区 | "五一"期间 | 奥林匹克大道公园及周边场地 | "运动之春"第六届轮滑节 |
| 北戴河区 | 9月4日 | 老虎石公园及区内部分公路路段 | 北戴河铁人三项赛 |
| 海港区 | 4—5月 | 北港镇东连峪村 | 春季连峪登山节 |
| 海港区 | 农历五月初五 | 秦皇求仙入海处 | 秦皇望海求仙节 |
| 海港区 | 9—10月 | 小高庄百果园 | 秋季果品采摘节 |
| 海港区 | 12月 | 紫云山滑雪场 | 冬季紫云山滑雪节 |
| 抚宁区 | 7月20—25日 | 南戴河国际娱乐中心 | 河北省南戴河民俗文化节暨南戴河荷花艺术节。 |
| 卢龙县 | 5月1—4日 | 桃林口景区 | "共赴桃源"——桃林口大型春季踏青活动 |
| 卢龙县 | 10月16日 | 六峪山庄 | "收获金秋,品尝美味"活动 |
| 昌黎县 | 5—10月 | 沙雕大世界景区 | 中国昌黎沙雕艺术节 |
| 昌黎县 | 9月 | 华夏葡萄酒庄园 | 昌黎国际葡萄酒节 |
| 青龙满族自治县 | 4月 | 官场乡 | 官场梨花节 |
| 青龙满族自治县 | 6月 | 祖山 | 天女木兰文化节 |

**3. 根据旅游地的气候环境设计旅游路线**

旅游活动是一种以户外为主进行的活动,气候环境是否舒适在很大程度上会影响游客的旅游体验或旅游满意程度。据研究表明,一般来说,气温为18~23℃,相对湿度为65%~85%,空气比较洁净、透明,日照中含有一定的紫外线,每立方厘米空气中含有负氧离子1 000~1 500个,气压为100千帕上下,风速2米/秒左右,旅游者会感到比较舒适。如4—9月,印度酷热难当,自然不是旅游的最佳季节;9月至翌年3月,是尼泊尔旅游的最佳时光;柬埔寨的雨季来临的时候,游客恐怕不会感到舒服。在不适合旅游的季节进行旅游,所带来的遗憾往往会使人感到难过。旅行社在设计旅游线路时,不能只单纯地考虑旅游地的景观状况,而忽视气候环境的舒适状况,要将旅游时间与旅游目的地最美的季节和气候环境协调一致,努力使旅游者欣赏到旅游目的地最好的景观,使旅游者的旅游体验达到最优，旅游满意度达到最大。

### （二）针对不同的旅游季节推出旅游线路

旅游线路的时效性不仅体现为表现旅游目的地最美的环境上，而且表现为该旅游目的地旅游路线应适合人们出游的季节。对我国旅游者来说，由于我国还没有普遍推行带薪休假制度，所以旅游者出游时间主要还是集中在法定假日，即通常所说的"黄金周"。然而，虽然同为"黄金周"，人们的旅游消费特点却有很大的不同。旅行社在设计旅游线路时，应考虑旅游线路的投放时段与人们出游的特点是否相符，针对旅游者不同的旅游季节的消费特点推出适时的线路。

### （三）紧扣社会热点推出适应性旅游线路

时效原则的另一项意义，体现在对社会信息的及时采撷与即刻推出适应性的产品上。在迅速把握机会、果断决策、抢占先机方面，产品的主动性充分体现，会使产品声名远播，赢得良好的市场信誉。旅行社紧扣社会热点适时推出相应旅游线路，如：奥运会游北京，世博会游上海，电影《非诚勿扰》热映后游三亚，电影《泰囧》热播后游泰国等，不仅能受到旅游者的欢迎，也能给旅行社带来良好的经济效益和社会声誉。

## 本章小结

旅游线路设计不是某个旅游企业的主观臆造，而是根据现有旅游资源的分布状况以及整个区域旅游发展的整体布局，采用科学的方法，确定最合理的游线，使旅游者获得最丰富的旅游经历的过程。本章主要对旅游线路设计的指导思想进行了初步探讨，指出影响旅游线路设计的主要因素，分析研究了旅游线路设计应遵循的原则。

## 思考与练习

1. 旅游线路设计的指导思想有哪些？
2. 影响旅游线路设计的主要因素有哪些？
3. 旅游线路设计应遵循哪些原则？

## 线路拓展资料一：

# 乡村旅游线路设计

### 一、乡村旅游的概念

乡村旅游是以具有乡村性的自然和人文客体为旅游吸引物，依托农村区域的优美景观、自然环境、建筑和文化等资源，在传统农村休闲游和农业体验游的基础上，拓展开发会务度假、休闲娱乐等项目的新兴旅游方式。乡村旅游，是中国旅游发展新热点，是最具潜力与活力的旅游板块之一。当前，乡村旅游发展的总趋势是：乡村旅游已超越农家乐形式，向观光、休闲、度假复合型转变；个性化休闲时代到来，乡村旅游产品进入创意化、精致化发展新阶段。

二、乡村旅游的特点

乡村旅游出现了以下特点：一是乡村旅游的全域化、特色化、精品化。许多地方往往共同规划、协调发展，以全村、全镇、全县范围来做乡村旅游。在推动乡村旅游的过程中，为避免同质化竞争、取得差异化优势，各个村镇实行诸如"一村一品""一户一业态"的差异化发展策略，深挖潜力，精心设计，打造精品，使乡村旅游呈现出特色化、精品化的特点。

二是新产品、新业态、新模式层出不穷。四川成都是乡村旅游发展的先行者，"五朵金花"是其代表。现在乡村旅游很快，走在前列的有诸如江苏省、山东省、浙江省等。江苏省出现了一系列的乡村旅游新业态。山东省扶持力度很大，每一个县都做乡村旅游规划，省政府给予每县乡村旅游规划资金支持，另外，市县级政府还要追加支持经费。浙江省面对较多的境内外高消费客源，发展出了像裸心谷这样的高端乡村旅游产品。北京市郊区，近年来乡村旅游发展也很快，出现了很多新业态，迎来了蓬勃发展的势头。

三是从乡村旅游到乡村生活的新理念。一部分游客到乡村已不再是单纯的旅游，而是被乡村的环境所吸引，在当地较长时间地生活和居住，这种现象不仅出现在北京等大都市，也出现在包括如河南这样的省份。部分退休的年长人士，不愿意长期住在城市，一年中往往有数月栖居于乡间。他们认为乡村的生态环境好，能更好地亲近自然和享受有机生态食品。河南有的农场已针对这种需求进行规划。从乡村旅游发展到乡村生活，国外典型的国家之一是日本。日本的退休人士和一些在城市工作的人士，他们一年中有较长一段时间居住在乡村。

从乡村旅游到乡村生活，这是一大发展新趋势。因此有必要更新对乡村及乡村旅游的认识：第一，重新认识乡村，全面认识乡村在生态上、文化上、生活方式上的特色和优势；第二，要复兴乡村，乡村现在面临着一个复兴的问题。从事乡村规划建设的人，应该有一种复兴乡村的使命。

三、乡村旅游资源基础

乡村旅游资源的构成非常复杂。参照旅游资源的分类，依据乡村资源性质的不同，可以将乡村旅游资源分为3个主类，7个亚类，24个基本类型，如表3-2所示。

表3-2 乡村旅游资源的主要类型

| 主类 | 亚类 | 基本类 |
| --- | --- | --- |
| 生产劳作景观 | 田园风光 | 田原风光 |
| | | 林区风光 |
| | | 渔区风光 |
| | | 草场景观 |
| | | 城郊景观 |
| | 农事劳作景观 | 乡村农耕文化景观 |
| | | 现代科技应用景观 |

续表

| 主类 | 亚类 | 基本类 |
| --- | --- | --- |
| 生活聚落景观 | 村落景观 | 农村景观 |
| | | 牧村景观 |
| | | 渔村景观 |
| | | 山村景观 |
| | 集镇景观 | 旅游型集镇景观 |
| | | 交通型集镇景观 |
| | | 乡村行政中心型集镇景观 |
| | | 工业型集镇景观 |
| | | 商贸型集镇景观 |
| 民俗文化景观 | 乡村物质文化景观 | 乡村服饰 |
| | | 传统饮食 |
| | | 土特产品 |
| | | 手工艺品 |
| | 乡村制度文化景观 | 权力制度 |
| | | 礼仪规范 |
| | 乡村习俗文化景观 | 节日庆典 |
| | | 民间文艺 |

四、乡村旅游线路设计的原则

随着居民生活水平提高和消费观念发生变化，现代人对"返璞归真"及个性发展的需要增加，使乡村旅游呈现出持续发展的趋势。从乡村旅游发展的内容看，它是将带有浓厚地方特色的自然景物与文化遗产作为可持续发展的旅游资源，对其产品的开发既有助于贫困地区人民脱贫致富，又可以为游客提供深度的文化体验。乡村旅游线路作为旅游产品的一个方面，它由交通线路连接起来，包含了若干乡村旅游资源及旅游服务项目。因此，乡村旅游线路的设计是乡村旅游发展至关重要的一环，一条好的乡村旅游线路可以对乡村旅游资源和特色服务项目进行有效的整合，从而推动乡村旅游的可持续发展，促进新农村建设。针对当前乡村旅游的发展，乡村线路设计中应重点考虑以下几个原则。

（一）满足旅游者对乡村的体验需求

旅游体验能为旅游者带来精神方面的满足，是旅游者获得"畅爽""满足感"的价值提供物，而乡村生态景观的多样性和民俗文化的丰富性为旅游者体验乡村提供了丰富多彩的"场景"。因此，体验设计必将成为乡村旅游重要的开发措施，同时体验旅游也是未来旅游发展的重要趋势。

在乡村旅游的体验中，原生态的美是旅游者首先得到的审美愉悦体验，他们沉浸于乡村风景之中，无论是自然的田园风光、古朴的旧式建筑，还是民俗（如乡村特色食物、乡村歌舞、婚俗等），其魅力在于它强烈的原生态、艺术和独特性，蕴藏着很多体验的元素和内涵，能给旅游者带来强烈的视觉冲击和体验联想，使旅游者在相关的旅游项目中得到审美体验。如原始森林的负氧离子体验、漂流体验等给了旅游者难忘的原生态环境体验。其次，根据发生在某些乡村的特定历史事件，让旅游者参与到相关的项目中进行体验，会获得比观赏更好的效果。如江苏的沙家浜、湖北的洪湖、山东的微山湖等红色革命根据地，旅游者可以置身其中，发挥想象，重新演绎当年的传奇故事。第三，乡村旅游体验强调的是服务的个性化。旅行社可以通过对乡村旅游服务工作的个性化整合，让旅游者产生欣喜、惊讶等情感方面的体验，从而引发游客的情感共鸣，体验回归自然的乡村生活。如让旅游者老房子、蹬织布机、摇辘轳水井、坐迎亲的轿子等。

（二）注重挖掘乡村旅游中的文化元素

乡村旅游者的目的不仅是获得一段暂时的休憩，还包括感受不同于自身日常生活所在地的独特的文化氛围，是一种满足精神需求的文化审美活动。开展乡村旅游所依托的资源，不是固定的静态景观，而是高度浓缩在自然环境中的民俗风情，所以，文化因素是乡村旅游得以兴起的根基，旅游者只有真正融于其中，才能体验到这种不同的文化氛围。如在国外的乡村旅游中，苏格兰乡村游以自然文化闻名于世，西班牙乡村的古堡文化深入人心，中国台湾更是靠地域特色浓烈的闽南文化吸引了无数国内外游客。在国内近几年的乡村旅游发展中，安徽的古村落也为乡村旅游线路注入了古建筑文化的内涵，江南的水乡古镇以独特的"水"和"古"特色文化项目吸引了大量游客，还有众多乡村庙会中的民俗、民间艺术表演，也都充分展示了当地的民风民俗，深受旅游者喜爱。这些文化元素都在一定程度上提升了当地乡村旅游开发的水准和档次。如在河南淮阳庙会上你会看到一群群肩担青龙、彩凤花篮，手敲竹板，边舞边唱的妇女，她们时而慷慨激昂，时而低吟诵唱，以担花篮诵经文的形式进行祭祖活动。还会看到很多当地独特的商品，如泥泥狗，这些文化元素具有独特的地域风格特色，是当地发展乡村旅游的基础和源泉。目前淮阳庙会已成为我国参加人数最多的民间庙会。可见乡村旅游线路中文化项目不仅仅是让游人暂时远离城市的喧嚣，而是真正地亲近乡土与乡情。只要乡村旅游线路的设计能够充分挖掘民族文化中丰富的营养，就能为旅游者带来高层次的精神方面的享受，同时提升乡村旅游的档次。

（三）以短程短时间旅游线路为主

目前，大多数农村都拥有宁静优美的自然环境，有的乡村还能够提供一定的食宿条件。随着个人的私家车越来越多，"乡村游"正逐渐成为热门的旅游方式。但是富有特色的农家院、农家饭、农事活动和宁静的环境所形成的巨大吸引力与农村的硬件生活设施、卫生条件和夜生活的单调乏味对于习惯了城市生活的旅游者来讲，满足不了他们长时间的旅游生活需要。所以，乡村旅游线路的设计应以短程、短时间旅游线路为主。但是短时间不能少特色，如周末乡村旅游线路可以让旅游者体验城市郊区的"农家乐"，既满足了回归田园风光和乡村宁静生活的需求，也满足了城市少年儿童到农村去体验农家生活的求知需要。同时还满足了一些人"回老家"的怀旧心理需求，加深了旅游者对农村、农业和农民的认识。随着乡村旅游的个性化需求，也可以根据乡村环境和服务特色设计一些"乡村度假""乡村会议""乡村民俗庙会"等线路产品,使得乡村旅游线路、时间虽短,但内容丰富,特色诱人。

(四) 体现出旅游者的责任

目前,乡村旅游线路中的主要项目大都是原生态的。原生态环境是乡村旅游的独特优势,这些旅游资源都是相对未受干扰或没有被污染的自然资源或文化遗产,他们是乡村旅游线路中的亮点。在我国的许多世界遗产旅游线路设计中,我们更多强调的是旅游资源的稀缺与独特,而忽视了旅游者在旅游活动中的责任,造成了许多遗产类旅游资源的不当使用,形成了不可弥补的损失。因此,在乡村旅游线路设计中,责任是不可忽视的内容。既包括阻止旅游者对环境的踩踏、水的污染以及旅游垃圾、噪音的制造,也要注意阻止不当旅游活动对当地文化的消极影响,体现出旅游者的责任。

(五) 打造精品乡村旅游线路

乡村旅游迎合了近几年全世界旅游消费的一个新趋势,即"绿色旅游""生态旅游"的潮流,在国内迅速发展起来,遍地开花。但各地的乡村旅游线路真正称得上精品的却是鲜见。魏小安教授在南京举行的中国乡村旅游发展报告会上总结国内乡村旅游现状时曾概括说"有说头,少看头,没玩头"。他说,目前大多数城市的乡村旅游还在起步阶段,除了千篇一律的"吃农家饭、住农家舍、钓鱼、打牌、采摘"外,景观和参与农家活动的形式都差不多,不能长期吸引住游客,这给乡村旅游的发展带来隐忧。

随着旅游消费者需求的不断变化和我国旅游业的对外开放,乡村旅游必须通过不断完善,改变目前的现状。不同地方可以因地制宜对现有的乡村旅游资源进行深度开发,在乡村游中注入文化元素,进行专业的策划、包装。如在乡村旅游中充分体现当地特色,不仅是美景、民俗,也可以是特色旅游商品……以乡情乡韵打造特色村,形成特色旅游项目,打造乡村旅游的精品线路,力争做到"成熟一个、建设一个、成功一个",滚动发展。我国乡村旅游发展较好的一些地区的实践已经证明,只有打造精品,乡村旅游才有生命力。如北京郊区就有以"采摘村""民俗村""度假村"等不同特点的乡村旅游项目开发的不同精品线路,成都也有"花乡""农科村""古镇""民俗风情"等特色各异的乡村旅游精品线路。凭借这些精品线路,让旅游者在旅游中感受到了原汁原味的美,吸引了海内外大量的游客,有力地促进了当地旅游业的发展和新农村建设。

乡村旅游线路的设计是一个不断变化和不断完善的过程。随着乡村旅游资源的深度开发和旅游者需求体现出的时代变化,乡村旅游线路的设计必须注重以上原则的体现,只有这样,乡村旅游才能得到快速发展和完善,才能更好地实现城乡和谐发展。

五、乡村旅游线路设计案例

(一) 重庆秋季乡村旅游线路

2017年9月27日,在重庆市新闻发布中心举行的巴渝醉美乡村秋季精品线路推介会上,重庆市农委以"收获体验"为主题,发布了70条乡村旅游线路,邀请市民朋友去品尝丰收果实,体验劳动的艰辛,欣赏迷人的乡村秋色美景。

此次推介的秋季乡村旅游线路立足于重庆市乡村发展的农业主导产业,农味十足、趣味很多、节味浓厚。市民采摘的是新鲜和乐趣,呼吸的是清新空气,享受的是和家人、朋友一起出行的温馨与惬意,产生的消费则有助于推进精准脱贫。秋季精品线路主要包括粮食"颗粒归仓"体验、牧场"速度与激情"观光体验、"开心农场"采摘蔬菜体验、"缤纷水果任你摘"体验、生态渔场"浑水摸鱼"体验、国粹中药材"小小中医"体验等，包含227个休闲点，适合游玩的时间基本集中在9月下旬到12月上旬。

★下田间 尝新米烤红薯挖洋芋

9月正是南川金佛山、酉阳花田乡、石柱悦来镇寺院村等高海拔地区的水稻陆续收割归仓的时节。市民可到田间体验水稻收割，抢先品尝新米。这个季节出产的薯类品种主要有红薯、秋马铃薯，市民可到巫溪县中岗乡、彭水县郁山镇等地农家去挖秋马铃薯和红薯，吃洋芋饭和烤薯。

★到牧场 感受速度与激情

牧场也是市民观光体验的好去处。涪陵、璧山等区县有散养黑（香）猪场供游客参观，还举办有抓小猪活动。石柱千野草场、开州旭辉羊场、巫溪红池坝草场等天然牧场适合观光，游客可到牧场点杀拼购牛羊肉。城口、秀山、巫溪等区县举办的抓"土飞鸡"体验活动也丰富多彩。

★去渔场 品蟹黄摸泥鳅

金秋正是吃美味蟹黄、观捕大闸蟹的好时节，武隆区火炉镇、黔江区小南海镇养殖的大闸蟹正陆续供应市场。武隆区凤来乡示范推广鳅田稻2 000余亩，还建起了农耕文化体验馆，市民可带着孩子去稻田里摸泥鳅。

★进基地 体验中医药文化

全市中药材种植面积达184万亩，市民可以到基地亲自体验中医药文化、旅游观光、购买养生产品。其中，云阳县鑫焘菊花种植股份合作社在龙角镇规模种植有千亩黄菊，到龙缸景区游玩的市民在路边下车即可观赏和采摘。

（二）衡水四季乡村旅游线路

2018年4月23日，衡水市人民政府新闻办就休闲农业与乡村旅游精品线路相关情况召开新闻发布会。目前，衡水市以"春观花、夏纳凉、秋采摘、冬农趣"四季为类别，组织设定了以衡水湖为核心的九条精品线路。这九条线路涉及20多个休闲旅游精品景点，主题特色突出、休闲功能齐全、发展势头强劲，让游客们体验新鲜别样的乡愁记忆、田园情趣和都市农业风光。

★春观花线路

线路一：春观花——赏花怡景旅游线路：衡水湖——锦湖养正现代农业生态园——肖张千亩杏林园——欣苑休闲农业园——景泓苑休闲农业园——博隆休闲农业园；线路二：春观花——花海果香游线路：衡水湖——和美果业采摘园——清辉头美丽田园——央景休闲农业园——冠志现代农业园。

★夏纳凉线路

线路三：夏纳凉——音乐戏水游线路：衡水湖——绮苑农庄——周窝音乐小镇——音乐水乐方；线路四：夏纳凉——赏花玩水游线路：衡水湖——市园博园——汉魏公馆——贵和现代农业园——景泓苑休闲农业园——凯俊现代农业园。

★秋采摘线路

线路五：秋采摘——瓜果飘香线路：衡水湖——绿科采摘园——众悦休闲农业

园——冠志现代农业园——兴地休闲农业园——新饶生态园；线路六：秋采摘——特色果蔬游线路：衡水湖——古早清凉产业园——碧林园采摘园——津龙现代农业园——景泓苑休闲农业园——鸿鼎现代生态休闲园。

★冬农趣线路

线路七：冬农趣——激情滑雪游线路：衡水湖——冠志现代农业园——绿科采摘园——众悦休闲农业园；线路八：冬农趣——传统文化游线路：衡水湖——阜城陈集剪纸——武强年画博物馆；红色休闲游线路：线路九：红色休闲游线路：衡水湖——冀州北内漳党校纪念馆——枣强林秀贞事迹展馆——安平台城第一农村党支部——饶阳耿长锁纪念馆。

## 线路拓展资料二：

## 京津冀旅游线路设计

京津冀地区同属京畿重地，战略地位十分重要。实现京津冀协同发展，创新驱动，推进区域发展体制机制创新，是面向未来打造新型首都经济圈，实现国家发展战略的需要。从京津冀协同发展的大格局看，还需强化旅游协同发展在大局中的地位和作用，京津冀三地要强化联动互动，分工协作，强化市场机制，突出旅游企业的主体地位，设计出串联三地知名景点的旅游线路，吸引游客在京津冀区域内逗留游览。

**线路名称**：京、津、承、秦经典景区九日游

第1天 "花径不曾缘客扫，蓬门今始为君开" 贵宾抵京（接站至酒店自由活动）

上午根据您选择的交通方式抵达，活动时间：约4小时。贵宾自行前往北京，抵达北京后，工作人员接站，接您前往酒店办理入住手续。今日自由活动无行程安排，客人如果抵京时间充裕，可自行前往 "西单商厦" "三里屯商圈" "CBD国贸" "南锣鼓巷" "蓝色港湾" 等地进行购物体验或观光游览，酒店附近交通便利，地铁、公交线路发达，客人可DIY自定义今日的行程安排。

**＊温馨提示**

1. 请客人报 "订单游客姓名" 入住酒店。

2. 具体的游览顺序会根据具体出发日期做相应调整，游览景点不会减少，敬请贵客知晓。

3. 客人到京前一天20：00之前，会收到师傅接站/机的短信；到京当天21：00之前会收到导游会给您电话（短信），通知您第二天旅游的事宜。

4. 单人预订需补房差，奇数客人预订安排加床，三位客人可免单房差安排房间加床或家庭房（大床 一张小床，可能为钢丝床，以酒店实际安排为准）。

5. 酒店上午一般能提前办理入住，如遇前一晚酒店满房，可能会推迟到中午12点后办理入住，前台可寄存您的行李包裹（食品不能寄存前台，请客人见谅）。

6. 因酒店政策，为了保障酒店设施与客人人身财产安全，入住酒店时需交纳押金，

行程结束退房时会原款退给客人,还望客人理解。

7. 儿童价格仅包含午餐半餐、旅游巴士车位与导游服务费,不含床位、早餐、景点门票,超高费用需自理,敬请贵客知晓。

行驶距离:约15千米,行驶时间:约1小时。前往酒店:北京盛世开元京宛宾馆或北京新世贸大酒店或山水时尚酒店(北京西客站店)或北京世纪INN酒店或派酒店(北京花乡桥郭公庄地铁站店)或北京银地花园酒店。旺季如遇酒店满房,安排入住参考酒店:山水时尚酒店、世纪INN酒店、派酒店、银地花园酒店、昌浩商务酒店、丽都时尚酒店、北京邦泰宾馆、毛铺大酒店或其他同类别标准酒店。

第2天:升旗仪式~天安门广场~故宫博物院~恭王府花园~鼓楼~王府井

5:00—5:30电话叫早、起床、洗漱、吃早餐(具体时间我社导游提前电话或短信通知)。5:30用餐,时间:约30分钟。早餐:酒店餐厅用早餐(或打包上车上吃)6:00集合出发,行驶距离:约15千米,行驶时间:约30分钟,游览时间:约30分钟。

★升旗仪式。在天安门广场看升、降国旗仪式,是游览天安门广场不可或缺的项目。天安门广场规定每天日出时间升旗,日落降旗,以象征红旗与太阳同升同落。在国歌伴奏下,将国旗展开抛出,冉冉升起。

*温馨提示:

升旗时间:当太阳的上部边缘与天安门广场所见地平线相平时,为升旗时间。每年1月11日到6月6日,升旗由早晨7时36分逐渐提前到凌晨4时36分,平均每天依次提前约1分钟;6月22日至12月30日,升旗时间由4时46分逐渐推迟到7时36分,平均每天推迟52秒钟。12月31日到1月10日与6月7—21日,每天的升旗时间分别为恒定的7时36分与4时46分。4—10月升旗的时间较早请注重休息。

7:00集合出发,行驶距离:约2千米,游览时间:约40分钟。

★天安门广场。天安门广场是北京的心脏地带,是世界上最大的城市中心广场。它占地面积约为44公顷,东西宽500米,南北长880米,广场中央矗立着人民英雄纪念碑和庄严肃穆的毛主席纪念堂。天安门广场西侧是人民大会堂,东侧面是中国国家博物馆,南侧是两座建于14世纪的古代城楼——正阳门和前门箭楼。整个广场宏伟壮观、整齐对称、浑然一体、气势磅礴。同时天安门广场是无数重大政治、历史事件的发生地,是中国从衰落到崛起的历史见证。天安门广场于1986年被评为"北京十六景"之一,景观名"天安丽日"。

★人民大会堂(外观)。人民大会堂位于天安门西侧,高46米,长336米,宽206米,建筑面积则达十七万平方米。人民大会堂是中国全国人民代表大会开会的地方,是全国人民代表大会和全国人大常委会的办公场所。

★人民英雄纪念碑(外观)。为了纪念在人民解放战争和人民革命中牺牲的人民英雄,在首都北京建立的人民英雄纪念碑。

★中国国家博物馆(外观)。中国国家博物馆是在原中国历史博物馆和原中国革命博物馆基础上建成,属国家文化部。中国国家博物馆是一座以历史与艺术为主、系统展示中华民族悠久文化历史的综合性博物馆。

★长安街（外观）。天安门坐落于长安街中点的北侧，天安门广场则在其南侧。长安街曾被认为是世界上最长、最宽的街道，也是中国最重要的一条街道之一，在中国有人认为是"神州第一街"。

*温馨提示：

1. 由于天安门广场及故宫游览时间较长，需从故宫游览出来后方可安排旅游车接，如有排队现象午餐时间将会延迟，建议自备一些食品和水。

2. 天安门广场人流量大，请注意看管自身的行李物品，以免丢失。

3. 由于夏季升旗仪式较早，故行程调整为走长城当天观摩升旗仪式，景点游览顺序安排导游会稍作调整，望贵客周知！

7：50集合，行驶距离：约0千米，游览时间：约20分钟。

★毛主席纪念堂（外观）。毛主席纪念堂是为纪念领袖毛泽东而建造的，人民英雄纪念碑南面。坐落在原中华门旧址，1976年11月24日按照中国共产党中央委员会的决议，毛主席纪念堂举行奠基仪式在天安门广场举行，1977年5月24日落成。即设有毛泽东、周恩来、刘少奇、朱德、邓小平、陈云同志革命业绩纪念室。（逢周一闭馆，遇政策性关闭时参观外景，游览约1小时）。

*温馨提示：

特此公告：毛主席纪念堂于1977年5月落成，同年9月9日正式对外开放，迄今已接待瞻仰来宾2.2亿余人次。

1. 毛主席纪念堂凭本人有效证件免费参观（周一闭馆）我社会根据情况调整行程，避开周一游玩，如无法避开、则观外景，敬请谅解。

2. 瞻仰毛主席遗容请按工作人员指定位置排队入场并保持次序，如遇政策性临时闭馆，则观外景，敬请谅解。

3. 毛主席纪念堂不得携带大小包、照相机、水壶等入场参观，请交至导游看管后再排队参观，期间每人都需进行景点安检。

8：20集合出发，行驶距离：约3千米，行驶时间：约20分钟，游览时间：约2小时20分钟。

★故宫。故宫规模宏伟，布局严整，建筑精美，富丽华贵，收藏有许多的稀世文物，是我国古代建筑、文化、艺术的精华。故宫曾是中国明、清两朝的皇宫，又名紫禁城，面积达72万平方米，共有宫殿房舍9 000多间，是世界上现在保存最完整、规模最大的古代宫殿建筑群。1925年10月被辟为故宫博物院。故宫是全国第一批重点文物保护单位，1987年被联合国教科文组织列入"世界文化遗产"名录。故宫的主要参观点有午门、太和殿、中和殿、保和殿、乾清宫、交泰殿、坤宁宫、养心殿等。

★午门。午门是紫禁城的正门，位于紫禁城南北轴线。此门居中向阳，位当子午，故名午门。东西北三面城台相连，环抱一个方形广场。北面门楼，面阔九间，重檐黄瓦庑殿顶。威严的午门，宛如三峦环抱，五峰突起，气势雄伟，故俗称五凤楼。

★太和殿。北京故宫太和殿是"东方三大殿"之一，中国现存最大的木结构大殿，俗称金銮殿。建成后屡遭焚毁，多次重建，今殿为清康熙三十四年（1695年）重建后的形制。

★保和殿。保和殿是北京故宫中的一座殿宇式建筑。现存主体梁架仍为明代建筑。保和殿面阔9间,进深5间,屋顶为重檐歇山顶,上覆黄色琉璃瓦,上下檐角均安放9个小兽。殿内金砖铺地,坐北向南设雕镂金漆宝座。东西两梢间为暖阁。建筑上采用了减柱造做法,将殿内前檐金柱减去六根,使空间宽敞舒适。保和殿后阶陛中间设有一块雕刻着云、龙、海水和山崖的御路石,人们称之为云龙石雕。每当雨天时还有千龙吐水的壮观景象。千龙是指望柱下面伸出的千余个石雕龙头,每当雨天时雨水就从龙口中排出,使分流雨水的实用功能与建筑艺术的观赏功能有机地结合在了一起。位于保和殿的东西两侧的庑房,现已辟为陈列馆。

★御花园。御花园位于故宫中轴线的北侧,坤宁宫后方,是古代皇帝及宫中人员放松散步的花园。这里南北大约80米,东西140米左右,栽种了很多优美的花木,并且修建精巧,花木周围还有与植物相得益彰的亭台楼阁,是一片精致漂亮的小园林。

★神武门。神武门是紫禁城的北门,也是故宫的出口,明称玄武门。玄武为古代四神兽之一,从方位上讲,左青龙,右白虎,前朱雀,后玄武,玄武主北方,所以帝王宫殿的北宫门多取名"玄武"。神武门门楼建在高10余米的城墙上,面阔5间,重檐庑殿顶。上层檐下有华带匾,书满汉文"神武门",楼下有石护栏围绕。城墙有三券门,中门可启闭,北向券门上部有"故宫博物院"石匾。明崇祯十七年(1644年)李自成率起义军直捣皇宫,皇帝朱由检出此门逃到煤山(现名景山)自缢。清康熙年重修时,因避康熙帝玄烨名讳改称神武门。1925年,故宫博物院成立之时,"故宫博物院"匾悬挂于此,并设神武门为故宫博物院正门。

*温馨提示:故宫博物院需持本人有效证件购票参观(周一闭馆)我社会根据情况调整行程,避开周一游玩,敬请谅解。

12:00集合出发,行驶距离:约5千米,行驶时间:约10分钟。用餐时间:约1小时,午餐:庆丰包子或老北京炸酱面(精选老北京特色餐:餐标30元/人,因南北饮食差异,不能使每位客人食之尽兴,故行程不安排晚餐,酒店附近交通便利,晚餐客人可自行搜罗北京美食。)13:00集合出发,行驶距离:约2千米,行驶时间:约10分钟,游览时间:约1小时10分钟。

★什刹海。什刹海可游可娱,是北京近年旅游的新热点。它融自然景观与人文建筑为一体,保留了最富有老北京特色的传统风景和居民保留地区。近年来,什刹海酒吧街已成为京城夜色中最热闹的地方之一。什刹海,古典与现代相容,传统与前卫契合,自然景观与人文胜迹辉映。

15:20集合出发,行驶距离:约2千米,行驶时间:约10分钟,游览时间:约2小时。

★恭王府。恭王府原为和珅府邸,和珅倒台后,该府邸被嘉庆皇帝赐给其弟弟庆郡王永璘,晚清又成为咸丰弟弟恭亲王奕䜣的王府,恭王府的名称也因此得来。如今恭王府由府邸和花园两部分组成,整体设计富丽堂皇,曲折变幻,风景幽深秀丽,一向被传为《红楼梦》中的荣国府和大观园,充分体现了皇室辉煌富贵的风范和民间清致素雅的风韵。恭王府历经了清王朝由鼎盛而至衰亡的历史进程,承载了极其丰富的历史文化信息,故有了"一座恭王府,半部清代史"的说法。恭王府以康熙皇帝御书"福"字碑为中心，前有独乐峰、蝠池，后有绿天小隐、蝠厅，布局令人回味无穷。东路的大戏楼厅内装饰清新秀丽，缠枝藤萝紫花盛开，使人恍如在藤萝架下观戏。戏楼南端的明道斋与曲径通幽、垂青樾、吟香醉月、流杯亭等五景构成园中之园。花园内古木参天，怪石林立，环山衔水，亭台楼榭，廊回路转。月色下的花园景致更是千变万化，别有一番洞天。诸多中外游客慕名而至，寻觅着翠山碧水、曲径幽台在诉说的如烟往事。

★鼓楼。明永乐十八年（1420年）建，清嘉庆五年（1800年）重修。下为高约4米的城台，台前后各有券门三道，左右各一道。楼面阔五间，重檐三滴水灰瓦歇山顶。鼓楼是明清两代向全城击鼓报时之处。1924年一度改为"明耻楼"，陈列八国联军入侵北京时有关国耻的实物。现存楼上的一面更鼓，上有刀痕，即为八国联军所砍。

17：20集合出发，行驶距离：约5千米，行驶时间：约20分钟，游览时间：约40分钟。

★王府井。王府井大街，南起东长安街，北至中国美术馆，全长约1.6千米，是北京最有名的商业区。王府井大街有著名的商场有百货大楼、东安市场、东方新天地等；还有瑞蚨祥、中国照相、四联美发等多家著名老字号；国内最大的儿童用品商店、亚洲最大的体育用品商店、东华门小吃夜市也座落于此。王府井的日用百货、五金电料、服装鞋帽、珠宝钻石、金银首饰等，琳琅满目，商品进销量极大，是号称"日进斗金"的寸金之地。闻名遐尔的王府井大街形成于元代，在20世纪二三十年代，就以"全、新、高、雅"四大特点跻身于北京四大商业区行列。这条充满现代气息、高品位、高标准的国际化中心商业街，与法国的香榭丽舍大街结为友好姐妹街，使它的国际地位不断提高。

\*温馨提示：

1. 王府井步行街我们根据游客的意见安排游览时间，如有游客想多逛会儿，请通知导游，自行回酒店。

2. 商业街内购物属于个人行为，非旅行社指定购物行为，友情提示您注意商品的价格和质量。

18：30用餐，时间：约1小时，晚餐：自理。客人根据自己口味选择用餐。19：00出发，行驶距离：约15千米，行驶时间：约30分钟。前往酒店：北京盛世开元京宛宾馆或北京新世贸大酒店或山水时尚酒店（北京西客站店）或北京世纪INN酒店或派酒店（北京花乡桥郭公庄地铁站店）或北京银地花园酒店。19：00旺季如遇酒店满房，安排入住参考酒店：山水时尚酒店、世纪INN酒店、派酒店、银地花园酒店、昌浩商务酒店、丽都时尚酒店、北京邦泰宾馆、毛铺大酒店或其他同类别标准酒店。

第3天：八达岭长城~十三陵~定陵~奥林匹克公园~鸟巢、水立方（外景）

5：00—5：30电话叫早、起床、洗漱、吃早餐（具体时间我社导游提前电话或短信通知）。5：30用餐，时间：约30分钟，早餐：酒店餐厅用早餐（或打包上车上吃）。7：20集合出发，游览时间：约1小时50分钟。

★八达岭长城。八达岭长城史称天下九塞之一，是万里长城的精华，也是最具代表性的明长城之一，这里是长城重要关口居庸关的前哨。八达岭长城是万里长城的重要隘口，居高临下，山势险峻，气势雄伟。它宛如一条巨龙盘踞在中国北方辽阔的土地上。

它是中国古代劳动人民血与泪的结晶，也是中国古代文化的象征和中华民族的骄傲。

*温馨提示：

1. 因八达岭长城距市区距离较远（约85千米），为了不影响您的游览时间，当天早餐为打包早餐，敬请谅解。

2. 登上八达岭长城后为游客自由参观，导游将您送到长城景区，检票后不跟团讲解。

3. 八达岭长城您可以选择徒步登长城或乘长城滑道/缆车游长城，【长城缆车/滑道自理100元/人】，不属于推荐自费项目。

12：00集合出发，行驶距离：约10千米，行驶时间：约5分钟，用餐时间：约1小时。午餐：金殿或北京春饼宴（精选老北京特色餐：餐标30元/人，因南北饮食差异，不能使每位客人食之尽兴，故行程不安排晚餐，酒店附近交通便利，晚餐客人可自行搜罗北京美食。）14：40集合出发，行驶距离：约20千米，行驶时间：约20分钟，游览时间：约1小时30分钟。

★明十三陵。明十三陵是中国明朝皇帝的墓葬群，坐落在昌平区境内的燕山山麓。陵区周围群山环抱，中部为平原，陵前有小河曲折蜿蜒，13座皇陵均依山而筑，形成了体系完整、规模宏大、气势磅礴的陵寝建筑群。十三陵严格按照中国传统风水学说，从选址到规划设计，都十分注重建筑与自然山川、水流和植被的和谐统一，追求形同"天造地设"的完美境界，用以体现"天人合一"的哲学观点，充分展示了中国传统文化的丰富内涵。

★定陵。建于明万历十二—十八年（公元1584—1590年），为明代万历皇帝朱翊钧和孝端、孝靖两皇后的合葬墓。定陵是我国迄今为止唯一主动发掘的皇家地宫。定陵占地约182 000平方米，主要建筑有棱恩门、棱恩殿、宝城、明楼和地下宫殿等。您可亲访十三陵，探寻定陵地宫的考古传奇，一起见证中国皇家文化瑰丽神秘的世界。

17：30集合出发，行驶距离：约60千米，行驶时间：约1小时，游览时间：约40小时。

★鸟巢（国家体育场）（外观）。2008年北京奥运会的主场馆，由于独特造型又俗称"鸟巢"。体育场在奥运会期间设有10万个座位，承办该届奥运会的开、闭幕式，以及田径、足球等比赛项目。由2001年普利茨克奖获得者赫尔佐格、德梅隆与中国建筑师李兴刚等合作完成的巨型体育场设计，形态如同孕育生命的"巢"，它更像一个摇篮，寄托着人类对未来的希望。设计者们对这个国家体育场没有做任何多余的处理，只是坦率地把结构暴露在外，因而自然形成了建筑的外观。

18：00集合出发，行驶距离：约10千米，行驶时间：约10分钟，游览时间：约30分钟。

★水立方（国家游泳中心）（外观）。水立方即国家游泳中心，2008年奥运会期间，在此承担游泳、跳水、花样游泳、水球等水上项目的比赛。"水立方"的建筑结构来自于肥皂泡堆积的概念，因为要造出水分子的感觉，每个气枕都是不规则的多面体，所以气枕依托的钢架构也要求是多维空间的12面体或者14面体，搭建这样的钢架构在国内乃至世界上都是第一次。每到晚间，水立方还会营造出奇异美妙的灯光效果。水立方与国家体育场分列于北京城市中轴线北端的两侧，共同形成相对完整的北京历史文化名城形象。

18：30用餐，时间：约1小时，晚餐：自理。客人根据自己口味选择用餐。19：00集合出发，行驶距离：约15千米，行驶时间：约30分钟。前往酒店：北京盛世开元京宛宾馆或北京新世belongs大酒店或山水时尚酒店（北京西客站店）或北京世纪INN酒店或派酒店（北京花乡桥郭公庄地铁站店）或北京银地花园酒店。19：00旺季如遇酒店满房，安排入住参考酒店：山水时尚酒店、世纪INN酒店、派酒店、银地花园酒店、昌浩商务酒店、丽都时尚酒店、北京邦泰宾馆、毛铺大酒店或其他同类别标准酒店。

第4天：颐和园~清华大学外景~圆明园~天坛公园

5：30—6：30电话叫早、起床、洗漱、吃早餐（具体时间我社导游提前电话或短信通知）。6：30用餐，时间：约30分钟。早餐：酒店餐厅用早餐（或打包上车吃）7：00集合出发，行驶距离：约10千米，行驶时间：约20分钟，游览时间：约1小时30分钟。

★天坛。天坛位于北京城南端，始建于明朝永乐十八年（1420年），是明清两代皇帝祭祀天地之神和祈祷五谷丰收的地方。1998年11月，被列入《世界遗产名录》。北京天坛是世界上最大的古代祭天建筑群，其严谨的建筑布局，奇特的建筑结构，瑰丽的建筑装饰，被认为是我国现存的一组最精致，最美丽的古建筑群。天坛是世界文化遗产、国家5A级旅游景区、全国重点文物保护单位。

12：00集合出发，行驶距离：约5千米，行驶时间：约20分钟，用餐时间：约1小时。午餐：老北京涮肉（精选老北京特色餐：餐标30元/人，因南北饮食差异，不能使每位客人食之尽兴，故行程不安排晚餐，酒店附近交通便利，晚餐客人可自行搜罗北京美食。）13：30集合，游览时间：约1小时。

★京城水系皇家御河游。慈禧水道是慈禧太后每年夏天去颐和园游览、避暑所必经的水路，现在开发为水路旅游专线。慈禧水道是北京最古老的旅游线，其景色之秀美，涵括了大清江山的风物精华，浓缩了中国古典园林的水景文化，有"十里青山行画里，双飞白鸟似江南"的美誉，水景倍胜于山景，远山如画、近柳如帘，不登舟不得以欣赏。龙舟画舫自万寿寺沿水道而上，经三仙山；过昆明池；观西堤六桥；赏乾隆八景，龙舟直达万寿山。站立船首，如驭清风，两岸桃红柳绿，满目湖光山色，云中有水，水中有云，船在云中走，人在画中游。

14：30集合出发，行驶距离：约5千米，行驶时间：约20分钟，游览时间：约2小时。

★颐和园。中国现存规模最大、保护最完整的博物馆式皇家园林。晚清时期作为慈禧太后的颐养之地。园内最有特色的是长廊，以精美的绘画著称，有546幅西湖胜景和8 000多幅人物故事、山水花鸟。1992年颐和园长廊以"世界上最长的长廊"列入吉尼斯世界纪录。

★十七孔桥。十七孔桥是连接东岸与南湖岛的一座长桥，清乾隆时建，为园内最大的石桥。桥由17个孔券组成，长150米，状若长虹卧波。其造型兼有北京卢沟桥、苏州宝带桥的特点。桥上石雕极其精美，大小共544个。两桥头还有石雕异兽，十分生动。

★颐和园长廊。颐和园长廊位于昆明湖的北岸,万寿山南侧,建造于乾隆年间。长廊在英法联军侵入北京时曾经被损毁,后来1888年又重新建造,目前是颐和园内最值得观赏的景点之一。长廊两侧画有大量的壁画,画作之丰富曾经上过世界吉尼斯纪录,又被称作"世界第一廊"。

★圆明园。圆明园是清帝王在150余年间创建和经营的一座大型皇家宫苑,曾遭到英法联军的洗劫和焚毁。圆明园继承了中国3 000多年的优秀造园传统,既有宫廷建筑的雍容华贵,又有江南水乡园林的委婉多姿,同时又吸取了欧洲的园林建筑形式,把不同风格的园林建筑融为一体,在整体布局上使人感到和谐完美。可谓"虽由人做,宛自天开"。

*温馨提示:景区交通电瓶车80元/人,(客人根据自身体力选择乘坐),如有需要,敬请自理。

17:30集合出发,行驶距离:约5千米,行驶时间:约10分钟,游览时间:约40分钟。

★清华大学(外观)。清华大学的前身是清华学堂,成立于1911年。现在是中国著名高等学府,坐落于北京西北郊风景秀丽的清华园,是中国高层次人才培养和科学技术研究的重要基地之一。清华大学风景优美,如古月堂建于清道光年间,与工字厅西院一巷之隔。初建时是园主的专用书房。梁启超、朱自清等都曾在这里居住。现在是学校各总务机关所在地。近春园是清咸丰皇帝的旧居,也是朱自清的《荷塘月色》的原址。近春园的前身是"熙春园"的中心地带。

18:30集合出发,行驶距离:约15千米,行驶时间:约30分钟。自由活动,约晚18:30结束当天的行程,送回酒店自由活动。(晚餐自理)推荐:【东来顺涮羊肉】。前往酒店:北京盛世开元京宛宾馆或北京新世贸大酒店或山水时尚酒店(北京西客站店)或北京世纪INN酒店或派酒店(北京花乡桥郭公庄地铁站店)或北京银地花园酒店。旺季如遇酒店满房,安排入住入住参考酒店:山水时尚酒店、世纪INN酒店、派酒店、银地花园酒店、昌浩商务酒店、丽都时尚酒店、北京邦泰宾馆、毛铺大酒店或其他同类别标准酒店。

第5天:北京~天津~古文化街~天津之眼~瓷房子~外滩公园~乘船出海~洋货市场~宾馆

6:00用餐,时间:约30分钟,早餐:早约5:00—7:00。五环之内免费上门接客人(具体时间工作人员会提前一天17:00—21:00电话通知,请耐心等待)7:00左右从北京出发前往天津参观,行驶距离:约120千米,行驶时间:约2小时。

天津地区的形成始于隋朝大运河的开通。唐中叶以后,天津成为南方粮、绸北运的水陆码头。宋金时称"直沽寨",元朝改称"海津镇",是军事重镇和漕粮转运中心。明永乐二年(1404年)筑城设卫,称"天津卫"。天津是我国北方重要港口,是首都北京出海的门户。天津港现有25个万吨级以上泊位,杂货吞吐量和港口规模分别居全国第一、第二位。天津有20条远洋航线,客运航线可达大连、烟台、龙口等地。天津还是重要的铁路枢纽和航空港,京沪、京哈两大铁路干线在此交汇。大型的天津机场有多条航线可达沈阳、上海、广州、桂林和香港等地。

9:00集合出发,行驶距离:约15千米,行驶时间:约30分钟,游览时间:约1小时。

★古文化街。古文化街是综合性文化旅游区。街道以天后宫为中心,全长580米,是津门十景之一。古文化街的街貌、店铺、商品,都带有浓郁的艺术气息,尤其是古玩、字画、碑帖、文房四宝和天津民间工艺品,琳琅满目。这里有来自全国各地的各种工艺品、文化用品,但其中饮誉国内外的还是具有浓厚天津地方特色的杨柳青年画、"泥人张"彩塑和"风筝魏"风筝等特产。古文化街是全国5A级旅游景区,天津文化起源地"津门故里"。

★建筑景观。远观天津的地标性建筑,直径高达110米,世界上最大的桥上摩天轮【天津之眼】,体现那"天门常开,彩虹初现"神奇境界。沿途欣赏天津发祥地三岔河口,当年大禹治水成功之地,古黄河出海口,有着"禹贡黄河"之称的母亲河【海河】。途径具有哥特式建筑风格的【望海楼教堂】。游览素有"万国建筑博览会"之称的租界洋楼,是特定历史时期的产物,是世界建筑界的瑰宝,汇聚着西方各国异国风情的建筑【意大利风情区】(含讲解)。

10:30集合出发,行驶距离:约10千米,行驶时间:约20分钟,游览时间:约1小时。

★瓷房子。瓷房子是一座动用了无数私藏古瓷器、汉白玉石雕、水晶、玛瑙、古董装饰而成的法式建筑。房子的墙上密密麻麻贴满了精美的中国古代瓷器,庭院和楼内堆满了古董,铺天盖地的瓷器古董常让初到瓷房子的游客眼花缭乱。瓷房子使用了4 000多件古瓷器、400多件汉白玉石雕、40多吨水晶石与玛瑙、7亿多片古瓷片、13 000多个古瓷盘和古瓷碗、300多个瓷猫枕、300多个汉白玉唐宋石狮子、300多尊历代石雕造像、20多吨水晶石与玛瑙,把一座法式洋楼装饰成一座价值连城的瓷房子。瓷房子上镶嵌的7亿多块瓷片涵盖了各个历史时期,有晋代青瓷,唐三彩,宋代钧瓷、龙泉瓷,元明青花,清代纷彩等,几乎官窑、民窑的所有门类都可以在墙上找到,而且都用水泥内部浇注,并用大理石胶粘连固定成为建筑的一部分。

11:30集合出发,行驶距离:约5千米,行驶时间:约10分钟,游览时间:约40分钟。

★南市食品街。川鲁粤淮扬,四大菜系尽集于此;北京的烤鸭,广东的海鲜,四川的麻辣,山东的大菜……山南海北的美味,一日尝尽。这里就是天津餐饮的高地:南市食品街。食品街的4个门楼为仿清式古建筑,雕饰精美,富丽堂皇。门楼上的匾额全部摘选自书法家颜真卿、柳公权、欧阳洵、赵孟頫的墨宝。食品街内有100多家各式餐厅,荟萃了全国八大菜系,还包括了自成流派的天津风味菜、山西风味菜、绍兴风味菜、清真菜、外国风味菜、宫廷菜等。"天津三绝"的耳朵眼炸糕、十八街麻花、狗不理包子,以及黏糕、酥糖、崩豆等足以让人大饱口福。几百种天津独特的风味小吃(麻糖、皮糖、鱿鱼丝等),过一把"卫嘴子"的瘾,体会天津独有的饮食文化。

12:30集合出发,行驶距离:约5千米,行驶时间:约20分钟,用餐时间:约40分钟。午餐:约12:30,安排午餐;(八菜一汤、十人一桌、四荤四素、餐标20元/

人)(本行程为全国散客拼团、因南北地区饮食习惯差异，中餐我们在景区周围为您安排便餐，可能不适合您的口味，敬请谅解、请自备点零食补充能量)。13：30 集合出发，行驶距离：约 60 千米，行驶时间：约 1 小时。乘车赴塘沽【滨海新区】，游览时间：约 30 分钟。

★海河外滩公园。海河外滩公园长约 1 千米，是滨海新区重要的城市景观建筑，市民休闲娱乐的首选地。外滩延线由文化娱乐区、商业休闲区、绿化景观区和高台景观区四部分组成，以沿河木制人行步道相贯通。海河外滩公园有亚洲第一美誉的巨型喷泉景观，远观东南亚著名的赌船"东方公主号"（电影《赌神》的实景拍摄地）。外滩公园上有大、中、小三组结构大悬挑构架"碧海帆影"景观，自西向东分别高达 100 米、70 米、50 米。三个构架像大海中航行的帆船，与蔚蓝的海河水浑然一体，蔚为壮观。乘船出海——（含门票，游览 40 分钟左右）离开喧嚣的城市，投入大海的怀抱，一览海上无限风光与万吨巨轮擦肩而过感受大海风情一览中国渤海湾入海口之地，最大的工业港口之雄风。

16：30 集合出发，行驶距离：约 10 千米，行驶时间：约 30 分钟，游览时间：约 1 小时。

★洋货市场。塘沽洋货市场是华北地区首家建立的专门进行进口货交易的市场，以其独特魅力吸引京津及周边的游人。洋货市场步行街突出古典欧式风格，着意体现"洋货、洋味。街两侧低层欧式建筑，屋顶几何造型富于变化，立面装饰力求典雅优美。标志物沽上明珠突兀而起，寓意丰富。5 组青铜雕塑和 3 组汉白玉雕塑均为欧洲古典名人名雕，或欢快，或沉思，或三五成群，或独踞一隅，点缀街头，向游人展示着魅力无穷的异域文化。夜幕降临，古典式街灯像彬彬有礼的主人，陪伴八方游客在柔和的光线里徜徉。

17：40 集合出发，行驶距离：约 160 千米，行驶时间：约 2 小时 30 分钟。结束愉快的天津之旅，乘车返回北京，入住酒店。前往酒店：北京盛世开元京宛宾馆或北京新世贸大酒店或山水时尚酒店（北京西客站店）或北京世纪 INN 酒店或派酒店（北京花乡桥郭公庄地铁站店）或北京邦泰宾馆。19：00 旺季如遇酒店满房，安排入住入住参考酒店：山水时尚酒店、世纪 INN 酒店、派酒店、银地花园酒店、昌浩商务酒店、丽都时尚酒店、北京邦泰宾馆、毛铺大酒店或其他同类别标准酒店。（晚餐自理）

*温馨提示：明日前往承德，北京酒店办理退房手续，请贵宾仔细检查，提前整理好行李物品。

第 6 天：酒店~北京站~承德避暑山庄~宾馆

5：30—6：30 电话叫早、起床、洗漱、吃早餐（具体时间我社导游提前电话或短信通知）。(今日北京酒店退房，请客人仔细检查行李物品，以免遗漏造成损失)。6：00 用餐，时间：约 30 分钟。早餐：酒店餐厅用早餐（或打包上车吃）。6：30 集合出发，行驶距离：约 10 千米，行驶时间：约 30 分钟。7：00 左右在北京站进站口国旗杆下集合领取火车票（准确的集合时间会在出发前一天以短信和电话通知到您）乘坐 7：56 分乘 K7711 次火车硬座赴承德，11：30 分抵达热河承德。

11：30 集合出发，行驶距离：约 10 千米，行驶时间：约 30 分钟，用餐时间：约 1

小时。午餐：约13：00，安排午餐；（八菜一汤、十人一桌、四荤四素、餐标20元/人）（本行程为全国散客拼团、因南北地区饮食习惯差异，中餐我们在景区周围为您安排便餐，可能不适合您的口味，敬请谅解、请自备点零食补充能量）。12：30 自由活动：约20分钟。

承德——河北省城市，旧称"热河"，距北京254千米。承德素有"紫塞明珠"之美称，被列为首批国家历史文化名城、中国十大风景名胜、旅游胜地四十佳、国家重点风景名胜区，是国家甲类开放城市，其承德避暑山庄天下闻名。承德毗邻京、津、西顾张家口、东接辽宁、北倚内蒙古、南邻秦皇岛、唐山，是燕山腹地、渤海之滨重要的区域性城市。

13：00 集合出发，行驶距离：约10千米，行驶时间：约20分钟，游览时间：约4小时10分钟。

★承德避暑山庄。避暑山庄原名热河行宫，始建于康熙年间，建成于乾隆，耗时近90年，是我国现存最大的皇家园林。避暑山庄拥有殿、堂、楼、馆、亭、榭、阁、轩、斋、寺等建筑一百余处。避暑山庄的最大特色是山中有园，园中有山。避暑山庄兴建后，清帝每年都有大量时间在此处理军政要事，接见外国使节和边疆少数民族政教首领。这里发生的一系列重要事件、重要遗迹和重要文物，成为中国多民族统一国家最后形成的历史见证。

*温馨提示：避暑山庄门票不包含山庄内的小交通；环山车50元/人，环湖游船60元/人，环湖电瓶车50元/人，自由乘坐。

18：00 晚餐：自理，晚餐时光就得您辛苦做回本地人了，可以品尝一些承德特色小吃，如烧麦、驴打滚、煎饼盒子、八沟烧饼、羊汤等当地特色美食。18：30 集合出发，行驶距离：约10千米，行驶时间：约20分钟。前往酒店：承德金宝坛快捷酒店或承德金南商务会馆或承德黄金宾馆或承德鸿福御苑宾馆或承德市桃园旅馆。

第7天：酒店—普宁寺—普佑寺—小布达拉宫—班禅行宫—承德—北戴河

约6：00—6：30 电话叫早、起床、洗漱、吃早餐（具体时间我社导游提前电话或短信通知）。办理退房手续（收拾好所带物品）出发赴景区。（今日承德酒店退房，请客人仔细检查行李物品，以免遗漏造成损失）。6：30 用餐，时间：约30分钟。8：00 集合出发，行驶距离：约10千米，行驶时间：约20分钟，游览时间：约2小时。

★普陀宗乘之庙。寺庙始建于乾隆三十二年，是乾隆为庆祝自己的60大寿和母亲的80大寿而建的，也是"外八庙"中规模最大的一座。其样式仿拉萨布达拉宫，气势壮观，故又称为"小布达拉宫"。

10：20 集合出发，行驶距离：约10千米，行驶时间：约30分钟，游览时间：约2小时。

★普宁寺。普宁寺是中国北方最大的佛事活动场所，僧侣云集、香火旺盛。寺庙汉藏结合，前半部为汉式，具有汉族传统佛教寺庙的特征；后半部为藏式，仿西藏桑鸢寺而建。两种不同风格的建筑融为一体，结合的相当完美。

★普佑寺。普佑寺是普宁寺的附属寺庙，建于清乾隆二十五年，是向外八庙的众喇嘛讲经说法的主要场所（相当于现在的经学院）。曾经设有四学，包括讲显宗经学、密宗经学、历算学和医药学。但寺中最值得一看的是500罗汉雕像,神态各异,极具艺术价值(只剩下176尊)。

12:30集合出发,行驶距离:约10千米,行驶时间:约20分钟,用餐时间:约1小时。午餐:自理,客人根据自己口味选择用餐。自由活动。乘坐客运大巴前往美丽的海滨之城秦皇岛。

北戴河海滨地处河北省秦皇岛市的西部,距北京、天津等地只有2~3小时车程。这里有美丽的沙滩和凉爽的气候,是中国最著名的避暑、疗养胜地。这里夏无酷暑、冬无严寒。背靠树木葱郁的联峰山,自然环境优美,与北京,天津,秦皇岛,兴城,葫芦岛构成一条黄金旅游带,北戴河处于旅游带的节点。北戴河海滩沙质较好,坡度也比较平缓,是一个优良的天然海水浴场。

18:30集合出发,行驶距离:约10千米,前往酒店:北戴河顺怡家庭旅馆或北戴河交海宾馆或北戴河日光海宾馆或北戴河鸿舟宾馆。19:00用餐时间:约1小时。晚餐:自理。客人根据自己口味选择用餐,晚餐时光就得您辛苦做回本地人了。逛逛海鲜市场、侃侃价格;配点红酒或白酒,品尝下本地应季小海鲜;切记得吃点蒜,杀菌去腥,以防不适。推荐海鲜自助餐,经济实惠。

第8天:海滨浴场—秦皇求仙入海处—东山浴场—天下第一关—老龙头(外观)

约6:30—7:30电话叫早、起床、洗漱、吃早餐(具体时间我社导游提前电话或短信通知)。7:30用餐,时间:约30分钟。游览时间:约3小时,自由活动。

★北戴河海滨浴场。睡到自然醒、自行去海边自由活动,在长达22.5千米的海岸线上,沙滩和礁石,相互交错;海湾和岬角,依次排开。沙滩松软洁净,堪称北方第一。礁石造型奇特,引人无限遐思。海湾浅浅碧水,浴场沙软平。

12:30集合出发,行驶距离:约10千米,行驶时间:约20分钟,用餐时间:约1小时。午餐:约12:30,安排午餐;(八菜一汤、十人一桌、四荤四素、餐标20元/人)(本行程为全国散客拼团、因南北地区饮食习惯差异,中餐我们在景区周围为您安排便餐,可能不适合您的口味,敬请谅解、请自备点零食补充能量)。13:00集合,游览时间:约1小时30分钟。

★秦皇求仙入海处。秦皇求仙入海处是一处人造景观。据史料记载,始皇三十二年(公元前215年),秦始皇东巡至碣石,派燕人卢生在如今的海港区东山公园处入海求仙后来的人们根据这一记载,建了这样一个工程。该景点主要由阙门、秦始皇求仙雕像、战国风情、求仙殿、仙人祠等景点组成。

进入景区特别赠送【海边栈桥】,你在木栈道上看风景,看风景的人看你。这是一个人与自然和谐共处的故事;这是一段浪漫与美好的完美邂逅;这是亲密融入沙滩与大海怀抱的最佳地点。

14:30集合,游览时间:约30分钟。

★东山浴场。东山浴场被誉为秦皇岛必去的八大浴场之一,站在软软的沙滩上,迎着清爽的海风,远眺广阔湛蓝的大海,您可以一边赏海滨的美丽风光一边进行沙滩浴、日光浴,沙浴,消除一身的疲惫和倦意。

15:30集合出发,行驶距离:约20千米,行驶时间:约30分钟,游览时间:约1

小时30分钟。

★天下第一关。天下第一关是世界文化遗产、全国重点文物保护单位、创建全国文明风景旅游区工作先进单位。"天下第一关"为万里长城东部起点的第一座关隘，是关内关外的分界线，是明朝京师——北京的重要屏障。这里依山襟海，雄关锁隘，易守难攻。关城建于公元1381年，由关城、瓮城、罗城、翼城、哨城及星罗棋步的烽火台、墩台共同组成的一座科学、完整、严密的军事防御体系，因其建置独特，所以在明代万里长城的众多险关要隘中脱颖而出被誉为"两京锁钥无双地，万里长城第一关"。

★老龙头（外观）。老龙头景区由宁海城、入海石城、澄海楼、南海口关、龙武营、海神庙等组成。万里长城像一条巨龙，横亘在华夏大地上，东端在山海关城南千米4处之插入海，犹如龙头高昂，成为明长城东部起点，因此称为老龙头。

18：30用餐，时间：约1小时。晚餐：自理。客人根据自己口味选择用餐，可以自费品尝海鲜自助大餐（自助畅饮赤霞珠干红葡萄酒；菜品包括鲜活海鲜，涮煮海鲜火锅，铁板烧，大馅海鲜水饺，沙拉，甜品等200余种）18：30前往酒店：北戴河顺怡家庭旅馆或北戴河交海宾馆或北戴河日光海宾馆或北戴河鸿舟宾馆。

第9天：酒店—鸽子窝公园—长城号游轮—北戴河站—北京站—送站

早餐：7：00—7：30电话叫早、起床、洗漱、吃早餐（具体时间我社导游提前电话或短信通知）。（今日北戴河酒店退房，请客人仔细检查行李物品，以免遗漏造成损失）。8：00集合出发，行驶距离：约10千米，行驶时间：约20分钟，游览时间：约1小时。

★北戴河长城号游船。"长城"号海上游船是一艘近海游览的观光客轮。总吨位347.8吨，总长42.56米，宽12.6米，航速每小时11海里，可以容纳乘客588人，它是一艘两首双体船，当您乘坐此船时一定会感到非常地平稳、宽敞和舒适。站在船头任由海风吹拂，一切的烦恼忧愁抛置脑后。偶尔有海鸥鸣叫着从您头顶急速滑过，随浪花跳跃的鱼虾与您同行。在大海中驰骋，张开双臂拥抱海洋，您会感到自己在海上飞舞。参观【豪华游船出海观光】（船票【自理】65元/人，恕不接受自带票，游览约40分钟）

9：00集合，游览时间：约2小时。

★鸽子窝公园。位于北戴河海滨东山伸向大海的地方，因为海边有一块高约20米的巨石，远望犹如一只巨鹰，名为"鹰角石"，鹰角石上常年有野鸽栖息，天长日久，这里就成为一个巨大的鸽子窝。公园最为吸引人之处就是观日出，观日出的最佳地点是在赤土河口东西向石英脉的大断裂带的鹰角石上每到旅游季节，游客们便早早地来到这里，一睹海上磅礴壮观的日出景象。除此之外旁边的大浅滩更是观鸟的绝佳之处。每年春秋时节，数以万计的珍稀候鸟在这里觅食、停留，成为又一大新景观。

13：30集合返程。约17：30抵达【北京站】，结束愉快的京津冀全景之旅。自由散团，自行安排接下来的行程，您可以继续畅游北京或者返回温暖的家。参考车次：北戴河—北京Y510次（13：43—17：04）或T5688次。

温馨提示：

1. 今日行程游览结束，安排客人送站服务。

2. 客人仔细检查自身携带物品，谨防遗漏贵重物品。

3. 由于北京高峰时期堵车严重，送站时间会尽可能提前，以免耽误您的返程。晚上在约定的时间，从导游提前告知的集合地点出发，送您前往机场/火车站。

**线路点评**

这九天的行程安排时间紧凑，游览的景区合理有序，囊括了北京、天津、承德、秦皇岛的经典景点。游客在旅途中既能欣赏文物古迹，饱览名胜，又可以悠闲自在的享受大海的旖旎风光，接受大自然的无私馈赠。这条旅游线路自然风景和人文遗产相互穿插，相得益彰，让游客充分领略祖国的光辉历史、灿烂文化和壮丽风光。

资料来源：整理自携程旅行网

**实务操作：**（从下列项目中选择一个项目进行实务操作）

项目1：为大学新生及家长设计河北科技师范学院单一校园游。

项目2：为大二学生设计河北科技师范学院三个校区的区域校园游。

项目3：了解秦皇岛旅游资源，为大学新生及家长设计秦皇岛一日游线路。

项目4：分析家乡的实际情况，为其设计乡村旅游线路。

# 第四章

# 旅游线路设计背景

随着中国经济的发展和人民生活水平的提高，旅游消费已经成为人们生活很重要的一部分。旅游消费者也日趋成熟，他们不仅重视旅游设施，而且越来越重视服务质量和旅游体验。因此，旅游企业必须关注旅游消费者的需求和行为特征，采取有针对性的产品策略和市场措施，切实提高服务质量和服务水平，满足消费者不断变化的需求。旅游线路设计必须以市场和旅游者需求为导向，通过本章的学习：

◆ 理解旅游市场的定义及细分的标准
◆ 了解旅游专门设施与基础设施的含义
◆ 了解旅游消费的特征
◆ 重点掌握旅游者消费决策的过程

## 第一节 旅游市场分析

### 一、旅游市场内涵

**（一）市场与旅游市场**

在旅游业和旅游研究中，旅游市场通常指旅游产品的经常购买者和潜在购买者。在这个意义上，旅游市场指的是旅游需求市场或旅游客源市场。

**（二）旅游市场的构成要素**

旅游市场要素指的是能够形成旅游市场的基本要素的组合体。要形成一个旅游市场，必须要有人口、购买力、购买欲望和购买权利4个基本要素。

1. 人口

旅游产品的消费者是构成旅游市场主体的基本要素，旅游市场大小取决于该市场上人口数量的多少，一个国家或地区总人口多，则潜在的旅游者就多，需要的旅游产品的基数就大，因此，人口的多少反映了潜在旅游市场的大小。

2. 购买力

旅游市场大小取决于购买力。购买力是指人们在可支配收入中用于购买旅游产品的能力，它是由收入水平决定的。没有足够的支付能力，旅游者便无法成行，旅游只会是一种主观愿望。

### 3. 购买欲望

旅游市场大小还取决于购买欲望，购买欲望是旅游者购买旅游产品的主观愿望或需求，是反映潜在购买力变成购买力的重要条件，没有购买欲望，即使有购买力也不能形成旅游市场。

### 4. 购买权利

旅游市场的大小还取决于人们购买旅游产品的权利。购买权利是指允许消费者购买某种旅游产品的权利。对于旅游市场来说，尤其是国际旅游，由于旅游目的国或旅游客源国单方面的限制，如不发给签证或限制出境，都会使旅游权利受阻而导致无法形成国际旅游市场。

以上四个要素相互制约，缺一不可。人口要素是前提，没有旅游者就没有旅游市场；人口居民多而居民收入又高的国家和地区才是真正具有潜力的市场；有了人口和收入，还必须使旅游产品符合旅游者的需求，引起其购买欲望，并在具备旅游权利的情况下，使潜在旅游市场变成现实旅游市场。

旅游市场的关系还可以表示为

$$旅游市场 = 人口 \times 购买力 \times 购买欲望 \times 购买权利$$

所以，只要右边的一个要素为零，总的结果就为零，即这个旅游市场就等于零，这个市场也就不存在了。

### （三）旅游市场的特征

市场是供求关系的综合体现，旅游商品的特殊性使得旅游市场与其他商品市场有着明显的区别：

#### 1. 全球性

旅游市场是有全球范围的旅游需求与旅游供给组成，有全球性的特征。市场对产品的选择有全球性的自由，不受地域、政治、民族局限等限制。旅游地的接待对象无民族、无国界之分，旅游者的旅游活动也不受地方和国界的限制。

#### 2. 季节性

由于旅游资源的季节性变化和一定社会因素的影响，使人们的某种旅游那个出现在一定时间段上，形成旅游市场的旺季和淡季。这就使得旅游市场的供求关系呈现出季节性的变化。对多数的旅游者来说，冬季是旅游资源的淡季，但是以冰雪著称的哈尔滨冬季却是旅游旺季，这是由旅游资源的季节性决定的。

#### 3. 波动性

旅游业作为一种综合性社会经济现象，它影响和被影响的因素几乎涉及整个社会的方方面面。许多社会因素都可能对旅游需求以及旅游地产生很大的影响。而且这种影响长长是全球关联的作用。战争、政治风波、治安、民族歧视、经济水平等，都可能导致旅游市场的关联性的波动甚至变局。即可能引起市场结构的变化，又可能引起旅游流向的变化，还可能引起消费结构的变化。

#### 4. 多样性

旅游市场的多样性主要体现在以下几个方面。首先，旅游者的需求具有多样性。在大众旅游时代，旅游者的构成多种多样，其需求也千差万别。其次，旅游购买形式多样化，有团体包价旅游、半包价旅游、小包价旅游、散客旅游等多种形式。最后，旅游产品多样化，由于旅游者的需求多种多样，这就决定了旅游产品必须多样化，才能满足旅游者的不同需求。

## 二、旅游市场供给

旅游供给是旅游目的地在一定时期以内各种可能的价格向旅游市场提供的旅游产品或服务的数量。由于总体旅游产品是一个比较抽象的概念，因此，一个旅游目的地旅游供给的数量往往表现为该地商业性旅游企业所提供的设施和服务的总和。

### （一）旅游基础设施

旅游基础设施是旅游供给的主要内容，通常这些设施都是针对当地居民的需要而设计和提供的，但来访者也需要使用这些设施，因此在旅游研究中称之为旅游基础设施，如供水系统、供电系统、排污系统、道路系统等，以及以此相关的地面配套设施或条件，如银行、医院、治安管理机构、超级市场等。旅游服务设施是一个国家或地区发展旅游业的主要物质基础，同时也是旅游业向深度和广度发展的后盾，如果只注重发展旅游服务设施而不注重旅游基础设施的建设，则薄弱的旅游基础设施迟早会成为旅游业快速发展的"瓶颈"。

### （二）旅游专业设施

旅游专用设施是指为直接开展旅游经济活动，满足旅游者吃住行游购娱的全部需求而建立起来的旅行机构及其必备的成套建筑和设备的总和。旅游专用设施和旅游产品或服务的数量代表着一个国家或地区旅游业的接待能力，这种接待能力大小则反映着一个国家或地区旅游业的实力和发展规模。旅游专用设施主要包括旅游运输设施、旅游食宿设施、游览娱乐设施和旅游购物设施四部分。

#### 1. 旅游运输接待设施

旅游运输设施泛指旅游者以实现其空间位移的客运设施和设备，它不仅包括铁路、公路、航空和水上交通工具，而且还包括与这些交通工具配套的车站、机场、停车场和码头，还包括与这些要素相关的各种辅助设施和设备。一个国家或地区交通运输设施设备的完善程度决定着作为旅游目的地的可进入性程度。旅游者在旅游活动中，不仅关心从居住地到旅游目的地的空间距离，而且也关心两者之间的时间距离。旅游者能否方便而快捷地实现空间转移既取决于交通运输工具的先进程度，同时也取决于交通运输部门的经营效率。因此，交通工具运输及其经营管理的不断现代化是提高旅游供给质量的必要措施之一。

#### 2. 旅游食宿接待设施

旅游食宿接待设施—现代饭店为代表，能够适应和满足旅游者食宿需要的服务设施。食宿接待设施在为旅游者提供基本生活服务方面起着重要作用，其数量和质量也是衡量一个国家和地区旅游接待能力的主要标志。很多国家和地区都在进行旅游规划的同时，都将饭店建设放在非常重要的位置。实际上，在旅游食宿接待设施中担任主力军的现代饭店，其功能扩展到旅游者生活服务的各个方面。在有些地区，特别是一些著名的疗养圣地，饭店在一定程度上已经成为游客来访的重要吸引力因素。因此，现代饭店的设计、经营和管理都已成为专业化的活动。实践证明，拥有一定的适合旅游者需要的、具有独特风格、设备齐全、居住舒适、食物丰美、赏心悦目的饭店，是旅游业兴旺发达的重要保证。随着旅游业竞争的加剧，旅游者需求的提高，单纯经营食宿的设施已经无法适应形势的发展。旅游饭店应顺应"食宿设施旅游资源化"的要求，一方面赋予饭店建筑以独特的风貌；另一方面，加强娱乐设施的建设，使旅游饭店设施建设更加妥善，服务功能更加全面。

### 3. 旅游娱乐设施

旅游娱乐设施是指能为旅游者提供参观、游览或娱乐活动的场所及其相关设备总和，这些设施可以分为两大类，其中比较大的一类多属于集中反映和表现当地民族历史、民族文化、民族艺术和民族风俗的场所，如各种博物馆、美术馆、藏书馆、民俗展览和表演馆，反映民族特色的园林，以及名人或历史事件纪念馆等，这些设施往往是当地旅游吸引物的重要组成部分。另外一类则是所谓丰富旅游者的旅游生活而提供的娱乐设施，这类设施可以丰富旅游者的旅游生活。但在有些情况下，某些设施也可以起到旅游吸引物的作用，这主要取决于有关设施的规模和知名度，如上海的迪士尼乐园、纽约的百老汇以及澳门的赌场等。

## 小资料：上海迪士尼乐园

上海迪士尼乐园，是中国内地首座迪士尼主题乐园，位于上海市浦东新区川沙新镇，于2016年6月16日正式开园。它是中国第二个、中国大陆第一个、亚洲第三个，世界第六个迪士尼主题公园。乐园拥有七大主题园区：米奇大街、奇想花园、探险岛、宝藏湾、明日世界、梦幻世界、玩具总动园；两座主题酒店：上海迪士尼乐园酒店、玩具总动员酒店；一座地铁站：迪士尼站；并有许多全球首发游乐项目。2016年3月8日，上海迪士尼度假区在其官方网站公布首批园内实景图。园内的创极速光轮将成为全球迪士尼主题乐园中首创的景点。

迪士尼度假区全球首发亮点：首个花园主题园区：作为全球迪士尼乐园中首个采用花园设计的主题园区，"奇想花园"专为醉心于园林景观的中国游客设计。花园设有全新的观景阶梯以便游客观赏城堡舞台剧和夜光幻影秀。中国生肖壁画墙：迪士尼和迪士尼·皮克斯角色将首次惟妙惟肖地化身中国生肖动物，跃然于美丽的壁画墙上。游客将在"十二朋友园"了解到更多关于迪士尼朋友的故事。首个以幻想曲为主题的旋转木马：游客将在上海迪士尼乐园乘上"幻想曲旋转木马"，它是全球迪士尼乐园中第一个以迪士尼经典影片《幻想曲》的音乐和童话角色设计而成的旋转木马。

### 4. 旅游购物设施

旅游购物设施泛指可以为旅游者购物提供的场所和相关设备。购物时旅游者旅游活动的一项重要内容，它虽然不属于旅游者必须的基本消费，但却是其必然性的旅游行为。正因为如此，游客购物消费在任何旅游接待国的旅游收入中都占有相当高的比重。由于旅游者的购物范围广，旅游购物设施同一班设施并无原则性的不同，有些旅游目的地，特别在游客参观点及机场、车站等出入点，设有专门供旅游者购物的设施，而非狭义的专供旅游者购物的设施。这些购物设施的方便程度，特别是所提供的商品的品种、特色、质量和价格，对旅游者的购买兴趣和购买数量有着重要的影响。有些地方如香港，旅游购物设施甚至可以成为构成旅游者来访的吸引力因素。

## 三、旅游目标市场细分

### （一）旅游目标市场

旅游目标市场就是指被企业选出并准备进入的细分市场。被旅游企业选定为旅游目标市场的某些细分市场，必须同时满足三个条件。

**1. 适当的规模和发展潜力**

被选定的目标市场，既要有适当的规模又要有一定的发展潜力。从现实角度来看，没有适当的规模，旅游企业进入会得不偿失，不仅会亏损而且还会错过其他机会而增加机会成本。从未来角度看，被选定的细分市场应有良好的发展前景。因为任何一个旅游企业都希望与市场共同成长，不希望因市场前景黯淡而成为长不大、做不强的企业，甚至成为"兔子尾巴"式的"短命企业"。

**2. 较强的吸引力和竞争力**

旅游企业还要从企业在细分市场的获利能力和竞争力的角度来评估目标旅游市场。就一般意义上讲，获利能力越高，吸引力也越强。但由于有竞争原因，情况就有所不同，旅游企业还要进行竞争力分析。

**3. 与旅游企业战略和能力一致**

旅游企业所选择的目标市场还要与其战略目标一致。旅游企业应选择吸引力强的，有一定规模和良好发展潜力，本企业又比较有优势，有能力进入的细分市场为自己的目标旅游市场。

### （二）旅游市场细分的概念和意义

旅游目标市场细分就是将一个整体的旅游市场按照消费者的某种或某些特点分解或划分为不同消费者群的过程。所划分出来的每一个消费者群就是一个市场部分，通常称之为细分市场。因此，旅游目标市场细分也就是将全部旅游市场依据旅游者的某种或某些特点划分不同的细分市场。

对旅游市场进行细分的必要性在于，任何一个旅游企业和旅游目的地都难以有足够的实力吸引和满足各类旅游消费者的需要，旅游线路也同样如此。因此有必要在众多的旅游者消费者中，选择某些适合自己经营能力的市场部分作为自己的目标市场。为了有效的选择目标市场，首先就需要在市场调研的基础上对旅游市场进行细分，然后根据自己个供给能力和竞争实力从中选定有利于自己经营的目标市场。也就是说，只要在对整个市场进行细分的基础上，才能有效的违自己选好目标市场。旅游市场细分的意义主要表现在以下三个方面：

**1. 有助于选择目标市场**

旅游目的地和旅游企业要在对市场进行细分的基础上，便于分析各细分市场的需求特点和购买潜力，从而可以根据自己的旅游供给和经营实力有效的选择适合自己进入的目标市场。

### 2. 有利于针对性地开发旅游产品

旅游目的地和旅游企业在选定目标市场的基础上，便可以针对这些目标消费者的需要，开发适销对路的旅游产品。这样不仅可以避免盲目开发旅游产品而造成的失败和浪费，而且也为顾客满意提供了保证。

### 3. 有利于针对性地开展促销

对于旅游目的地和旅游企业而言，开展促销工作毫无疑问是非常重要的，因为再好的旅游产品如果不为旅游消费者所知晓，也无异于该产品不存在。针对目标市场开展促销可以避免因盲目促销而成的浪费，有助于提高促销的成效。

### （三）旅游目标市场细分的标准

旅游产品的市场是由其购买力或有支付能力的需求者构成的。在这些众多的购买者和需求者中，有些人往往具有相同的特点或共同之处。这些相同点和共同之处就可以成为旅游市场进行细分的标准。

可用于对旅游目标市场进行细分的标准有很多，不同的旅游目的地和旅游企业，要根据自己的实际情况，选用对自己经营工作具有实际意义的细分标准。这里仅介绍我国旅游业近几年实践中最常见的旅游市场细分标准。

#### 1. 以地理因素为标准划分

用作旅游市场划分标准的地理因素有着若干种不同的表现形式。有些旅游者来自相同的地域或行政区域，因此，人们常常以旅游客源地的地理和行政区划这类地理因素为标准，对旅游目标市场进行划分。

世界旅游组织根据自己研究工作的需要，并根据世界各地旅游发展情况的国际旅游客源的集中程度，将全世界旅游市场划分为六大市场，即欧洲市场、美洲市场、东亚和太平洋市场、非洲市场、中东市场和南亚市场。

#### 2. 以旅游消费者的某些特点为标准进行划分

常用的这类标准有：

（1）人口统计因素，如年龄、性别、受教育程度、家庭收入水平等。

（2）游客来访目的，如商务、休闲、度假、探险等。

（3）游客来访的旅行方式，如自驾、火车（旅游专列）、飞机等。

（4）游客的来访形式，如团队、散客。

以这类标准对旅游市场进行细分，一般是在已经确定了已有或潜在的市场区域的情况下，用于对该地客源市场的进一步细分。

### （四）选择旅游目标市场需要考虑的因素

#### 1. 市场内部的竞争状况

即指市场内现有的竞争者的数量和竞争的激烈程度，如果市场的竞争过于激烈，则在选择进入该目标市场的时候要慎重。

#### 2. 市场的规模

即要以动态的眼光来看待规模的问题。如针对中小学生推出的研学旅行就很有潜力，将可能由现在的小市场变为大市场。

### 3. 市场的潜力

即市场消费主体可持续购买旅游产品的能力。如在欧洲盛行一时的"二战遗址游"就受到了主要消费全体（二战退伍老兵）人数、购买力的不断下降而逐渐淡出了人们的视野。

### 4. 旅游企业本身的条件

硬件："自身资源"，包括必要的场地、人才、资金等。

软件："经营能力"，包括企业信誉、服务人员的思能够力与服务提供商的关系等。

## 小资料：途牛：大数据解读2016—2017年中国旅游消费市场

2017年1月，途牛旅游网与中国旅游研究院联合发布《2016—2017年中国旅游消费市场发展报告》。报告指出，当前我国旅游消费规模稳步扩大，国民旅游需求不断释放，旅游消费持续升温。

1. 在不断升级的旅游需求推动下，2016年，以亲子游、爸妈游为主的家庭游火爆。
2. 自由行、品质游、度假休闲旅游市场规模逐步扩大。
3. 品质团、定制游成为旅游消费升级新标志。
4. 2017年旅游消费热点和结构将呈现新的趋势，中西部地区将成为旅游消费的生力军，东盟国家、中东非将成出境游新的增长点。
5. 体验式消费也将在旅游消费中占据更大比重。

## 第二节　旅游者消费行为分析

### 一、旅游者

#### （一）旅游者的概念

旅游是人的活动，旅游者是旅游活动的主体。由于旅游学发展的较晚，对于大多数有关旅游和旅游者的定义，人们都是出于不同学科的角度，为了适应各自的工作研究目的而提出的，因此很难统一。旅游者定义可以界定为：旅游者是指离开常住地24小时以上，为了求得新、奇、异、美及特殊物质需求和精神的满足而外出旅行、游览或开展有关活动的人员。旅游者分为国际旅游者和国外旅游者。

#### （二）旅游者的特点

不论是国际旅游者还是国内旅游者，都是出于除了就业和移民以外的任何原因，暂时离开常住地去异乡访问的人，根据对旅游定义的理解和旅游活动自身的特性，作为旅游者应具备如下特征。

##### 1. 异地性

对于旅游者而言，其旅游目的地均为异国他乡。这不仅要求旅游者自身具有一定的适应自然和人文环境的能力，如对旅游地气候、地形等自然条件和饮食、习俗等人文环境能够接受并适应，并且要求旅游地能够给旅游者提供必要的生存条件，包括物质生活条件和对外来文化"侵入"的容忍。

### 2. 享受性

这是旅游者的最终目的，是由具体旅游动机确定的。无论是观光旅游、寻访探奇、增长见识、开阔眼界，还是体育运动、度假疗养、文化交流等，其根本目的是满足一种生理或心理需求，使身心得到愉悦。

### 3. 消费性

旅游是现代人们一种特殊的生活方式，旅游者通过花钱消费得到享受，这不仅要求旅游者具有一定的经济能力，还要求旅游地能够为旅游者提供相应的旅游服务，以适应旅游者的消费需求；同时，消费层次也决定旅游层次。

### 4. 业余性

旅游者是在工作之余进行旅游活动的，所以，余暇时间的有无及长短，直接影响旅游者的旅游动机和旅游行为。

### 5. 地域性

由于所处的自然环境、经济水平、社会制度、文化修养和风俗习惯的不同，旅游者具有明显的地域性，这不仅导致了各地旅游者旅游动机的差异性，而且直接关系到旅游地旅游影响的辐射范围。

## 二、旅游需求

旅游需求是在一定时期内，在一定价格基础上，旅游者愿意而且能够购买的旅游产品的数量。影响旅游需求的因素较多，概括起来主要包括两个方面：一方面关系到旅游客源地，涉及到客源地的旅游需求水平和旅游者个人的经济情况等；另一方面为旅游目的地的供给情况，主要是旅游资源的吸引力、旅游价格、交通条件和接待设施等，可以说，影响旅游需求的因子主要包括客源地特征（特别是城镇人口规模）、客源地经济发展水平等，其中居民的收入水平，特别是可支配收入高低直接决定了出游力的强弱。

深入分析人们的旅游需求波动，把握旅游消费行为及其变化模式，才能对旅游的客源市场做出准确的预测和判断，并通过对旅游资源的有效规划，吸引旅游者消费，促进旅游地的发展。目前，旅游业已经进入稳定发展的阶段，旅游者的需求呈现出新的特点。

### （一）出游决策理性化

对旅游有了新的认识，把它作为生活的一部分，追求物质享受和精神享受。每次旅游活动的目的性、计划性明显，按照自己的经济能力和时间状况安排活动，那种随机性、冲动性的消费群体逐渐减少。

### （二）旅游需求精致化

旅游者文化层次的提高，要求在旅游线路设计中对旅游线路涉及的内容进行深加工，增加生态文化含量，设计内涵丰富、外观新颖、反映时代潮流和地区文化特色的旅游项目。目前，知识性生态旅游产品和项目已成为时尚。

### （三）旅游形式两极化

旅游形式出现动、静两极分化，动的方面向参与型、娱乐型发展；静的方面则表现为崇尚自然、返璞归真，游客对生态旅游、文化旅游越来越青睐。

**（四）出游方式多样化和个性化**

最初的旅游活动多为大众化的观光旅游，客源市场比较单一，现已经被各种细分市场所代替，各个市场都有一定的特点，并且需求各异，从而构成总体旅游需求的多样性和每一个细分市场的特殊性。目前，散客已成为市场的主体，游客多为个人、家庭亲友组成小单位形式出游。

## 小资料：出游选择行为差异分析

代际旅游动机差异分析看出，在代际旅游者的旅游动机中，所有代际群体均认为观光度假、减压、疗养、开阔视野是其出游的主要动机，不同代际旅游者在休闲度假、商务会议、疗养旅游动机方面存在较大差异。50后、60后的游旅动机主要是度假与疗养；70后、80后共有的旅游动机主要是逃离现有的生活缓解压力、休闲度假与开阔视野、文化交流，70后、80后其年龄段正处在事业上升阶段，虽然其收入稳定，但闲暇时间有限，生活压力大，喜欢在旅游中放松自己，体验和学习不同文化；90后、00后的共有动机是观光与开阔视野体验不同的生活、与亲友有类似或同游的经历，获得亲友尊重或者羡慕得分较低，由此可看出90后、00后比较自我，我行我素，虽然讲求个性，但有点爱慕虚荣，攀比心理较强；90后与年龄大、闲暇时间多的50后、60后"健康疗养修养身"动机的分值相近，可以看出90后更注重享受生活，但因90后与00后其收入少且阅历浅的缘故，还只处在旅游的初级阶段，仍以观光旅游为主。由此可以分析得出观光已经不再是人们最主要的旅游动机，在旅行时排遣生活压力，感受不同与自己的文化、生活环境或者是旅游体验，成为人们旅游的主要动机，这一点中青年表现得尤为明显。

（旅游者出游行为的代际差异分析——柴秀玲）

### 三、旅游动机

**（一）旅游动机的概念**

旅游动机是激发一个人有意于旅游以及到何处去，做何种旅游的内在心理原因，常常以愿望、兴趣、爱好、猎奇等形式表现出来，从而使人们产生旅游行为。动机是需求的表现形式，一个人的行为动机总是满足需求而产生的，有什么样的需求，他就会以什么样的形式表现出来。旅游动机是一个人进行旅游活动的心理需求，也是直接推动旅游者旅游行为的内部动因。当客观条件具备并能满足旅游者的主观需要时，旅游动机才能确定并由思想向现实转化。

**（二）旅游动机的分类**

1. 个体性旅游动机

这是指旅游者个体基于生活、工作环境、经济能力余暇时间、个人身体状况及兴趣爱好、理想、追求所产生的，对某项旅游活动较为单纯的动机，它又可以分为以下几类。

（1）心理动机

即为了满足个人的某种心理需求而产生的旅游动机。它主要表现为观光旅游，即对自然名胜古迹、社会风情、艺术馆、博物馆等以观光为主的旅游，主要满足求美、求知、求实的心理需求，达到陶冶情操的目的。

（2）生理动机

包括以治疗疾病、休疗养身体为目的的康疗养性旅游和以健身为目的的体育性旅游。

（3）娱乐性动机

即旅游者在日常紧张的生活和工作之余，以求乐为目的的旅游。通过这种特殊的生活调节方式，来消除疲劳、紧张，使人的身体得到休息、心理得到放松的一种高层次的旅游模式，它满足了旅游者生理和心理两方面的需求。其行为不仅表现为观赏，更重要的是参与到某种具体些的活动中，是旅游中"静"与"动"的结合，如摄影、垂钓、狩猎等娱乐项目。

**2. 团体性旅游动机**

这是指个人由于受社会环境影响自觉或不自觉的参与到一种旅游活动中，是由"从众心理"所产生的一种具有时代特征的"旅游潮"，往往表现为一种复合性旅游心理，主要包括：

（1）宗教性旅游动机

旅游者所表现出的对其信仰的宗教的虔诚，使得一些宗教圣地出现了朝圣游。

（2）寻根性动机

历史的原因造成民族或种族迁移，迫使人们离开故土，使他们及其后裔在选择旅游点上，渴望故地重游或追宗归主，这是由人们自发的民族情感所造成的一种特殊的心理需求。

（3）文化经济性动机

包括各种会议旅游、商务洽谈，探险考察和文学旅游等其特点是有较强的组织性，目的在于通过这种活动进行经济、文化等方面的交流，促进科技的传播扩散，也使人们相互增进了解，加快社会的发展。

**（三）旅游动机产生背景分析**

**1. 自然地理背景**

旅游需求的动因之一是地理环境的区域差异。它是激发人类旅游最早的因素，也是最持久的因素。据世界旅游组织（UN WTO）统计，在世界旅游者中，观光旅游至今仍是主流。

**2. 文化背景**

文化地理环境是在自然环境的基础上产生的。文化背景的差异，也是激发人类旅游活动产生旅游动机的又一个重要客观因素，是旅游需求和消费多元化，旅游空间分异等旅游行为差别的原因之一。

**3. 经济背景**

人们的收入水平、年龄、职业以及社会地位、经济地位的不同，其旅游需求和消费水平不同。世界经济地理环境的差异，有两种不同的划分标准，以经济发达程度为标准，可划分为两大基本背景区，即经济发达地区和经济发展地区；以经济发展性质为标准划分，也有两大基本背景，即城市和农村。总体来看，经济发达地区以及城市往往既是主要的旅游客源地，又是重要的旅游接待地。

#### 4. 环境质量背景

环境质量，指自然环境原始性质、状态的变化程度，它与人类活动密切相关，对人类的旅游活动有重要影响。衡量标准主要有：一、生态环境的退化程度；二、环境污染程度。发达国家主要表现在环境污染程度日甚，而发展中国家则以生态环境退化为主。良好的生态环境会吸引越来越多的旅游客流。

### 四、旅游消费行为

旅游消费行为是旅游者实现旅游经济活动的必要条件，随着人们物质生活水平的提高、经济的发展，越来越多的人开始重视旅游消费，旅游消费是高质量劳动力再生产的创造因素，是普及现代化生产设施的先导和桥梁，是评价旅游经济活动成果的标准。

#### （一）旅游消费构成

##### 1. 实物消费与劳务消费

从旅游者所消费的对象的物质形态上看，有的是有形产品，有的是无形服务，还有的是二者的结合。这种结构特点使旅游消费与一般产品消费有很大的区别。对于旅游产品中实物形态的消费，消费对象的确切物理属性和特点，使消费感知和评价具有客观的基础；而对于劳务消费而言，情况就十分复杂。对于纯粹的劳务（如导游服务）的质量进行衡量，完全依赖于服务者和被服务者对服务效果的主观预期和评价；而对于借助物资设备和设施提供的劳务，又往往是以上两种情况的综合。

##### 2. 生存性消费、享受型消费和发展型消费

生存型消费是指用于满足人们基本生理需要而进行的消费，它是作为生物的人所具有的一致的消费需要，因此也是旅游者所离不开的。享受型消费是社会人的欲望的产物，是指人们在物质生活领域、精神生活领域谋求舒适、惬意和满足而付出的支付选择。发展型消费是指为保证人们体力和智力在现有水平之上不断发展而进行的消费，它是作为社会人为谋求机能和职能的进步而选择的一种积极支付。在旅游者的消费结构中，这三种类型的消费实际上并不是截然对立和孤立的，在大多数情况下，三者浑然一体，难以分割。一些本属于享受型和发展型的消费也往往依附于生存型的消费来得以实现，这也是旅游消费的一个特点。

##### 3. "食宿行游购娱"的指向型消费

从传统上看，旅游者消费被分解为六大要素，"六大要素"也被人们用来分析旅游产品构成并推断其特性的向导或钥匙。从六大要素的角度考察旅游消费的结构特征，有助于判断旅游地的性质，分析旅游地旅游发展所带来的经济效益及其来源构成，认识旅游业的潜力所在，从而制定适当的旅游发展政策。

##### 4. 基本旅游消费和非基本旅游消费

按照旅游消费对旅游活动的重要程度，可分为基本旅游消费和非基本旅游消费。基

本旅游消费是指进行一次旅游活动所必须的、基本稳定的消费,如旅游住宿、旅游交通、餐饮、游览等方面的消费;非基本旅游消费是指并非每次旅游活动都需要的且具有较大弹性的消费,如旅游购物、通信、医疗等费用。

### (二) 旅游消费的特征

#### 1. 综合性

旅游者的一次外出旅游是一次经历,因而旅游消费具有综合消费的特点。从旅游消费活动的对象看,旅游消费是以游览为中心,集食、宿、行、游、购、娱为一体的综合性消费活动,任何旅游者为了实现旅游目的,都必须凭借某种交通工具,在旅途中购买一定的生活必需品和旅游纪念品,并相应满足食宿等基本生活需求。

#### 2. 统一性和不可重复性

在旅游活动中,旅游者必须满足基本的生理需要,因而必须要消费一定量的实物形态产品。以劳务形式存在的旅游服务产品,只有在被享用时,它的价值才被实现,一旦旅游活动结束,消费者不再享用,旅游服务就不复存在。因此,服务消费的过程就是服务生产的过程,两者在时间上也是严格统一的。另外,由于旅游消费的异地性,旅游者的消费必须离开常住地,离开熟悉的基本生活环境,客服空间距离才能实现旅游消费,因此,旅游产品的生产和消费在空间上也是统一的。由于旅游消费与旅游产品在时间和空间上的统一性,决定了旅游消费的不可重复性,就是说旅游服务的使用价值,对消费者来说,只能生产一次消费一次,一次消费的结束就是一次生产的完成。旅游消费不可能像购买一般消费品一样,购买后可以重复使用。

#### 3. 伸缩性

旅游消费的伸缩性是指旅游者所需的消费品的数量和质量可以有很大的差异性。这种差异性会随着影响消费诸因素的变化而变化。旅游消费的伸缩性主要表现在以下几个方面。

(1) 旅游消费是弹性较大的消费

旅游消费受价格、收入、社会政治情况、自然条件等变化的影响,因而旅游消费是极易产生波动的消费。

(2) 旅游消费是无限性的消费

旅游消费主要满足人们精神上的或心理上的需求,这种要求的满足是无止境的,也难以有数量上的限制。

(3) 旅游消费是季节性的消费

这主要有两个方面的原因:一方面是某些旅游地受季节的限制,只是在一定的季节里才有吸引力;另一方面主要是由于旅游者的习惯或余暇时间的限制,某些季节总会是旅游者愿意出游的时间。

(4) 旅游消费中的情感因素

旅游消费以劳务性消费为主,其消费过程是旅游者与旅游服务人员的直接互动过程。旅游服务人员的仪容仪表、服务技巧以及服务态度直接决定了服务质量的高低,并直接影响着旅游消费者的满足程度。所以,旅游者在消费过程中的满足程度在很大程度上取决于双方接触中的情感因素。

**4. 文化性**

与其他产品不同，旅游产品大多数是人类在其发展过程中创造的，不是天然固有的。即便是纯粹的自然旅游资源，在漫长的历史进程中也会不可避免的打上人类的标记。文化旅游资源既有物化形态的实在物，也有非物化形态的模式或意境。物化形态可以是显性的、具体的和可明确被感知的（如古迹、古物、建筑等）；非物化形态主要是隐性的，但仍可以不同程度地感觉到它的存在（如民俗、表演、歌曲、制度等），并可以通过象征、渲染等手段，将其精心营造的旅游文化场景中揭示和显现出来。因此，旅游消费更多是一种具有文化特性的消费活动。

## 第三节  旅游者的购买决策

### 一、购买决策的参与者

旅游购买决策的参与者往往不止一人，有时要受几位决策过程中起不同作用的人士影响或左右，如一个单位组织奖励性旅游，参与决策购买的既有可能是单位高层主管，也有可能是工会负责此项目的责任人；再如家庭旅游，参与购买决策的既有可能是夫妻，也有可能是父母、子女，有时还可能是亲戚朋友。

一般来说，参与旅游购买决策的角色有五种：倡议者；影响者；决定者；购买者；使用者。旅游企业了解参与购买决策的各种角色，有利于针对不同的角色确定相应的影响对策，引导购买决策向本企业倾斜。

### 二、影响旅游决策的因素

旅游者的旅游决策是一个复杂的心理过程，具有很大的不确定性。因为影响旅游决策的因素是多方面的，包括旅游者内在心理因素和社会因素等。旅游者在选择旅游线路时，往往会根据自己的偏好、闲暇时间、经济状况等进行选择，并主要考虑旅游线路中的旅游目的地、旅游时间安排、旅游安全和价格等因素。

**（一）旅游者特征**

主要包括个人特征和人口统计学特征。旅游者的人口统计学特征分析是旅游研究的一项基础工作，其内容包括年龄、性别、收入、学历、职业等方面的结构分析，是研究旅游者各种行为形成的基础，并对旅游市场开发具有重要意义。

**1. 旅游者的个性特征**

旅游者的个性特征是个人长期发展和形成的比较稳定的心理特征，个性不同的人，其出游行为也表现不同的特点。目的地选择行为与旅游者的个体特征存在紧密关系。旅游者在性别、年龄、民族、兴趣、职业、经济收入、文化程度、消费观念、社会地位、家庭结构、常住地的地理位置及自然条件等方面的差异，构成了各自的个性特征；旅游者的偏好不同，在进行旅游消费行为决策时会表现出不同的特点，对旅游线路的选择也有差异。在不同的消费观念、消费心理影响下，不同群体的旅游者也会表现出不同的旅游消费行为。

从年龄上看，不同年龄层次的人其生活经验和阅历不同，对旅游目的地、旅游线路、旅游内容的选择会有很大差异。老年人闲暇时间多，旅游目的主要是陶冶情操、放松心情、寻根访友、品味历史古迹；他们怕喧嚣，喜清净之地，文化意识和交通意识较强，对住宿、饮食、交通的要求比较高；中年人工作繁忙，商务、会议旅游者居多，对人文景观的兴趣浓厚一些，要求现代化的旅游设施设备和高质量的饮食服务；青年人精力旺盛、求知欲强，喜欢选择刺激性和探险性的旅游项目，对饮食要求量多而不求精，用于游览娱乐性的开支较大；少年儿童则天真活泼，对新鲜事物充满热情，对游乐设施特别感兴趣。

从性别上看，男性喜欢健身运动旅游，女性则欣赏文化艺术购物旅游。

从职业上看，不同的职业，意味着收入、闲暇时间和受教育程度不同，旅游需求和旅游倾向也不一样。管理人员受过高等教育且公务旅游的机会较多；学生和教师的文化意识较强；家庭妇女的旅游消费中以购物消费所占的比重最大等等。

从文化程度上看，由于旅游很大程度上是一种精神消费，因此受教育程度越高，对旅游需求越大。一般情况下，旅游愿望与对外部世界的了解与关注成正相关，高学历的人基于他们对外部世界的了解，对去哪里、看什么目的性较强，选择旅游线路是有较强的自主性；中等学历及以下的人产生旅游的愿望更多的受大众媒介的影响，对去哪里、看什么没有前者主动，更愿意接受旅行社的安排。

此外，旅游者的文化程度越高，消费能力亦越强，其主要原因在于不同的文化程度差异间接造成了旅游者社会地位、经济收入以及需求层次的明显差异。美国的一项研究显示，受教育程度越高者，越倾向于参与体能挑战性较强的旅游项目，如航海、野营、背包旅行、登山、网球等；而文化程度较低者，较倾向于选择游泳、滑冰、观光等旅游活动。

**2. 家庭**

家庭结构对旅游决策也有一定影响。家庭是社会生活的基本单位，也是一个单独的、最重要的休闲群体。例如，在美国人参加的娱乐活动中，大约有 2/3 以上是家庭性质；在文化性的休闲活动中，约有 40% 属于家庭性质。家庭生活周期不同，家庭成员扮演角色不同，旅游行为和旅游活动特点也不同。

此外，旅游者的地理位置也从多方面的影响旅游决策行为，其中气候条件对旅游决策影响最大。一是气候不同造就了自然景观的季节性，这正是吸引旅游者的主要动力；二是热量条件在时间和空间上的差异决定人们对差异地区的向往。如冬季北方人喜欢到南方去享受温暖，南方人则喜欢到北方去体验冰雪；夏季人们普遍喜欢到海滩享受阳光。

**（二）闲暇时间**

德国学者霍斯特·托特人为，如果时间限定，则旅行距离也是限定的，决定旅程长短的最重要的条件是时间、费用和旅途是否舒适。旅游的发生依赖于人们闲暇时间的多少，一般来说，旅游者的出游时间与闲暇时间成正相关的关系，直接影响旅游者对旅游线路类型的选择，如果没有特殊需求，人们选择旅游线路时总是追求最小的"旅游时间比"（指人们从居住地到旅游地的单纯旅行时间与在旅游地游玩时间的比值）。当存在类型相同，所提供的游玩时间相近，但到居住地距离不同的旅游地时，人们通常会选择最近的旅游地旅游。而较长距离的旅游只能利用历时较长而且比较集中的闲暇时间，例如欧美地区游客来华旅游大都利用带薪假期便是这个道理。

## （三）价格

旅游消费是满足人们高层次需求的消费。即使人们有了旅游的需求，也只有当人们的收入在支付其生活费用之外，尚有一定数量的结余时，才能使这种需求变为现实。人们的收入水平意味着支付能力，而可随意支配收入的水平则决定着一个人的旅游支付能力。它影响着一个人能否成为旅游者，影响着旅游者的消费水平及消费构成，并且还会影响到旅游者对旅游目的地、旅游线路及旅行方式的选择等。可随意支配收入水平是决定个人旅游行为的最重要的经济因素。

旅游线路的价格，以包价旅游线路为例，主要包括综合服务费、房费、城市间交通费及专项附加费四个部分。综合服务费构成含餐饮费、基本汽车费，即飞机、火车、轮船和汽车等客票价格；关于房费，游客可根据本人意愿，预订高、中、低各档次饭店，旅行社按照与饭店签订的协议价格向游客收费；城市间交通费，即飞机、火车、轮船和汽车等客票价格；专项附加费，即汽车超千米费、游江游湖费、特殊游览门票费、风味餐费、专业活动费、责任保险费、不可预见费等。

因此，可以说，旅游线路价格是影响旅游者选择的关键之一。影响价格的因素实在太多，线路中的每一项内容都会影响到线路总价格的高低。旅游者希望在不降低旅游体验、服务标准和水平的同时，旅游线路的价格要尽可能的低。旅行社既想以较低的价格吸引旅游者以利竞争，又必须保证一定的利润空间以求自身的生存与发展，还要保证旅游质量以树立企业形象，对旅行社来讲，合理确定旅游线路的价格也不是一件容易的事情。

## （四）旅游目的地

旅游者外出旅游必须完成从居住地到旅游目的地之间的空间位移。人们是否愿意客服较大的空间距离障碍前往旅游目的地，旅游目的地级别是一个很重要的因素，一般来说旅游目的地级别越高，知名度越大，吸引力也就越强，旅游者客服空间障碍的决心和可能也就越大。旅游者在选择旅游目的地时会有如下倾向。

### 1. 观赏性

旅游，是一种探索、一种学习、一种享受的过程。一次成功的旅游，不仅能增长旅游者各方面的知识，还能开阔视野、强健体魄、愉悦身心。无论是名山大川、奇石异洞、江河湖海、风花雪月，还是名胜古迹、民族风情，其观赏性越强，对旅游者的吸引力越大。

### 2. 季节性

旅游者对心理感受及旅游活动的内容和效果等受季节性影响，某些自然景色只有在特定的季节、时间里出现，例如，吉林雾凇，只有在入冬以后才能形成。随着季节的变化许多旅游景点里都有明显的"淡季"和"旺季"之分。旅游者在进行决策时还会考虑旅游目的地的最佳旅游季节、日期等因素。

### 3. 差异性

居住地与旅游目的地的环境差异，会激发旅游者的旅游动机，从而产生客服空间障碍的决心和出游的可能性。旅游者往往会选择最有名的旅游地和自然环境及文化环境与居住环境差异较大的旅游地旅游。

### 4. 文化性

不论何种旅游，人们都是希望从中得到美的享受和各种精神乐趣。旅游者生活于不同的文化背景之下，其旅游需要自然会受到文化因素的影响。古木怪石、松涛月色，对生活在都市的人来说，足以唤起他们强烈的心灵震撼和审美愉悦，而对长期居住在那里的人而言，或者对它们视而不见，或者认为这一切都平淡无奇。

### 5. 整体性

一棵古树、一块石碑、一幅壁画，虽然每个单体都有可能具有很高的旅游价值，但若是一个个孤立起来，很难吸引旅游者。只有当各个旅游资源单体相互结合起来，形成旅游资源群体的时候，才能对旅游者具有吸引力。

## （五）旅游者感知

影响旅游决策行为的主要因素之一是旅游者对旅游目的地的感知印象。知觉感知是客观事物直接作用于人的器官，在人的脑中产生的对这些事物的各个部分和属性的整体反映。在旅游者对旅游地所感知的诸多层面中，对旅游决策行为影响较大的感知因素是旅游者对时空距离及旅游地整体形象的感知。

### 1. 旅游者对时空距离的感知

旅游行为总是发生在一定的时间和空间之中，因此旅游者计算距离一般使用两种尺度，即时间距离和空间距离，旅游者对时空距离的感知因人而异。距离又可分为客观距离和感知距离，客观距离以里程来衡量，感知距离则以克服客观距离所消耗的时间、金钱和精力等来衡量，并受到交通便利程度的影响。例如，尽管居住地与旅游地的客观距离不变，但由于开辟了航空线或直达火车，会使感知距离大大缩短。因此，对旅游目的地真正起削弱作用的是感知距离而不是客观距离。

旅游者对时间知觉的要求常因动机的不同而有所不同，比如以度假为目的的旅游者会匆匆赶到下一个度假地，把更多的时间消耗在那里，以探险为目的的旅游者会把时间重点放在行程本身。旅游者对时间知觉的总体要求表现为：旅途要快，即要用最短的时间完成由甲地到乙地的行程；游览要慢，即活动时间充足，能从容地观赏和体味；活动要准时，因为现代社会人们的时间观念很强，不愿浪费时间。

### 2. 旅游者对旅游目的地形象的感知

旅游者对旅游目的地形象感知信息既有来自个体的亲身体验，往往涉及旅游地的景观、基础设施、服务及可达性等方面；也有来自媒体广告和周围群体的介绍等。一般而言，旅游者决策时更信赖亲身体验，但对于大多数旅游者来说旅游目的地是一个陌生的环境，因而间接的信息及渠道发挥的作用越来越大，它们在人们构建旅游地感知形象中起关键作用。

旅游者摄取旅游地信息的途径和丰富程度甚至会影响出游决策。人们在选择旅游地时会受到感知环境的限制，虽然客观环境中存在一些很有价值的旅游地，但由于某种原因，这些旅游地没能成为人们感知环境的一部分，因此，人们就不可能到该地旅游。

### （六）旅游态度

旅游态度是指人们对某一旅游吸引物的认知、评价及出游意向等，分为肯定的态度和否定的态度。肯定的态度会促成旅游行为的发生，否定的态度则抑制旅游行为的发生。旅游者做出旅游决策经历一系列的心理过程；首先从社会环境中接受知识和各种旅游信息，在此基础上形成针对旅游的态度，进而形成对某种行动的偏爱和意图，激发旅游行为。此时，诸多因素又对这种偏爱或意图施加影响，二者相互作用的结果决定了具体的旅游行为能够发生。因此，旅游态度是影响旅游偏好以及旅游决策的主要因素之一。

### （七）安全问题

安全是旅游者选择旅游线路时最关键的因素。首先是旅游线路中的交通安全，其次是旅游目的地的社会状况，包括当地政府及居民对旅游者的政策与态度、社会治安、自然灾害、政治形势等，因为这些都会影响旅游者的人身和财产安全问题。

此外，旅游者在选择旅游线路时，还会考虑旅行社的资质、信誉、服务质量以及所推出的旅游线路的设计水平等。也就是说，旅游线路设计水平也会影响旅游者选择旅行社及旅游线路的决策。

## 三、旅游者决策过程

根据英国学者吉尔伯特的理论，旅游消费者的决策过程大致分为四个阶段。

### （一）需求的原动力

初期引导人们做出游览某景区或者旅游目的地的各种不同的力量，包括旅游动机。

### （二）需求效益

消费者通过各种渠道（宣传手册、报纸、网络）获取有关旅游目的地的信息，从而行为对旅游目的地的特定印象的感知。这种感知既可能增加旅行实现的可能性，也可能减少旅行实现的可能性。

### （三）角色与决策

旅游者作为消费者的角色将会影响他们对旅游产品的最终决策。例如，一个家庭中不同的成员会对度假时间、地点和所从事的活动产生不同的影响。

### （四）需求筛选

旅游决策受到一系列因素，诸如人口因素、社会经济因素以及旅游机会的重大影响和制约。尽管在对某一产品进行选择的过程中可能存在一股强大的"推动力"，但是旅游需求仍然要经过大量限制因素的筛选和过滤。经过筛选和过滤，选择可供选择的若干备选旅游产品，按其符合自己心意的程度排除先后顺序，并最终做出购买决策。

## 四、旅游者对旅游线路选择规律

旅游者对旅游线路的选择集中体现在一定时期内，在流向和流量方面呈现出一定的规律。研究旅游者流动规律，有助于搞好旅游规划、开拓旅游市场。世界旅游发展的历史表明，旅游者在不同国家和地区间的流动具有以下规律：

## （一）近距离流动多，远距离流动少

欧洲是世界旅游业最发达的地区，它每年接待的国际旅游者约占全世界国际旅游总人数的70%，而大部分是本地区产生的旅游者，约占72%；从日本出国旅游的传统目的地看，主要是与其相邻的夏威夷以及中国、韩国、中国香港、中国台湾、泰国等东亚、东南亚国家和地区；另外美国是一个主要的旅游生产国，每年去加拿大和南美的邻国旅游人数占其出国旅游总人数的2/3以上。

## （二）流向风景名胜区

风景名胜区对旅游者是一种很具有吸引力的旅游目的物，因此，旅游者总是从世界各地（包括其他风景名胜区和非风景名胜区）流向风景名胜区，这是旅游者最普遍的流动规律。

## （三）气候差异的反方向流动

气候对旅游者有重要的影响。在寒冷的冬季，人们为了避寒，往往要到温暖的国家和地区去旅游。而在炎热的夏天，旅游者为了消暑，则又选择天气凉爽的国家和地区作为目的地。以夏威夷为例，每年的12月至翌年的4月，正是夏威夷的旅游旺季，而此时，北美正是冰天雪地、寒风刺骨，因此，北美地区的旅游者就大批向这里移动。以此相反，位于大洋洲地区的澳大利亚人、新西兰人则为了避暑，在每年的12月至翌年2月，纷纷从炎热的南半球来到北半球凉爽的夏威夷。另外，西班牙接待的很多旅游者都来自欧洲，这些旅游者的目的是去温暖的西班牙寻求阳光和沙滩。而我国的哈尔滨在隆冬时节，则依靠其"千里冰封，万里雪飘"的北国风光和迷人的冰灯游园会吸引着大批来自香港等温暖地区和国家的游客。因此，旅游者在严寒地区和温暖地区的流向是可逆的。

## （四）发达国家流向经济落后国家或相互流动

经济发达的国家和地区人民的平均收入水平较高，从而为人们外出旅游提供了必要的经济条件。因此，发达国家和地区就自然而然成为旅游输出国和地区。而在经济不发达国家和地区，除去基本是食宿需求外，人们能够用于旅游活动的可自由支配的收入非常有限，所以外出旅游很难成行，而这些国家和地区在世界旅游业中只充当着旅游接待国（或地区）的角色，凭借其美丽的山川湖泊、海洋、沙滩和阳光以及独特悠久而又丰富多彩的文化资源吸引经济发达国家和地区的人们前来观光、游览，从而导致旅游者从经济发达的国家和地区流向不发达的国家和地区。另外经济发达的国家和地区在其经济发展中，往往伴随着严重的工业污染和生态环境的破坏，而不发达国家和地区在这个方面的问题则不是很突出。因此，旅游者就从经济发达国家和地区流向经济不发达国家和地区，以摆脱嘈杂的环境，投身于大自然中，呼吸新鲜的空气。很多人去非洲就是这种旅游动机，比如：坦桑尼亚凭借广阔的原始森林，肯尼亚则是以其巨大的自然动物园吸引着成千上万的欧洲旅游者前去观光、游览和休闲。

发达国家和地区本身也有着其独特而丰富的旅游资源。不仅如此，经济发达的国家和地区之间，经济联系较为密切，商业往来频繁。因此，商务旅游者人数非常多，这就使得旅游者在经济发达的国家和地区之间的流动成为现实。

## （五）从某些发展中国家流向发达国家

美丽的乡村景观，现代化的城市风貌．有数百年的历史文化遗产，以及代表当今社会发展水平的各种现代文明，构成发达国家独特而富有吸引力的旅游资源，是广大发展中国家的人们所想去的旅游目的地，但是由于经济条件有限使他们难以成行，一旦条件成熟，这些发达国家就会成为他们的首选旅游目的地。近年来，一些发展中国家，特别是位于亚洲的中国、泰国、菲律宾等国的经济发展很快，很多居民已经具备了出国旅游的能力，在政策允许的情况下，纷纷赴欧美等发达国家观光旅游。近年来，中国的出境旅游人数剧增，在德国、法国等欧盟国家，到处可以看到中国旅游团的身影。

## （六）流向首都

一个国家的首都往往是一个国家政治、经济、文化中心，在经济发展水平、城市建筑和现代化程度方面具有较高水平，代表着该国家在政治、经济、文化等方面的总体发展水平。从某种意义上说，一个国家的首都就是这个国家的缩影。旅游者希望通过首都这个窗口来了解这个国家；其次，首都往往集中着大量能够吸引旅游者的人文旅游资源。以北京为例，除了在城市方面取得的成就意外，它还是很多历史事件的发生地，是许多封建王朝建都的地方，留下了丰富的人文景观。首都是一个国家的象征，旅游者往往有这样的认识，即不到首都就等于没去过这个国家。换句话说"不到北京，就等于没来过中国"。

## 本章小结

通过本章的学习，能够了解旅游线路设计的背景，详细了解旅游市场细分的概念与细分标准，了解和掌握旅游动机和旅游行为的概念和分类、旅游者需求的新特点、旅游者消费构成，能结合实例，探讨旅游决策过程，分析影响旅游者决策的因素，对相关的旅游线路设计提出建议和意见。

## 思考与练习

### 一、思考题

1. 什么是旅游动机？
2. 旅游消费特征是什么？
3. 影响旅游者旅游决策的因素有哪些？
4. 旅游者如何做出旅游决策？
5. 如何进行旅游者市场细分？

### 二、案例分析

## 2016我国老年人出游量8亿，老年旅游市场精细化

据国家老龄办统计，2016年我国老年人共出游8.24亿人次，老年旅游市场前景广

阔。如何进一步提高老年旅游的品质，在旅游的同时满足老年人精神层面的追求成为 2 月 13 日老年旅游联合体 2016 年理事大会及常务理事会上热议的话题。

在福建省武夷山市召开的此次理事大会上，老旅联数十家理事、常务理事单位参会代表围绕老年旅游市场现状进行了深入的研讨，与会者认为当前老年旅游市场正在由粗放型向精细型转变，以廉价的旅游费用到此一游的传统的观光旅游模式已经不能满足老年人旅游的需求，旅行社应开发体验性、互动性更强的产品，提供更专业化的服务。一些与会代表还介绍了自身在组织老年旅游专列、借助邮轮开展大型老年旅游文化活动、利用社区发展老年客源等方面的经验。

据悉，2017年，老年旅游联合体将举办第六届中意（邮轮）中老年国际文化旅游节等大型国内国际活动，继续宣传实施老年旅游服务规范，提高老年旅游团队品质，研发更多受老年游客欢迎的产品并形成产品库。

资料来源：整理自中国旅游网

讨论：
1. 老年旅游者的消费需求有哪些特点？
2. 老年旅游市场存在哪些问题？
3. 老年人旅游市场开发对策有哪些？

**线路拓展资料一：**

## 亲子旅游线路设计

一、亲子旅游概念

亲子旅游，是从家庭旅游中分化出来的具有儿童旅游属性的一种增进亲子感情、开阔父母和孩子视野、促进孩子健康成长的旅游形式。亲子旅游产品，其注重的是以血亲联系为核心，以未成年人同父母的互动活动为主线，经由旅游的方式让未成年者在人文、自然、情感、社交等方面的数种潜力得到更好的发掘及培育，让亲子间关系其乐融融，是加速两代人间互动与交流的特定产品。如亲子自助游、亲子美食游、亲子博物馆游、亲子节庆游等。

二、亲子旅游产品特征

1. 消费主体特殊性

在游玩环节中，父母是出游事项的发起者和负责人，可是对有关产品的选用上其多数思索的是孩子的意愿，孩子的年纪、个性、喜好均是其在选用相关产品时亟待思索的关键点。随着孩子年纪不断增加，他会加入到旅游决策中，在这种情况下，父母时常以孩子的意愿为主，从而安排旅游活动。

2. 旅游产品安全性

旅游产品的安全，则是游客对出游地予以抉择时所要思索的第一要素，涵盖当地的和平状况、局势、地形、气候等要素，外加设备维护与当地民众友善与否等。而身为亲子游的主体，孩子的身心发育尚未成熟，对旅游产品的安全要求比其他旅游方式更高。因此，此类产品的设计尤其需注重可靠性：出游区域的设立应当以城市、海滩等建设颇为完善的出游地为主；旅游项目的安排尽量要完全思索孩子的身体情况，不要安排危险刺激的；旅游交通工具的选择也要尽量以安全舒适的为主；旅游住宿方面，应尽量安排靠近市中心的酒店，以防遇到孩子生病不能迅速得到帮助的情况。

3. 旅游目的延伸性

在旅游产品选择上，父母希望孩子能学到更多知识，开阔视野，放松身心，可是更强调父母与孩子之间情感的交流，希望经由这种旅游形式，增加与孩子的密切度，从而实现孩子与父母共同进步和成长。借助于亲子旅游，能够传递两代人的情感，对彼此的认知会更全面；拓展两代人的视野，大人在此环节会掌握新的理念和引领办法，孩子能够更直观生动的认知世界；在亲子游玩环节中经由特殊的活动和游戏让孩子学到更多书本以外的知识，充实自己，完善人格，提高素养。

三、案例："爸爸去哪儿"旅游线路设计

（一）案例介绍

《爸爸去哪儿》是湖南卫视引进的亲子户外真人秀节目。节目组，五位明星爸爸在72小时的户外体验中，单独照顾子女的饮食起居，共同完成节目组设置的一系列任务。节目播出之后对于星爸、星二代热捧和讨论使得旅行社纷纷推出极具特色的亲子游线，给出于淡季的旅游市场带来新的机遇，其具体行程内容如下。

第一站：北京灵水——举人村

位于北京西门头沟的军响乡灵水村，灵水先人以风水理论择地建村，定"四神砂"而立玄武（龟形）为村形。整个村庄处于群山环抱之中。围合封闭，附阴抱阳，藏风聚气，东进西收。依山泉而建，水绕村而流，构成了"天人合一"的自然格局，体现着灵水先人选址建村的"人的本体文化"。是先人留下的一份乡村建筑的历史文化遗产。

行程：第一天，乘机赴北京，游览天安门广场、毛主席纪念堂、故宫博物院；第二天，乘车前往延庆，游览居庸关、鸟巢、水立方，参观中国科技馆；第三天，乘车前往灵水村，感受崇尚文明的风气和寂静悠然；第四天，乘车前往中央电视塔，鸟瞰北京全景，走进非物质文化遗产的艺术长廊——国学课堂；第五天，前往北京大学感受第一学府的文化氛围后返程。

第二站：腾格里——沙坡头

沙坡头位于腾格里沙漠东南边缘处。集大漠、黄河、绿洲为一体，西北风光之雄奇加上江南景色之秀美，沙为河骨，河为沙魂，相依相偎，和谐共处。沙坡头旅游区被包兰铁路一分为二，南部比邻黄河，是水上活动旅游区，提供诸如羊皮筏子、铁索飞越黄河等旅游项目；北部与腾格里沙漠接壤，是沙漠活动区，提供诸如沙漠飞车、骑骆驼等旅游项目。

行程：第一天，乘机赴银川，参观华夏西部影视城、贺兰山岩画、宁夏枸杞博物馆、游览沙湖；第二天，乘车赴腾格里沙漠旅游区沙坡头，参加羊皮筏子漂流，骑骆驼穿越腾格里大沙漠；第三天，乘车赴西宁，参观塔尔寺；第四天，乘车前往湟源参观丹葛尔古城,参观游览青海湖;第五天,返程。

第三站:云南文山——普者黑

普者黑位于云南省文山壮族苗族自治州丘北县城西北。普者黑是典型的喀斯特地貌,中心主要景区有普者黑湖、荷花湖、灯笼湖、仙人洞湖、落水洞湖、摆龙湖等大小湖泊16个。普者黑以独特的峰群、湖群、洞群、古老的民族风情等奇丽的自然风光融为一体,规模宏大、品味较高、组合性好,受到专家学者的高度赞誉和国内外游客的青睐,是"世界罕见、中国独一无二的喀斯特田园山水风光"。

行程:第一天,乘机赴昆明;第二天,乘车赴广南,途中在弥勒参观葡萄园;第三天,游览坝美风景区,乘车游世外桃源,参观猴爬岩,进寨体验藏族风情,品壮家风味餐,乘船游览嬉水区,坐牛马车感受河谷美景,后乘车赴普者黑;第四天,游览普者黑,游仙人湖、火把洞、观音洞、登青龙山赏普者黑全景,参观天鹅湖;第五天,游览抚顺湖,乘车返昆明,游览鲜花市场后返程。

第四站 山东威海——鸡鸣岛

鸡鸣岛位于山东省威海市下辖的荣成市港西镇虎头角西北约1千米的海域中,海岛形状很像雄鸡。面积约0.31平方千米,海岛上有居民66户,近200人,主要从事渔业生产,鸡鸣岛像一艘远航归来的大船,遗失独立,永不靠岸。

行程:第一天,乘机赴青岛,游览栈桥、小青岛、五四广场、青岛奥帆中心、海军博物馆;第二天,参观中国海洋大学,乘车赴海阳市,参观海洋跨海大桥、万米沙滩浴场旅游度假区,游览结束后乘车赴威海;第三天,乘车赴荣成西乡湖头角码头,乘船赴威海鸡鸣岛,参观胶东著名名居建筑——海草房,游览威海国际海水浴场;第五天,游览华夏城风景区后返程。

第五站:湖南岳阳——福寿山

福寿山位于湖南省平江县南部思村乡白寺村附近,福寿山海拔高1 573.2米,森林植被茂盛,自然景观资源丰富奇特,有全国罕见的千年寿藤,有时间难觅的摇钱树,有落差达800米的连绵数十千米瀑布群,以及世界稀有的珍贵碳酸泉,至今无人走通的白莲教大本营遗址暗道,保存完好的清代木乃伊、10多尊明代石佛、200多座自唐代历代留下的舍利塔,被誉为"养生天堂、度假福地"。

行程:第一天,乘机赴张家界,游览张家界国家森林公园,游览金鞭溪、黄龙洞等景点;第二天,乘车赴索溪峪,换乘至百龙天梯,游览天子山景区,袁家界风景区,观看《魅力湘西》;第三天,前往凤凰古城,游览凤凰九景;第四天,乘车到岳阳,游览福寿山;第五天,游览洞庭湖、岳阳楼;第六天,返程。

第六站:黑龙江牡丹江——雪乡

中国雪乡位于黑龙江省牡丹江境内的大海林林业局辖区内的双峰林场。这里有北国最高的山峰、最密的林海、最厚的积雪、最洁净透明的阳光、最淳朴的伐木工人。走入中国雪乡,展现在眼前的雪屋、雪景,定会让您赏心悦目,不虚此行。

行程:第一天,乘机赴哈尔滨,乘车前往亚布力滑雪旅游度假区,第二天在雅旺斯初级滑雪场亲自体验惊险而刺激的滑雪运动,随后前往牡丹江途中观看新建的欧式火车站;第三天,乘车前往雪乡,沿途欣赏银装素裹的世界、塞北风光、林海雪原、奇松树挂的北国雪景，参观梦幻家园；第四天，等羊草山观日出，游览雪韵大街，乘车返回哈尔滨游览参观哈尔滨冰雪大世界；第五天，游览防洪纪念馆、松花湖、斯大林公园、中央大街后返程。

(二) 案例分析

"爸爸去哪儿"专题旅游线路，主要客源群体为亲子。相比观光和度假旅游，亲子游是个性化特征突出的细分市场，是兼具家庭旅游和儿童旅游属性的一种放松身心、开阔视野、增进亲子情感的旅游形式，其基本特征是参加人员为父母和孩子。市面上的亲子游开发不足，缺乏产品特色和服务标准，像"爸爸去哪儿"这种融教育、旅游于一体，户外生存加休闲拓展的亲子游将成为进入市场的一大突破口。

现阶段很多旅行社推出的亲子游线路还处在传统的大众观光游向亲子游这一专门旅游转变的阶段，大都是在常规线路上稍作改动，并非专门针对亲子游设计的。我国亲子游市场产品中还存在一定的问题，比如旅行社缺乏成熟的亲子旅游产品，旅游供给体系中缺乏完善的亲子游服务和设施；亲子游产品的安全要求较高，但保障不利，亲子游中父母角色定位失准。若想打造专门的亲子游线路，旅行社需要以满足孩子兴趣为基准，以提升父母参与为依托，以感受亲情为元素，以创新亲子游理念为动力，以儿童附加服务为卖点，以安全保障为根本。

**爸爸去哪儿拍摄地点路线全盘点**

| | |
|---|---|
| 第一站——北京灵水村 | 灵水村三面环山，村依山而建，水绕村而流，从高空看上去，整个村子有点像乌龟，龟为"四灵"之一，相传"灵水"既源于此 |
| 第二站——宁夏沙坡头 | 沙坡头旅游区位于宁夏回族自治区中卫县城西20千米。集大漠、黄河、高山、绿洲为一体，既具江南景色，又有北国风光，景观奇特，驰名中外 |
| 第三站——云南普者黑 | 普者黑山连水、水绕山、有山必有洞、有洞必有水，山水相依如诗如画、如梦如幻，所以林志颖会将这里形容成"仙境" |
| 第四站——山东鸡鸣岛 | 鸡鸣岛上林木葱郁，草碧花香，瓦舍井然，环境优雅。全村大部分劳力从事渔业。美丽的鸡鸣岛，清新幽雅 |
| 第五站——湖南福寿山 | 福寿山山秀、水美、林幽、石奇，含自然景观、人文景观和福寿文化在一起，是一个大容量、多功能、高品位的旅游区 |
| 第六站——黑龙江雪乡 | 雪乡从初冬冰花乍放的清晰到早春雾凇涓流的婉约，无时无刻不散发着雪的神韵，因此得名—中国雪乡 |

# 线路拓展资料二：

# 养生专项旅游线路

一、养生旅游概念

养生旅游具体是指离开原住地到具有养生资源的旅游地，进行以健康为主题的养生旅游活动，是一种专项旅游。进入21世纪以来，全球老年人口和亚健康人群比重增大，世界性疾病蔓延，养生成为一种全球化现象。在我国，随着人们可自由支配的时间越来越多，收入日益上升，生活质量日益提高，人们对养生的需求和认知也渐渐提高。养生康体旅游产品得到了广泛的重视，成为时代潮流。设计以保健疗养为主题的专项旅游线路，将有广阔的发展前景。

二、养生旅游现状

据《2014—2018年中国养生旅游产品开发模式与区域投资机会分析报告》调查显示我国大城市居民，尤其是"都市白领"，超过半数处在亚健康状态，而且人数还在呈现上升趋势。而与此同时，过去的十年间，我国65岁以上人口占比逐年上升，老龄化率到2011年达到9.1%，且呈现出明显的上升趋势。因此，这就要求人们在物质生活已经提升到较高水平之后，必须更多地考虑生活的质量和身心的健康。在这种形势下，养生休闲将成为热点和潮流。养生旅游，也算是对身心的休假式治疗。

一般来说，人们消费养生休闲旅游产品主要有以下几大诉求——延年益寿、强身健体、修身养性、身体医疗、修复保健、生活体验或养生文化体验，目前国内养生旅游产业包括温泉养生旅游、森林养生旅游和滨海养生旅游等项目。

国家统计局的数据显示，2011年，我国国内旅游人数为26.41亿人次，同比增长25.58%，保持了较快的增长速度。当年我国国内旅游收入为19 305.40亿元，同比增长53.46%；国际旅游收入为484.60亿美元，同比增长5.78%。

养生旅游作为高端旅游的一部分，其发展的基础是滨海、温泉等自然资源，但养生旅游的生活设施及服务、完善的养生体系同样不可或缺，这些设施与服务能使游客达到调理身心和恢复健康的目的，因此，加强养生旅游的配套建设也将成为我国养生旅游业发展的必要条件。

"十二五"期间，我国养生旅游业将有望迎来投资、建设及发展高潮，而随着养生旅游业的发展，养生旅游将从小众旅游项目向大众旅游方向发展，旅游项目也将日益多元化，并实现产业链的延伸和拓展。

养生首先在于环境。城市的废气、污染，是人类生命的大敌，城市居民需要常常到森林中洗肺，到绿色中洗眼，到潮润中洗肤。

三、资源基础

空气资源：负氧离子含量极高的空气。可与吐纳、森林浴、雾浴等养生项目结合；

气候资源：适宜的温度条件、日光条件。可与避暑、日光浴等养生项目结合；

山林资源：特色的植物、动物，如花卉、竹、草药等。可与养生运动、养生医疗、养生饮食、养生保健相结合；

水资源：含有特殊矿物质的泉水、河流、湖泊等。可饮用、保健、洗浴等；

养生文化遗迹资源：养生文化的名人、寺庙、场所等。如道家、佛教养生方法；

养生民俗资源：不同民族、民俗的养生方式。如藏浴、回族节食风俗等；

产品类型

长寿主题类型产品：一般以长寿老人较多、养生文化遗迹等为卖点，结合当地的特殊地理环境进行生态养生产品的开发；

山林养生类产品：以山林溪谷为生态本底，以负氧离子、绿色环境、湿润空气、适

居温度、矿泉水质、中草药等等为养生原料,形成的氧吧、森林浴、雾浴、竹海浴、竹文化养生、矿泉浴、生态食疗等等;

  日光养生类产品:古代养生家已经感受到了日光具有保健作用。晋代养生家嵇康在《养生论》中就提出了"唏以朝阳"的观点,孙思邈也提倡"呼吸太阳"。历代道教养生家更是推崇日光的养生作用,《黄庭经》中就有"日月之华救老残"的说法。典型产品如森林日光浴;

  花卉养生类产品:花香、精油,可外用美容,内服等。典型产品如芳香疗法;

  生态水疗类产品:以矿泉、中草药为基础,形成特色生态水疗项目,结合中医按摩、流行 spa 等等。如我们在陕西洋县长青自然保护区就结合当地的文化,设计了"真符草汤"生态水疗养生项目;

  四季养生类产品:避暑产品就是四季养生的典型产品,如青城山的养老公寓。古代养生家针对春夏秋冬的气候特征,认为在饮食调摄、生活起居等方面必须顺应四时的生、长、藏特点,做到"春夏养阳,秋冬养阴";

  民俗类产品:有民族特色的养生方式,如回族的节食风俗、药浴如瑶浴、如藏浴的"五味甘露汤"等,根据其理论,当地的环境下会生长出具有当地特性的物质,这些活性物质具有去疾健体的效果;又如客家人的养生之道,形成特色化的养生休闲产品,包括客家煲汤、客家药膳等食疗;客家操、客家民间体育等运动养生;

  其他:结合养生中的导引按摩类、吐纳行气类、意念修炼类、滋补服食类、起居摄生类、香汤沐浴类产品,有的综合在一个产品中,有的成为整个产品中的独特卖点。

  四、案例:神奇桂西,中国第一条世界级养生旅游线路

  桂西是人间美丽的养生天堂,这里的人民每天呼吸着负氧离子含量极高的空气,喝着美容养颜的天然矿泉水,吃着绿色环保的养生食品,生活在如诗如画的美景当中。因此,桂西人民是世界上最长寿的人民,最幸福的人民,最快乐的人民。广西西部旅游联盟在党委政府的领导和大力支持下,将桂西地区最好、最美的旅游资源和景区进行整合,打造成为中国第一条世界级养生旅游线路,现面向全球,隆重推出,奉献给广大的游客朋友,让您走进这一充满神秘色彩的国度,了解桂西各民族千年的养生文化,体验一次做桂西人的幸福生活,亲历一次"向天再借500年"的旅程。下面,让我们带您走进桂西,体验4天3晚的养生旅程。

### 第一天　走进桂西福地——百色市

  百色是桂西地区的中心城市,自古以来有着千年福地之美誉。是人们祈求幸福、保佑平安的福地。历史上,许多达官显贵、文人墨客,都常常沿右江而上,到百色祈求龙脉福地的恩泽。百色的龙脉之地就在迎龙山上,美丽的右江在山前蜿蜒而过。当年,小平同志就是在这里成功领导了百色起义,并从这里开始走向人生辉煌,虽然其一生历经三落三起,但最终成为了中国共产党第二代领导的核心,中国改革开放的总计师,达到了其人生的巅峰。百色起义纪念公园就坐落在迎龙山上,历届中央领导人都来到这里,缅怀小平等老一辈无产阶级革命家的丰功伟绩,祈求中国风调雨顺、国泰民安。因此,每年全国各地的人们都慕名而来。登上迎龙山祈求幸福,保佑一生平安,许多人都如愿以偿。被誉为"桂西养生明珠"的澄碧湖风景区坐落在百色的西郊,是桂西之旅必到

的地方之一。常言道："山不在高，有仙则名；水不在深，有龙则灵。"澄碧湖与迎龙山遥相呼应，组成了百色龙脉之福地。澄碧湖湖面宽广，水容量达到11.5亿立方米，周边生态环境优美，森林覆盖率达到92%以上，每立方厘米空气中负氧离子含量达3万多个，为桂西最高。湖水终年清澈碧绿，水质达到了国家一类水标准，不需处理可直接饮用，是桂西地区养生的最佳去处。当年，小平同志经常来到澄碧河边，研究工作、休养生息，开展爬山、游泳、下围棋等健身养生活动，因此，小平93岁的高寿，不得不说与此没有关系。1990年11月21日，江泽民总书记也追随小平的足迹来到澄碧湖视察，对澄碧湖美丽的景致连声称赞道："这里的风景好得不得了！这里的空气好得不得了！这里的水果好得不得了！"。澄碧湖的水都是呈弱碱性的小分子团六环活性水，富含各种矿物元素，不仅可以养生，还可以养颜美容。特别用澄碧湖水泡制当地有名的白毫茶，茶更香、味更甜。因此，每年都有成千上万的人们来这里游览观光，欣赏这里美景，呼吸这里的新鲜空气。

百色不仅是福地，同时也是养生胜地，被誉为"百岁将军的摇篮"。在中国革命历史长河中，从百色起义走出去的革命将士，在整个红军队伍中平均寿命是最高的，其中还有三位百岁将军，目前唯一还健在的百岁老红军黄荣，今年已经102岁，身体依然健康。来到百色，还有机会品尝到红七军特色菜，最有名的就是当年小平最爱吃的右江鱼，当地群众都亲切地称之为"小平鱼"。百色之美，美不胜收！我们的来到百色"祈求幸福、保佑平安"，接受龙脉福地的恩泽，是桂西养生之旅最完美的开始。

### 第二天　走进世界长寿之乡——巴马、凤山

离开百色两个小时的车程，我们来到世界著名长寿之乡——巴马、凤山，这里是桂西长寿带的又一典型代表。首先，我们将来到三门海景区。这里是盘阳河的源头，被誉为生命之源，是整个巴马、凤山养生带自然生态保护最完好，景致最迷人的地方。这里的空气负氧离子含量每立方厘米高达3万个，是整个盘阳河流域空气质量最好的地方。三门海景区是世界地质公园的重要组成部分，由七个水上天坑组成，一池池深潭，绿得发光发亮，十分养眼怡神。澳大利亚探险队曾在此下潜300多米进行科考活动仍深不见底，是目前世界最深的山地水上天坑。乘船进入景区，您会感受到水上天坑的神奇与魅力，喀斯特地貌的鬼斧神工在这里表现得淋漓尽致。特别是深入到藏龙洞，更是让人惊叹不已。古话说，深潭必有神龙，三门海内的藏龙洞就隐藏着一条威猛的游龙，洞内泉水叮咚，一片片栩栩如生的龙鳞，仿佛时空交错，来到了龙的王国。

离开三门海，我们将前往巴马真正的长寿村——仁寿源景区。这里是巴马千年长寿养生文化的代表，清朝光绪皇帝曾赐予"惟仁者寿"的寿匾。在这里，您不仅可以了解到巴马千年长寿文化的真谛，走进养生学堂，了解当地长寿老人的生活起居；还可以与这里的村民一起，制作地道的长寿养生特色小吃，如糯米饼、豆腐花、糍粑等长寿小吃，品尝地道的的巴马养生菜肴。在夜幕降临之时，还可以走进篝火晚会，与当地的瑶族青年载歌载舞，忘情欢歌。巴马是瑶族自治县，是瑶族聚集区，瑶族也是当地平均寿命最长的民族，巴马之行，可以使您真正领略到瑶族同胞独特的养生文化。

### 第三天　走进壮族发祥地——敢壮山

离开巴马一个半小时的车程，我们将来到美丽的壮乡，走进壮族发祥地——敢壮

山。壮族是中国少数民族中人口最多的民族，也是平均寿命最长的少数民族之一。敢壮山是壮族人文始祖布洛陀的诞生地，也是整个壮民族的发祥地。据考古学家挖掘和考证，早在80万年前，这里就有了古人类文化，这一重大发现，打破了统治考古界半个多世纪的认为亚洲人同期智力水平低于欧洲人的"莫维士理论"。壮族在中国及全世界都有许多分支，其中布洛陀后裔的一个分支，繁衍到了东南亚国家，部分更成为了各国皇室的祖先。每年农历三月初七，东南亚各国都会派出代表来到敢壮山祭拜他们的人文始祖布洛陀。泰国皇室诗琳通公主就曾先后于2006年、2009年两次亲自代表泰国皇室前来敢壮山祭拜。来到这里，您将可以了解到壮族源远流长的历史，了解到壮族独特的民族风情，也了解到壮族千年的养生文化。

### 第四天　走进中国最美的边境线

离开敢壮山，我们将来到祖国的南疆，被誉为中国最美边境线的德保、靖西、大新。奇山秀水与异国风情在这里组成了美不胜收的"千里边关画廊"。首先我们将来到德保——一座充满灵气与福气的美丽边城。俗话说："德保、德保，来了就得宝"。德保，有着中国最大的枫树林带，其中最具代表性的是德保枫树林公园。当我们漫步于枫树林公园，小桥流水、奇峰古木、绿树红叶相得益彰，身处其中，仿佛进入仙境，怡性养生，令人陶醉。当我们来到枫树林公园的核心区，可以欣赏到世界名马——德保矮马。德保矮马最高不超过95厘米，最矮的仅有60厘米左右，是世界两大矮马系列之一。目前，纯种德保矮马数量不足1 000匹，属大熊猫级的珍稀物种。在这里，您还可以和矮马亲密接触，与矮马赛跑、合影留念。离开枫树林公园，我们来到被誉为山水迷宫的吉星地下长廊景区。这是目前中国发现的最漂亮最迷人的地下宫殿，特别是渔舟唱晚、水漫金山的壮观景色会让你流连忘返、目不暇接，凡是来到这的人们无不被这里的景致所震憾、所折服。离开吉星地下长廊，我们来到"酷似桂林、胜似桂林"美丽边城——靖西。这里最美的景致莫过于靖西峡谷群，被誉为中国最美最绿的峡谷。来到靖西峡谷群，我们将走进精品中的精品——古龙山峡谷景区。原国际奥委会常务副主席何振梁先生在看了景区的美景后，亲笔题词"天下一绝"。国家旅游局局长邵琪伟曾到此视察，对这里的景观给予了极高的评价。古龙山峡谷绝壁千仞、通天彻地、引人入胜，坐着橡皮船欣赏热带雨林与亚热带雨林相交错的大峡谷，穿过三座大山的天然岩洞，享受峡谷穿梭乐趣，感悟大自然的神工天成，一水穿三峡贯三洞，天下绝无仅有。离开古龙山，我们将来到中越边境的德天跨国瀑布，在四季飞瀑中感受中越边境线的雄奇壮丽，而我们的桂西养生之旅也将到此结束！来到桂西，不仅能让您欣赏到桂西的美景，了解桂西的历史和养生文化，感悟生命的真谛，更能品尝到绿色的地道的各民族特色养生餐。特别是我们为您精心准备的"红七军特色菜""寿乡养生特色菜""桂西少数民族特色菜""中越边关风情特色菜"和"高山民族特色菜"。因此，桂西之旅，是健康之旅、阳光之旅、品质之旅，是让您亲历一次向天再借500年的幸福旅程！

案例分析：

首先，"神奇桂西，中国第一条世界级养生旅游线路"把自然养生与休闲旅游密切结合在一起，该旅游线路将桂西地区独特的养生旅游资源和景区进行整合，线路不仅涵盖了广西西部的旅游精华，澄碧湖风景区、三门海景区、人寿源景区、田阳敢壮山、德保枫树林公园、吉星地下长廊景区，古龙山峡谷景区等精品风景区都被囊括其中，还深度展示了桂西各民族久远的历史和独特的养生文化传统，以及遵循自然规律的生存状态。

其次，该线路按照当地各民族饮食习惯推出特色养生餐，精心设计"红七军特色菜""寿乡养生特色菜"、桂西少数民族特色菜、中越边关风情特色菜，高山民族特色菜，深度展示了桂西各民族饮食文化传统，具有鲜明的地方特色和民族特色。

最后，富于参与性也是该线路的一大特色，游客可以亲自参与和互动，例如线路中安排与村民一起制作地道的长寿养生特色小吃，与当地的瑶族青年载歌载舞，亲自体验各民族的民族风情，充满娱乐性。这提示我们在开发旅游线路和组织旅游活动时，要动静结合，多设计一些符合线路主题的娱乐活动，吸引游客的参与。

## 线路拓展资料三：

### 广西桂林+阳朔+漓江5日4晚私家团 帝王之旅

第一天 高朋满座群贤抵桂（接机）—久在樊笼复返自然（自由活动）。

我们为您免费贴心提供接机服务，24小时随叫随到，无缝链接，抵达桂林后，集合乘车前往桂林市区您所下榻的酒店。如果您抵达桂林的时间尚早，可以自行到位于市中心的中心广场逛一逛，漫步于两江四湖之间，初步领略"桂林山水甲天下"。

12:00前往酒店：桂林南航明珠大酒店 14:00自行前往参观市中心的榕、杉湖景区，也可到中心广场旁的正阳路步行街，逛夜市品尝正宗的桂林小吃（桂林米粉、恭城油茶、红薯粉、艾叶粑粑等）。

第二天 漓江山水韵甲天下【二层VIP包厢全景观赏】—海陆空视角穿冠岩—优哉游哉竹筏遇龙—老谋子印象刘三姐。

7:30早餐—8:00乘车前往漓江码头，船游桂林山水甲天下的【5A景区—百里如画大漓江】游船游览，漓江是中华美丽山河的一颗璀璨明珠，素有"江作青罗带，山如碧玉簪"之美誉；江水依山而转，景致美不胜收，可观奇峰倒影、碧水青山、牧童悠歌、渔翁闲钓、古朴的田园人家，享受"舟行碧波上，人在画中游"的美好情境，是桂林风光的精华，也是来桂林必游之处。游览时间：约4小时 13:30冠岩【360°海陆空观赏+自营专配人性化讲解】冠岩是位于漓江江畔的一处巨型地下河溶洞，因山体形似紫金冠而得名。冠岩的溶洞规模非常大，游客不仅可步行游览，还可通过乘观光电梯、乘坐有轨列车、以及在地下河中乘小木船等多种方式结合观览，乐趣十足。

第三天 摄影天堂壮美龙脊—长发瑶族美女—梯田奇景七星伴月—俊世罕景九龙五虎—椿记烧鹅垂涎欲滴—指定入住大公馆。

7:30早餐 8:00乘车赴龙胜。11:00黄洛瑶寨 黄洛瑶寨位于龙脊景区境内，是龙脊十三寨中唯一的瑶族村寨，居住着清一色的红瑶族。12:00午餐：【龙脊云梦织田——七彩云】吊脚楼观景餐厅，品尝纯真高标准的土家菜！让您感受到当地人的淳朴感情，区别庸常团餐，震撼您的味蕾的同时，还能欣赏到大美的梯田景观，赏梯田，品美食，两不误！13：00 游览时间：约3小时 龙脊梯田 龙脊梯田是桂林地区一个规模宏大的梯田群，这里坐落着几个少数民族古寨，居住着壮、瑶两个民族。来龙脊梯田，多以徒步看景拍照为主，还可尝尝当地的农家菜，体验少数民族风情。15：30 乘车返回桂林。17：30 晚餐：指定当地餐厅：椿记烧鹅（餐标60元/人）椿记烧鹅为中华餐饮名店、中国桂菜十大品牌。18：30 前往酒店：桂林大公馆酒店 19：00 游览时间：桃花江 桃花江是漓江的支流之一，这里河道狭窄，迂回曲折，在桂林地段的河道更是形成了一大"S"形和两小"S"形，如玉带萦回于桂林山水之中。沿岸山峰倒影如画，历代都盛行泛舟游览此地。

第四天 城徽景致象山寻迹——登顶独秀王城科举——船游四湖览遍全城——肆意品味尚水美食——无拘无束自由玩儿。

8：00 早餐 9：00 象山景区【桂林城徽+2017春晚分会场】象鼻山原名漓山，又叫仪山、沉水山，简称象山，位于桂林市滨江路位于广西省桂林市内桃花江与漓江汇流处，是中国首批4A级景区，因酷似一只站在江边伸鼻豪饮漓江甘泉的巨象而得名，被人们称为桂林山水的象征。象鼻山海拔200米，高出水面55米，属于喀斯特地貌，是由3.6亿年前海底沉积的纯石灰岩组成的象鼻山主要景点有水月洞、象眼岩、普贤塔、宏峰寺及寺内的太平天国革命遗址陈列馆等。象鼻山是桂林山水的代表，桂林城的象征，桂林乃至广西地方产品多以象山作为标记。10：00 日月双塔【优美视角外观景致】日月双塔是坐落于桂林市中心杉湖中的两座宝塔，日塔为铜塔，月塔为琉璃塔，两塔之间以湖底一条10多米长的湖底隧道相连。11：00 游览时间：约1小时 独秀峰王城景区 靖江王城坐落于桂林市中心，独秀峰脚下。为明太祖朱元璋其侄孙朱守谦被封为靖江王时修造的王城，是一组金碧辉煌、规模宏大的建筑群。12：30 午餐：特别赠送：桂林宾馆民族风味自助餐：百种地道广西美食一网打尽，香飘四溢唇齿间，广西又多了一个让您流连忘返的理由。14：00 一江四湖【船游桂林环城水系，观市区全景】桂林一江四湖："一江"为漓江，"四湖"为榕湖、桂湖、木龙湖、杉湖。"一江四湖"是桂林环城水系的重要组成部分，是市内旅游新项目。16：00 前往酒店：桂林南航明珠大酒店 17：30 游览时间：约1小时40分钟 尚水街 东西巷商业街定位为桂林首家多功能立体式特色商业城。

第五天 幸福是睡到自然醒（自由活动）——情深意切汪伦送别（送机）。

线路特色：

1. 单单赠送288元好礼：定制帝王之旅品牌晴雨伞+民族特色绣球+高质旅游三宝+定制旺旺狗仔；

2. 替您尽孝：阳春三月、万物复苏，爸爸妈妈也准备新年的第一次旅行！单单赠98元罗汉果礼盒，年满60周岁的客人，特别赠送不求人按摩捶一支；

3. 随车提供：小米充电宝+wifi+龙脊登山杖+矿泉水畅饮。

案例点评：

此条旅游线路目标市场定位为老年旅游市场，在宣传中用亲情吸引旅游者，用"为爸爸妈妈准备新年的第一次旅行"宣传口号打动消费者，涵盖了桂林精华旅游景点，行程安排张弛有度，内容丰富多彩，美景美食一网打尽，并贴心配备充电宝、登山杖等，服务细致周到，旅游线路综合评价较高。

**实务操作：**（从下列项目中选择一个项目进行实务操作）
项目1：以京津冀为旅游区域，设计一条三日亲子游旅游线路。
项目2：分析秦皇岛现有旅游资源，设计一条养生专题旅游线路。
项目3：结合时下流行的影视作品，设计一条影视主题旅游线路。

# 第五章

# 旅游线路设计实务

**学习目标**

旅游线路的基本理论终究要应用到具体的旅游线路设计实践中去。因此，本章结合大量实例，首先阐述了旅游线路设计组织与准备工作的要求，阐述了旅游线路设计的步骤以及旅游线路创意的类型，并探讨了旅游线路广告的内容及媒体选择，以提高和增强旅游线路设计方面的实际操作能力。通过本章的学习：

◆ 了解旅游线路广告的作用和内容
◆ 了解旅游线路设计组织的内容
◆ 掌握旅游线路创意内容
◆ 重点掌握旅游线路设计步骤，能完成不同类型的旅游线路设计

## 第一节 旅游线路设计组织

### 一、旅游线路设计人员的知识要求

旅游线路设计人员的素质与构成，直接影响到旅游线路设计的质量。作为旅游企业来说，为了降低旅游线路设计人员的费用，从本企业中选择设计人员是最理想的。如果旅游企业内部人员不能满足需要，可以考虑聘请其他方面的人员，对旅游线路设计人员的主要要求有：知识要求与经验要求等。

**1. 旅游资源知识**

旅游资源是旅游线路中最主要的旅游吸引物。对于自然旅游资源来说，旅游线路设计人员需要具备自然旅游资源的相关知识，如地理知识、地质知识、水文知识、气象与气候知识、生物知识、生态知识等。在设计以人文旅游资源为主要旅游吸引物的旅游线路时，设计人员需要具备一定的历史学、考古学、文学、建筑学、民族学、民俗学、宗教学等方面的知识。

**2. 旅游基础设施知识**

旅游基础设施虽然不直接对旅游者提供服务，但是，旅游目的地的旅游基本设施会使旅游者对旅游目的地产生比较直观的印象。因此，旅游线路设计也要掌握旅游基础设施的相关知识，如道路桥梁、供电供热、通信、排水、消防、环境卫生以及路标、停车场，尤其是道路情况、停车场、加油站、医院等信息，这些因素都会影响线路的组织和

设计。

### 3. 旅游专业设施知识

旅游专用设施直接服务与旅游者，对旅游者的旅游体验有着非常重要的影响，因此，旅游线路设计者对旅游专用设施必须非常了解，才能在线路设计中进行最佳的选择和组合。比如旅游专用设施中的住宿、餐饮、交通及其他服务设施的类型、位置、规模、档次、价格、舒适度等等。

### 4. 旅游服务基本知识

旅游服务是旅游线路设计的核心。在旅游线路中，旅游者只是在餐饮等项目中消耗少量的有形物质产品，其余大部分都是对各类服务的消费。旅游线路设计要充分注意这个特点，所以旅游线路设计人员要具备基本的旅游服务知识。

### 5. 其他知识

除了上述相关知识外，旅游下路设计人员还要具备一些其他相关知识，如旅游美学知识、旅游政策与法规知识、旅游地理、旅游心理学知识，只有掌握这些专业相关知识，才能更好的规划线路、科学合理安排，满足旅游者的需求。

## 二、旅游线路设计人员的经验要求

旅游线路设计人员除了必须具备一定的理论基础知识之外，还需要具备一定的经验，才能使线路设计更加符合市场导向、旅游者需求等原则。

### （一）导游经验

导游人员在导游工作中对旅游景区、旅游交通、旅游食宿、购物和娱乐场所的选择是否合理、旅游者有什么需求、旅游线路的亮点或不足等了解的比较清楚。导游人员在服务和操作过程中积累的直接感受和丰富的经验能使设计的旅游线路更贴近实际。具有导游工作经验的旅游线路设计人员设计的线路更能受到旅游者的欢迎。

### （二）计调经验

旅游企业在进行旅游线路设计时，要与旅游交通、饭店、餐馆、旅游景区或景点以及其他企业加强联系，才能形成综合接待能力。旅游线路设计人员有计划调度经验，可以在下路设计时合理选择旅游景区或景点、饭店、航空铁路、市内交通、娱乐及购物场所等，在众多对象中选择最理想的合作伙伴并进行优化组合，构成一个最佳旅游线路产品的服务体系，保证旅游线路的质量。

### （三）旅游线路设计经验

旅游线路设计经验对旅游线路设计时非常重要的，旅游线路设计是一项复杂的工作，在策划、创意、设计过程等环节中都有很多技术与技巧，有旅游线路设计的经验，在设计时可以更好的吸取经验教训，少走弯路，保证旅游线路设计的成功率。

## 三、旅游线路设计人员的综合能力

综合能力对旅游线路设计人员也是很重要的，如团队合作、组织协调、综合信息等能力，这些能力在线路设计过程中能更好的综合线路信息，协调各环节安排，保证线路设计的质量。

# 第二节  旅游线路设计资料搜集与筛选

旅游线路设计不仅需要各种资料，包括文献资料、图片资料和影响资料等，还要对资料进行分析、筛选等。本节主要介绍旅游线路设计资料的种类、旅游线路设计资料收集与调研和旅游线路资料汇总与筛选等。

## 一、旅游线路设计资料种类

根据载体和形式的不同，旅游线路设计资料分为文献资料、图片资料和影像资料三种。

### （一）文献资料

文献资料的种类繁多，只要是和旅游线路设计相关的文献资料要尽可能多地收集。这些文献资料包括旅游目的地的旅游资源（旅游景区、景点等）情况、城市情况（位置、自然条件、经济状况、社会状况、城市特点及面貌、环境保护和市民对待旅游者及旅游的态度等）、旅游客源地到旅游目的地之间的交通情况（距离、交通方式及等级、路途所需时间、舒适程度等）、当地的风土人情等情况。文字资料的来源非常多，网络、杂志、报纸、书籍等等，还有旅游目的地城市总体规划以及关于发展经济特别是旅游的相关文件、地方志、年鉴等。

### （二）图片资料

图片资料主要包括地图及各种照片、图片等。图片资料非常重要，能让直观的感受到运动轨迹、旅游景点特色、住宿地理位置及环境设施。尤其是地图，其中所含的信息量大而全面，在旅游线路设计时是非常重要的资料和工具。

### （三）影像资料

影像资料主要是指介绍旅游目的地旅游景点、景点录像和光盘等，收集这些资料主要是为了使旅游线路设计人员通过观看这些影像资料对旅游目的地旅游景区景点的自然风光或特色内涵、途径城市或目的地城市政治经济等情况有比较直观的印象。

## 二、旅游线路设计资料搜集方法

旅游线路资料搜集方法有很多，根据具体情况可采取查阅文献资料、实地考察、问卷调查、访问座谈等形式进行。

### （一）查阅文献资料

查阅文献资料是旅游线路设计的一项基础性工作。查阅资料的方法有很多，可以到图书馆查阅，也可以到档案室。现在最常用的最高效的方法，就是网络查阅资料，利用各种门户网站、旅游目的地（旅游景区地点）官网、以及官方微信、微博来查阅各种资料，方便快捷、时效性强。

### （二）实地考察

实地考察是收集资料非常重要的、必不可少的一环。通过实地考察，可以对文字、图像等其他方法获得的资料进行对照和验证，掌握第一手资料。通过实地考察，确认一下详细准确的信息：

1. 旅游资源

即现有自然景观资源、历史文化资源、社会旅游资源和未经过开发的旅游资源，挖掘一切都旅游者有吸引力的事物和现象，包括位置、类型、级别、游程所需时间、游客容量、季节性、门票价格、服务设施、服务水平等具体信息。

2. 旅游设施

即交通、通信、住宿、餐饮、购物、娱乐、卫生、安全等方面，还包括交通方式、旅途时间。

3. 社会环境

即地区经济状况，基础设施、市容市貌、当地居民的生活方式、对游客的态度、社会秩序、噪音污染等。

4. 客源市场

内容包括本地、外地游客、海外游客对线路中涉及到的因素的一系列反映，包括游览、参与线路的兴趣、反映和现场行为，为目标市场调研积累第一手资料。

（三）问卷调查法

问卷调查是一种非常常用且非常有效的资料搜集方法，可信度相对较高。问卷调查也分为现场问卷调查和网上问卷调查法，根据具体情况进行选择，一般问卷涉及的内容可以包含：

（1）旅游业情况；
（2）旅游资源分布和保护现状；
（3）旅游客源市场统计与现状；
（4）旅游景区景点现状；
（5）旅游企业现状；
（6）旅游车船公司现状；
（7）地方民俗风情和民间文化活动；
（8）地方手工艺品、土特产品和特色商品；
（9）地方风味菜肴；
（10）旅游管理机构现状；
（11）旅游从业人员和教育培训机构状况。

（四）访谈法

访谈法就是访问和座谈方法，可以掌握很多文字资料意外的信息。使用访问座谈法可以采用灵活的提问方式，根据场合、访谈对象、访谈时间等具体要素确定访谈内容、时间等。

通过访谈法收集的信息主要包括各类旅游者对食、住、行、游、购、娱的具体要求，当地居民对旅游的态度、旅游市场环境、旅游设施等的看法、意见和要求等等。

## 三、旅游线路设计资料汇总与筛选

资料收集结束后，一定要进行汇总、筛选和分析，进行认真整理和加工，这些资料是旅游线路设计的基础。

（一）整理分类资料

1. 文献资料分类摘抄

文献资料的类型较多，各种文献资料根据需要分类选择。

2. 地图的选择

地图是旅游线路设计的重要工具之一。在进行旅游线路设计时，选择合适的地图将大大减少工作量，起到事半功倍的效果。

地图多种多样，每一种地图的内容、功能都是不一样的，因此，选择合适的地图可以使旅游线路设计具有针对性，从而能快速的获得信息，少走弯路。就拿旅游地图来说，根据不同的划分方法可以把它分为不同的地图。按照制图区域划分，可以分为世界旅游地图、分洲旅游地图、国家旅游地图、大区域旅游地图、省区旅游地图、小区域旅游地图和城市导游图；按照地图服务对象分类，可分为供旅游管理部门和旅游研究工作者使用的地图、供国内游客使用的地图和供国外游客使用的地图；按照地图的功能划分，可分为导游图类、旅游交通类、旅游宣传图类和旅游管理图类。按照表示方法分类，可以划分为平面图、立体图和影像图。对众多地图的选择，要把握以下原则，一是针对性，二是权威性。

3. 有关单位提供的统计资料和参考资料

这种资料系统性好，容易整理。

4. 整理访问记录座谈记录

5. 考查日志

这是考查过程中的全部记录。这是最重要的第一手资料。这些资料不仅内容新，而且比较准确，但是往往比较杂乱，数量也较大。这些资料通常是按日期顺序记录的，可以根据需要分类整理。

6. 网上资料的下载与整理

因特网上的资料应有尽有，而且更新速度快，能动态的反映出旅游客源地、旅游目的地及两地联系的各种信息，在进行旅游线路设计时，可以应用因特网的特点和优势，比较全面、快速地查阅、下载相关资料。

（二）整理资料的步骤

1. 认真阅读资料并编写资料提纲

由于资料量大，内容繁杂，开始时，要认真阅读全部资料，并在此基础上提出整理资料的提纲。

2. 分类与等级

对已收集来的资料，要逐项登记，并根据需要加以分类，便于查找。比如旅游资源的分类，将旅游资源根据类型、级别、区域位置、游览时间等进行分项统计，以便于在旅游线路设计中快速便捷的选择。

3. 审核

对所搜集的资料应做全面的审核，检查有无遗漏，有无错误，有无矛盾，对有疑问的资料要进行比较和核对，注意资料的权威性和准确性。

**4. 编制统计表**

所收集的资料可能有些可制成统计表，如交通工具的类型，旅途时间和费用，住宿场所的地理位置、级别、费用等，可把复杂的数据简单化，便于利用。

## 第三节 旅游线路设计的总体流程

### 一、旅游线路设计步骤

楚义芳（1992）在《关于旅游线路设计的初步研究》一文中指出，影响旅游线路设计的基本因子有旅游资源（旅游价值）、与旅游可达性密切相关的基础设施、旅游专用设施、旅游成本因子（旅游费用、时间和距离等）。虽然旅游线路设计的方法已经不少，但都有一定的局限性，究竟该如何设计旅游线路，并没有一套系统的方法作指导。为此本文尝试性地提出了具有一定普适性的旅游线路设计的设计方法，为旅游企业、自由行旅游爱好者等科学地设计线路提供指南。

根据旅游线路的设计大致可分为以下四个阶段。

第一，确定目标市场（游客群体）。根据市场背景分析、市场细分等要素确定旅游线路的目标市场，它在总体上决定了旅游线路的类型、主题和其他相关要素。如城市白领、大学生群体、情侣及新婚夫妇、老年群体等等目标市场。

第二，根据游客的类型和期望确定旅游线路的类型和主题。如休闲度假游、主题游（亲子、蜜月、研学、红色、探险）等

第三，根据前两者确定旅游线路设计的具体行程安排及接待设施的选择与确定。

第四，线路的确定与检验。

其中，第三阶段的工作最具有经验性和技术性。旅游线路设计是一项系统而复杂的工作，它要求整个过程中的每一步环节环环相扣，严密有序。由于旅游线路的后效性，在设计是并不能检验设计的质量，如果某个步骤或环节出了问题，必然会在其后的旅游活动过程中暴露出来，给旅游者造成不必要的麻烦，甚至会给旅游线路经营者、旅游者造成巨大的损失，旅游线路设计也要根据影响因子的变化不断进行调整。

### 二、旅游线路设计程序

#### （一）实地考察与调查

为了全面了解和掌握旅游线路设计所设计的各个要素的历史、现状和发展趋势，旅游线路设计者必须深入旅游目的地景区、景点进行实地考察，走访旅游及其相关部门和企业，从而获得第一手感官认识和第一手资料，旅行社行业俗称"踩线"。实地考察要以重点资源为主，兼顾一般，对有潜力的新资源要予以充分的重视。同时，在条件允许的情况下，还应对旅游目的地的周边旅游资源进行考察，从而比较出该线路中景点的优势所在，明确与其他景点的竞争与合作关系。

调查可以采取访问、座谈、搜集资料、抽样调查等多种方式进行。调查对象一般是旅游、交通、住宿、餐饮、娱乐、购物等企业和相关管理部门，以及旅游者。内容包括

各行业的理念统计数据、价格水平、发展规划、对未来潜力的预测，以及游客的评价和要求等。

例如，深圳中国旅行社在设计"丽江假期"线路之前，曾多方联系市政府、旅游局、深圳航空公司和地接旅行社，并邀请深圳电视台记者，报纸特约撰稿人专程赴丽江进行了为期一周的实地考察，这些都为线路设计的成功打下了良好的基础。

（二）分析与预测

分析与预测的出发点是客源市场，即从客源市场的历年发展变化特点，市场细分、需求量、客源市场的分布一直到市场今后的发展趋势出发，然后根据市场状况，对各要素进行筛选和加工，确定各条线路的目标市场，并分析各目标市场的现实和潜在的旅游需求。对该线路的设计背景、现状有全面深入的认识和分析。

探索潜在旅游需求的过程往往有一个从具体到抽象，从抽象到一般的分析设计过程，因此旅行社必须对产品的潜在客源市场进行意向性调查。本文认为，旅行社可以通过对市场的意向性调查，找到旅游者潜在的旅游需求，大胆地创新，有的放矢设计旅游线路，激发旅游者的出游欲望，从而把握旅游市场的主动权。

（三）确定线路主题和名称

线路的主题是一条线路的灵魂，鲜明的主题能体现线路的特色，使线路充满魅力、强大的竞争力和生命力。通过主题鲜明的线路，让目标市场的旅游者能够得到更丰富更深入的旅游体验。

线路名称是线路的性质、大致内容和设计思路等内容的高度概括，因此整个旅游线路需要一个响亮的品牌名称。确定线路名称应该综合考虑各方面的因素，突出呼应主题，并力求体现简约精致、时代感强、富有吸引力等原则。现在旅行社销售的线路宣传多以"目的地+游览时间+旅行形式（主题）"等命名，如"三亚6日5晚半自助游（5钻）·高端纯玩蜜月""天津2日1晚跟团游"等，这样的线路名称虽然直接明了，但缺乏文化内涵，毫无新意，对旅游者来说有审美疲劳，无法产生吸引力，没有兴趣进一步了解线路的详细安排，不利于在众多的同类竞争者中脱颖而出。相反，携程旅行网推出的"饕餮美食·碧海蓝天满树花，宠坏味蕾的旅行-新加坡6日游"，线路名称就体现了很强的主题和特色，让旅游者眼前一亮。再比如笔者曾经策划过的大学生红色旅游线路，线路名称确定为"时间的名义-党史年轮之旅"，结合时下最火最有深度的电视剧"人民的名义"命名，特色鲜明，富有时代气息。

（四）旅游行程设计

从形式上看，旅游线路是以一定的交通方式将线路各节点进行的合理连接。节点是构成旅游线路的基本单元空间，一个线路节点通常为一个有特色的旅游目的地。一般来说，同一条旅游线路中的各节点，都有相同或相似的特点，用于满足旅游者的同一需求并服从于旅游主题，起着相互依存、相互制约的作用。节点可以是城市，也可以是独立的景区。线路的始端是第一个旅游目的地，是线路的第一个节点，终端是最后一个节点，是旅游活动的终结点，而途径地则是线路中的其他节点，是为主题旅游服务的各旅游目的地。因此，计划行程就是安排从始端到终端以及中间途径地之间的游览顺序，并在线路上合理布局节点。

在体验经济的大背景下，旅游者在进行旅游活动中，让人感觉最丰富的体验必须同时涵盖四个方面消遣、教育、逃避和审美。即处于四个方面的交叉的"甜蜜地带"的体验。在这样的原则下，在决定一条旅游线路的节点类型组合时，作为旅游线路核心吸引物的节点，在这四个类型的体验中，涉及的越多，给旅游者带来的体验越高。

例如西安的东线旅游，大多是古迹观光节点，属于教育类的体验，而相应的娱乐型的，参与型体验比较匮乏，带给游客的教育性比较强，而整体体验性比较低，所以在这条线路上可以适当增加娱乐性的节点，是节点组合更丰富，给旅游者带来更多的体验。再例如，传统的北京—上海—广州，北京—西安—桂林—上海，北京—西安—上海，北京桂林—上海等旅游黄金线路是海外旅游者在境内移动的主要旅游路线，我们不妨分析一下各条线路中的节点组合，其中北京、上海。广州属于经济发达，西安、桂林属于旅游资源丰富的旅游目的地。都说，看二十年的中国看深圳，看一百年的中国看上海，看三百年的中国看北京，看三千年的中国看陕西，这样的节点组合包括不同的体验类型，旅游者在旅游过程中获得更丰富的体验经历。

### （五）计划活动日程

活动日程就是指各线路中游览项目顺序、内容、具体时间安排等。旅游景区的选择要遵循充分展现各旅游线路中各景区的特色，突出旅游资源的"新""奇""特"，数量适中。不同的旅游资源，其类型、档次、特色是不一样的，在同一旅游主题、跨越一定地域空间时，要注意深度适当，关联相宜。旅游活动安排要根据各级旅游目的地、旅游资源的特点，合理搭配，注重参与和体验性，体现劳逸结合、丰富多彩、节奏感强、高潮迭起的原则。

时间统筹分配是否合理是衡量旅游线路质量高低的重要指标之一。旅游线路的时间分配主要包括三个方面的内容：首先是旅游线路中各个景区（点）的时间分配。可以根据旅游景点自身的构景特征、观赏时间不同，以及旅游者人体生物节律性等来设计出各具特色的旅游线路。其次是景区（点）间交通方式的衔接。在旅游线路设计中要有效地发挥各种交通工具的特长，以及交通工具本身所具有的游览性，尽量做到"游览长，路途短，行游结合"。最后是合理分配游览、娱乐、购物等活动的时间。可以根据旅游线路的具体情况和旅游者的要求合理安排，各类活动所占时间要恰到好处，切忌比例失调。

### （六）选择交通方式

交通方式的选择要体现"安全、舒适、经济、快捷、高效"的原则。首先要了解各种交通方式的游览效果，其次还要考虑各交通方式的适用旅程，最后还要了解国内外各种旅游交通现状，如类型、分布、形式、网络等。合理利用飞机、高铁等减少路上行程时间；合理利用高铁、动车，选择设备好，直达目的地不中转的车次，以减少中途倒车的奔波劳累；用汽车做短途交通，机动灵活；穿插各种特种旅游交通如观光火车、索道缆车、游船轮渡等增加交通体验的多样性。总之，要综合地利用各种交通方式与工具，扬长避短，合理衔接。

### （七）安排住宿餐饮

食宿是使旅游活动得以顺利的保证，旅游餐饮、住宿安排是旅游线路设计中一项非常重要的内容,住宿与餐饮安排是否合理,关系到整个旅游活动能否顺利完成;关系到旅游者的旅游效果以及对旅游线路质量高低的评价。

不同类型、不同主题的旅游线路,在对旅游餐饮、住宿选择上会有不同的出发点和侧重点,表现出不同的组合安排。在安排具体的住宿和餐饮时,要根据线路的主题和行程安排统筹考虑,重点对住宿餐饮的地理位置、特色、价格进行综合考量,尽量选择体现线路主题和特色、环境优雅、类型丰富的住宿和餐饮接待设施。

### (八) 购物及娱乐安排

购物和娱乐活动是一个完整的旅游过程所不可缺少的重要环节。购物和娱乐活动是否圆满实现,不仅能为旅游目的地起到宣传的作用,也能让旅游者获得心理上全面的满足。购物及娱乐活动安排一定要注意保障旅游者的生命、财产安全。可以选择旅游商品丰富、购物环境理想的购物点,以及健康、文明、高雅的娱乐活动;其次,要全程统筹、避免重复,尽量安排在旅游线路所串联的主要景区(点)之中;此外还要注意购物时间长短要合理,把游览、购物和自由活动结合起来。

除此之外,在进行旅游线路设计时还要充分考虑和安排游客参与旅游地的节事活动,让游客在参与娱乐活动中体验丰富多彩、雅俗共赏、健康文明、体现民族地域的文化,达到文化交流的目的。

## 小资料:三位一体线路设计步骤

安世伟和单成宗(2005)提出的旅游线路设计"三位一体"方法论是指在旅游线路设计时的两个主要步骤:"三位"即三位分析,是指在旅游线路设计时,首先要对区域旅游主体、旅游客体和旅游媒介这三个主要因素进行科学全面的调查、分析和评价;"一体"即整合一体法,是将三位分析评价的结果进行整合,设计出旅游线路方案;然后对各旅游线路进行评价,选择一条最适合开发的旅游线路,推向市场,形成旅游产品。

### 三、旅游线路设计创意

旅游线路设计是实践性很强的工作,而创新是旅游线路设计的生命力所在。旅游线路设计创意的类型有很多,但主要可分为以下几类。

#### (一) 个性化旅游线路设计

大众旅游时代的旅游线路往往具有标准化、容易仿制等特点,因为缺乏核心竞争力而导致降价为特征的激烈市场竞争。随着社会经济的发展,旅游需求层次越来越高,传统旅游线路产品已经无法满足迅速增长的旅游市场的需要。人们对旅游的需求向多元化、多层次和个性化方向去发展。为了满足日益增长的旅游市场,旅游企业旅游线路设计和产品类型要有个性。

例如,深圳国旅和《深圳晚报》联合主办了"深圳情旅",推出"旅游加交友"的全新模式。"阳朔之约"是活动的第一站。这条线路一经推出,许多尚未解决个人婚姻问题的年轻白领纷纷报名参团,首发团有18对男女青年成行。

桂林山水甲天下，阳朔山水甲桂林。两天的时间里，深圳情旅的团友们在阳朔过上了神仙般的日子，旖旎的月亮山、清幽的漓江水、古朴的小渔村、浪漫的小酒吧给他们提供了轻松的氛围，而线路设计者更是精心设计了一连串的活动给他们创造了交往的契机。新颖的"问候语"、趣味的"健身操""看家厨艺大赛""竹筏山歌对唱""榕湖下面抛绣球""鸳鸯组合"等游戏让团友们兴趣盎然。

整个活动热烈，取得了良好的新闻效益和社会效应。"深圳情旅"的品牌形象随着"像神仙一样恋爱"的宣传口号进入了千家万户。深圳国旅也通过这一精准定位，成功开发了单身旅游市场的新天地。事实证明，"量身定制"的个性化旅游产品，可以给顾客带来与众不同的独特体验。

**（二）人性化旅游线路设计**

在当今的旅行团服务中，有比较多的非人性化的东西，许多游客感觉是到了某个地方，却总是显得匆忙，不尽兴，想停留看看、多玩玩的景点却往往安排时间不够，不想看、不想玩的地方却老是被导游带着去，甚至一天要进几个定点旅游购物场所或娱乐场所，最后的体验仅仅是"到此一游"，或是成了购物团的感觉。

鉴于此，在进行旅游线路设计时，一定要遵循"以人为本"的原则，充分考虑旅游者的需求，在不违反原则的条件下，要尽可能的满足游客的多种需求，让游客真正得到舒心愉快的感受。

例如，深圳一家旅游企业推出了"千名长者温馨结伴游港澳"的旅游线路，获得了巨大成功。这条旅游线路的特别之处就在于以下两点：一是针对目标市场都是老年人的特点，根据老人对旅游的要求来安排线路内容，特别是为了减少换乘交通工具的不便，改变了传统的从罗湖口岸出境，乘火车赴香港的交通方式，旅游团乘直通巴士到港，避免了排队苦等、可能走失及无座位保障的情况。二是改变了香港游不派领队的惯例，安排专业领队带团。为了老人旅行中的保健，每个团队都有一名医生随行。旅行过程中也不安排无意义的购物，游程安排松紧有度，饭菜安排也尽量适合老人的胃口，如果有当月过生日的老人还能得到旅游企业赠送的一分礼物。

经过该旅游企业的精心策划，在市场上形成了"长者游港澳"独一的产品（竞争者纷纷退出），一年多，线路价格没降，仍保持这稳定的组团量。这条线路的关键就在于定位准确，走的是人性化路线。

**（三）价值化旅游线路设计**

在旅游业中，因价格影响价值的事例数不胜数。举例来说，同样是去桂林旅行而来，却为了节省费用让他们仅仅游览了半个小时的漓江，还美其名曰"黄金水道"，难怪不明真相的游客抱怨漓江没啥好看。这种做法严重损害了旅游企业的整体形象和信誉，间接助长了部分旅游者只比价格的做法。

深圳一顾问公司所做的市场调查显示，以北京游 3 000 元为例，40.80%的人愿意多花 200 元，有 24.1%的人愿意多花 300 元，有 11.8%的人愿意多花 500 元，有 4.8%的人愿意多花 500 元以上作为更好的质量保障，加起来有 81.6%的人更看重质量而非价格。人们不愿意花高的钱，不是因为花不起，而是太多的旅游经历告诉他们，旅游企业的服务仅值这个价。一分钱一分货，现代旅游者越来越理性，深知付出与收获的关系。

对于付出的价格，他们更注重自设的需求能否得到满足。人们越来越需要"有价值的旅行"。一段繁忙的工作后，人们需要能让自己身心得到放松、见闻得以增长、人生得以丰富的旅游。在这样的旅游中，人们体会到生命力、创造力的迸发、体会到人与人之间、人与自然之间的真、善、美，这种体验，造就健康完美的人格，大多数旅游者愿意为此付出更高的价钱。

所以，旅游企业如果想让自己的产品能成为市场上的首选品牌，关键在于其推出的旅游线路不仅要注重价格，更应该重视价值，也就是说，让旅游者认为花这么多钱参加这条线路的旅游非常值得。

**（四）创新性旅游线路设计**

旅游线路是旅游产品的主要表现形式，它是吸引游客的主要法宝。旅游企业只有精心设计出合理巧妙，有新意、有活力，并注以历史与文化内涵的线路，才能具有感染力与购买力，以便招徕游客，在确保优质服务中创新。当一条线路从培育到成熟，达到顶峰时，我们就应该设计出新的线路，以便新旧交替，不断攀向高峰，这是不可抗拒的自然规律。有着五千年悠久历史的中华民族，给世界留下了太多辉煌与神秘。在这些年的旅游线路设计中，北京的旅游企业为了展现中华民族的文化和首都的魅力，开辟出了一条条有创意的游览专线。比如：北京胡同文化游览专线；"皇城之旅"北京经典四日游等等。正是这些旅游线路，让首都北京的旅游吸引力一直名列前茅，永葆青春。创新旅游线路主要可以从以下几个方面进行。

**（一）翻新式——旧线翻新，注入新意**

旧线路之所以还在沿用，说明它还有生命力，它还能吸引游客来购买，如果做适当的改变，插入更多的新内容，就可以使其更加丰富，锦上添花。如传统的"华东五市"覆盖南京、无锡、苏州、上海、杭州五个城市。但随着千岛湖旅游热潮的兴起，这条旅游线路逐渐延伸到了浙江的腹地，之后，又加入了黄山，在华东五市游的线路里加入一山一湖，使略显单调的以园林为特色的华东线融入了自然景色，可以说是对华东游是一次改造。

**（二）多点式——一线多点，巧妙组合**

以名景点为主，然后以其为中心进行延伸、组合，这样往往可以取得意到的效果。例如在安排重点游览张家界的行程中，不仅可以加上韶山、长沙，还可以增加九江和庐山，坐火车去，在长沙乘飞机返回，既不绕道，又十分方便。一线多点式的操作，应注意顺道而行，不可杂乱无章，尽量不走重复的路线，始终给人新的感觉，避免给客人造成疲惫。

**（三）新景式——开辟新景，大胆尝试**

旅游线路的设计者一定要有思想、勇气、活力，敢于在实践中大胆开拓与尝试。例如，在较早开辟的鲜为人知的辽东青山沟风景区3日游线路中，为避免客人长途劳累，旅行社可以安排游客乘汽车到丹东，当日下午先游凤凰山，就近住五龙背洗温泉；第二天去青山沟，晚上可以为游客举办篝火晚会，其中包括全羊席，在载歌载舞的欢声笑语中度过愉快的夜晚；第三天游丛林、瀑布、小溪，乘船欣赏碧波荡漾的青山湖，再返回丹东住一夜，欣赏鸭绿江风光。如今，这条新线已经成为辽东旅游热线。开辟新线一定要注意观赏性、趣味性和娱乐性。

#### （四）切割式——地域切割，集中景区

根据我国热点旅游城市相对集中的景点，可以采取地域切割方式，将主要的游览景区集中在一起编制线路，为游客创造新的旅游环境，但是这种旅游线路所用的时间可能会较长。采取切割式线路要注意尽量就地取材，集中景点，不可舍近求远，否则就失去了"切割"的意义。

#### （五）拉力式——汽车拉力，求新探奇

以辽宁省内旅游为例，根据城市居民向往大自然，求新、求齐、求险、求趣的特点，可以适时推出两条汽车拉力线，第一条：从大连出发直奔辽宁西部，在那里可以体验住蒙古包，吃羊肉，祭敖包的民族风情，同时又可以观赏奇特的大青沟原始森林，体验三岔口漂流等。第二天：赴辽宁四大名山之一钟灵毓秀的医巫闾山，品尝沟帮子烧鸡，观赏盘锦浩瀚的红海滩，欣赏东北第一个"世界文化遗产"雄伟壮观的九门口长城，那"城在水上修，水在城中流"的特点，在万里长城中，独一无二，风采奇异，堪称举世一绝。只要肯于学习，了解最新信息，注重调研，善于挖掘新景点，多掌握旅游资源，完全可以从实际出发，绘制出具有新内容、新景色的新路线。

#### （六）浪漫式——轻松愉悦、领略佳景

目前出游的老年团、家庭组合、新婚夫妇逐日增多，针对他们设计出了以浪漫为主题、轻松为节拍、名景为内容、休闲为特点的时尚路线，例如，"北京名景+天津小吃+天下第一关火车8日游""泰山+苏杭+水乡+上海双飞9日游"等新路线。此类豪华旅游线路讲究舒适、宽松，赋予抒情色彩，以满足游客精神与物质上较高水准的需求。因此，住房多为三、四星级，餐饮标准也可以随之提高，旅行日程尽量宽松自在，留有充分个人活动时间，以确保其品质。

#### （七）专业式——对口适度，流畅出新

近些年，许多单位带有专业性的学习、考察团逐渐多起来，表现在自选性强，个性化突出，有异于我们事先定好的旅游线路。对此，在设计旅游线路时要因团而异，有的放矢地设计出符合专业化要求的特殊路线。此类线路首先要按客户要求进行设计，再顺路穿插精华景点，这样顺路成章，一举两得。随着旅游事业的发展，专业形式的旅游呈上升趋势，如城建、环保、体育、文艺、农业、经贸、教育等团队会越来越多，设计适销对路的路线，是形式发展的需要，是旅游市场发展的趋势。

## 第四节　旅游线路广告

旅游市场越来越激烈，竞争的焦点是争夺客源，为了争夺旅游者，扩大市场占有率，旅行社在旅游市场上以各种手段进行激烈的竞争。旅游线路广告宣传是招徕游客、扩大市场占有率最重要的手段之一。本节介绍了旅游线路广告媒体、旅游线路广告内容和旅游线路广告实例。

### 一、旅游线路广告媒体

现代的广告媒体众多，旅游线路设计人员或广告策划人员需要在每一段一般性的广

告媒体中具体的最佳媒体工具。要注意的是，因为媒体受众的差异，可以说是没有一种媒体可以覆盖到全部受众。

**1. 广告媒体的种类**

现代广告媒体多种多样，既有传统广告媒体，如报纸、杂志、广播、广告牌等，也有现代广告媒体，如电视、互联网、大型街头电视墙、手机视频等。

（1）报纸。用报纸做广告具有灵活性、及时，本地市场覆盖量大能广泛地被接受，可信性强，成本低等优点，但保存性差，复制两低，传阅者少。

（2）杂志。地理、人口可选性强，可信并有一定的权威性，尤其是现在飞机、高铁动车上的旅游类杂志，传阅者多，受众面广，由于观看杂志都在单调的旅途中，效用也较好。

（3）电视。电视广告综合视觉、听觉和动作，富有感染力，能引起高度重视，覆盖面广，但是成本高，干扰多，瞬间即逝。

（4）广播。大众化宣传，地理和人口方面的选择性较强，成本强，但是只有声音，没有直观的视觉效果，不如电视那样引人注意，广告信息瞬间即逝，不注意听的话很难记住广告的内容。

（5）互联网。互联网做广告不受地区限制，受众广、更新快，但是可信度有一定的限制。

（6）直邮。接受者有选择性，灵活，在同一媒体内没有广告竞争，人情味较浓，但相对来说成本较高，可能造成"垃圾邮件"想印象。

（7）广告牌。户外广告牌灵活、广告展露时间长，费用低，竞争少，但是观众没有选择，缺乏创新。

（8）口头。口头广告主要是旅游者对已经购买和消费的旅游线路的口头评价，虽然口头广告传播的范围有限（主要是旅游者的亲朋好友），但对受众的影响力不可低估。

（9）新媒体。泛指利用电脑（计算及信息处理）及网络（传播及交换）等新科技，对传统媒体之形式、内容及类型所产生的质变。新媒体一词可以从产业区分、人机界面、艺术运动、及其多媒体形式来诠释，不同的诠释是由于不同领域的观点（产业、科技、艺术、及传媒）的出发点之不同。新媒体主要有数字杂志、数字报纸、数字广播、手机短信、微博、微信、网络、桌面视窗、数字电视、数字电影、触摸媒体等。

**2. 广告媒体选择**

在选择广告媒体时要考虑很多因素，包括目标市场或目标消费者媒体的习惯和态度、广告成本、广告效益、广告时效等，如互联网与电视是接近青年人的最好媒体。旅游线路的性质也影响对媒体的选择，如果线路中具有较高级别的景点或高等级的住宿、交通条件用彩色图片在杂志中做广告效果就比较好。

## 二、旅游线路广告内容

旅游者或潜在的旅游者对旅行社推出的旅游线路广告最想知道的信息，如旅行社名称、旅游线路的类型、旅游目的地（旅游景区或景点）、旅游项目、旅游服务标准、旅游线路价格及注意事项等。

就旅游企业来说，做广告的直接目的就是争取客源，因此，在广告中要以特色鲜明的主体、资源级别高（或新开发有新意）的景区或景点、新颖且参与性强的旅游项目违中心，讲明各项服务条件、公开价格，构成完整的旅游线路信息。信息的内容可根据具体选择的媒体而定。

如厦门风行天下旅行社在携程旅行网推出的"厦门+鼓浪屿4日3晚半自助游"为例，这条线路的广告就包括以下内容：

（1）名称、目的地、游览时间、游览方式。
（2）服务保障。
（3）旅行社（供应商）信息。
（4）产品特色。
（5）酒店、景点、服务团队详细介绍。
（6）产品概要（可选择图文模式或日历模式）。
（7）费用。
（8）预订须知（预订限制、预订说明、产品说明、违约条款、出行指南及法规、支付信息等）。

### 三、旅游线路广告策略

旅游线路广告策略就是要从策略层面上解决旅游线路广告中"怎么做"的问题，旅游线路广告包括受众策略、诉求策略、媒体策略、目标策略和形式策略五方面。

**（一）受众策略**

广告的受众就是所宣传的旅游线路的目标消费者，明确的受众是广告转播的出发点，从根本上决定着广告的成功与否。"目标受众决定着广告人员说什么、怎么说、何时说、何地说以及有谁来说"。

随着社会的发展，消费者的需要、态度、价值观和生活方式日趋异化、多元化、个性化、复杂化。同一产品可以满足所有消费者需求的大众市场已经分裂为若干个需求各异的小众市场。因此，在确定受众的时候，必须先对消费者进行细分。细分消费者市场的依据主要为人口统计变量、心理变量、地理变量和行为变量。这些在第四章旅游线路设计背景中已经阐述过，值得指出的是，这些变量的划分不是唯一的，更多情况下，旅游线路广告会根据实际情况交叉使用这些变量。如爱情旅游市场，首先是一个行为细分，然后还可以根据人口变量继续细分为老年人的夕阳红旅游和年轻白领的浪漫之旅。

**（二）诉求策略**

诉求，有时也称主题、创意、独特销售主张等，是请求受众对广告主的观念或思想做出有力反应的一种手段。信息诉求分为两种基本类型：理性诉求和情感诉求。

**1. 理性诉求**

所谓理性诉求，就是从消费者的立场出发，强调产品或服务的特性，拥有或使用该产品能给消费者的益处。旅游活动的异地性和跨文化性，以及异地性所带来的陌生感和不安全感，会增强旅游者对目的地信息、旅游企业及其有过相关体验的其他旅游者信息交流的需求。从这个角度来说，旅游产品是一种高卷入的产品，理性诉求立足于消费者的切身利益，在旅游者出行决策中起着不可替代的作用，尤其是在最后行动——购买阶段。那么什么利益因素对消费者是最重要的呢？广告大师奥格威人为："当地文化的独特性、历史、旅游地形象"最吸引旅游者，而费用、当地居民态度则是旅游者出行的最大障碍。

**2. 情感诉求**

情感诉求是相对于理性诉求而言的，它试图通过直接作用于目标受众的情绪、情感，如喜悦、恐惧、爱、愉悦等，形成或改变旅游者的品牌态度。在产品缺乏独特性或消费者对其特征不太熟悉的时候，情感诉求通过移情、娱乐的手段可以吸引消费者的注意力，使产品从同类产品中脱颖而出。如丹麦旅游局于1953年发表的招贴广告《哥本哈根真奇妙》，很好的表达了丹麦人的幽默、风趣和乐观的人文精神。在招贴画的正中间是一位鸭妈妈带着数只小鸭排成一排整齐的过马路，而交警、有轨电车和成群的路人都乐呵呵的同一一退在一边为鸭子们让路。这幅招贴画频频召唤者那些想看看童话般的哥本哈根的游客，其魅力历经40年而不衰。

### （三）目标策略

广告的目标是向目标受众有效地传递信息，并引起消费者对产品的积极反应。根据心理学的研究，一般受众对广告的反应分为三个阶段：认知阶段、情感阶段和行为阶段。在相对于各个阶段，广告的目标是不同的：认知阶段的目标是引起受众注意；情感阶段的目标是在受众心中把本产品与其他产品区分开来，并形成对产品的偏爱；行为阶段则需要给予受众强有力的刺激，如采取个人联系、价格优惠等方式，以促成其最终的购买。现代旅游广告的流程能确保及时收入反馈来的信息，明确受众真正所处的反应阶段，有的放矢的确定广告目标，避免不必要的投入。而传统的旅游广告却总是在临近"黄金周"这样的长假来之前才紧锣密鼓的推出，希望跳过前两个阶段而直接影响行为阶段。这在旅游者的需求欲望很强的时候或许能够奏效，但长期看来，这种做法对于旅游品牌的培育是不利的，它使广告只能够围绕价格来做文章，广告站沦为简单的价格战。

### （四）媒体策略

由于不同的媒体传播方式各异，选择合适的媒体对于充分表现信息诉求、有效传达信息十分重要。

**1. 使媒体特点与诉求特征相结合**

如电视旅游广告可以充分利用声音和影像，对于表现旅游形象得天独厚，适合情感诉求的旅游广告；而报纸和杂志广告较适合篇幅长、内容复杂的文字性广告，以理性诉求取胜。广播信息的回忆效果虽不及以上几种媒体，但可以灵活地更改信息内容，对于价格等波动性信息的传播比较有利。

**2. 充分考虑受众的解码过程**

对报纸、杂志等印刷广告，受众可按照自己的阅读习惯并选择阅读，并可重复阅读，因此可以尽量详尽、全面的传播旅游信息。而广播和电视等广告，信息传播的速度受控于媒体，而且信息无法存储，因此传播的信息应该尽量简洁、无歧义、形象化，突出旅游线路广告诉求核心。

### 3. 考虑媒体的竞争环境策略

在一个"传播过剩"的时代,为了避免信息在传播过程中被各种噪音淹没,必须考虑竞争者使用的媒体工具。具体可以采取的战术有规避相同媒体、与对方的传播媒体打时间差等。当然,如果对自己的传播策略非常有信心,也可以与对方针锋相对。

### (五)形式策略

信息的表现形式又成为信息格式。如果说诉求策略解决的信息是说什么,那么形式策略侧重于怎么说。它与广告的诉求安排有关,比如最重要的信息是放在广告的开始、中间而不是结尾,是否为受众提供一个明确的结论;是采用证言式还是情景式;在标题、图案、文字和文案排版的设计上又有什么特别要求等。自广告诞生以来,其诉求要素基本是相同的,但表现形式却又在不断丰富与发展。现代旅游广告要充分利用美学、心理学以及广告学自身积累的经验,设计精益求精,力求别出心裁、赏心悦目,牢牢地锁定受众的注意力。在长期的实践中,人们积累了一些知觉过程中基本的形式规律,比如根据"黄金分割率"安排的构图比例看出来比较舒服;采用流动的视觉设计,可以将读者的注意力引向重要的部分;"减法法则"要求删除任何与广告效果无关的成分,保持版面的清晰简单等。此外,由于旅游广告往往针对跨区域的旅游者,因此在形式设计上要特别留意受众所处的文化语境,使广告为受众理解和接受。"打动受众就必须借助蕴藏在他们内心深处的文化因子,发掘出能够引起受众感情共鸣的文化资源"。

## 四、旅游线路广告实例

### (一)张家界旅游广告

张家界是武陵源风景区的一个重要组成部分,因其独特的石英砂岩峰林构成的自然风貌和原始次森林的古野景观,1982年国家计委批准成立我国第一个国家森林公园。张家界的地质构造奇特,堪称一大奇观。根据科学论证,大约在3.8亿年前,这里曾经是一片海洋。大约1亿年前,由于海浪的冲击,石英砂岩在海底沉积500多米厚。水平和垂直移动都十分明显,这在地质学称作"共轭垂直节理"。后来经燕山造山运动,使地块隆起,地面强烈抬升,使这里成为陆地。地面抬升后,在流水的作用下,一些细小的沙石被冲走了,加上重力作用下的岩石崩塌,又被雨水、溪流慢慢冲刷、切割,使张家界地区在漫长岁月的风化和流水切割之后,逐渐形成一系列柱峰、方山、峡谷组成的这种奇特的石英砂岩峰林地貌。

张家界的旅游广告多以画面展示上述所说的奇特的石英砂岩峰林地貌。如《我的张家界》的电视广告创意策略。

(1)主调性:突出张家界神奇而雄伟的自然原生态,以之体现张家界作为湖南旅游品牌的魅力。

(2)主画面:以极优美的手法在电视广告片中展示奇特的石英砂岩峰林非凡魅力,以之突出张家界作为湖南旅游标志的定位战略。

(3)情节线:以张家界独一无二的山峰、云雾、田园风光、风俗民情为主要题材,引出张家界出尘脱俗的地质构造和神话传说。

(4) 视觉线：以转经筒的旋转、人绕着山转、云雾绕着山峰转等场景，结合张家界土家族风情，突出表现唢呐、竹楼、美酒等民族元素，使人感受淳朴民风意境。

(5) 地域线：片子的基调具有鲜明的民族地域特色。以当地民歌配乐，"一山的石头一山的树哎；一山的云彩一山雾哎；一山流泉挂飞瀑罗；一山的花香醉鸟语呦；一山明月照清波哎，一山阳光哺外物哎……"以乡土淳朴而又平实的风格，营造出张家界"大美无言"的意境。

张家界旅游广告《呼吸张家界》篇，突出了张家界生态自然环境中的空气富含负氧离子，在张家界呼吸不但有益于养身，还会得到心灵净化。广告字幕先后引用了三位名人名言，进一步增加了广告的说服功能。

在张家界每呼吸一次，应付5美元。——美国科罗拉多州原州长南希·迪克。

张家界的重要性在于它有全中国绝无仅有的、最纯净的空气。——美国著名地质学家西蒙·温彻斯特。

40年了，我漂泊流浪，辗转着千丝万缕的乡愁，这次在张家界的大山深处总算得到了解脱。——著名女作家琼瑶。

我们来欣赏一下张家界的旅游广告文本："张家界，一个美丽的传说。千里万里，我跨越山水而来。为了《阿凡达》电影中所展示的风景，为了这里纯净的空气……从他们的呼吸中看不到尘世的纷扰，只有美丽和纯真。我突然明白，幸福原来如此简单。此刻，我只想张开双臂，静静呼吸。呼吸绝美的山水，呼吸绿色的感动。这里为什么有如此纯净的空气，我的目光所到之处全是绿。这里植被茂盛，生态优良，森林覆盖率高达98%。新鲜的空气荡涤了我心头所有喧嚣。在张家界核心景区，每立方厘米空气中含十万个以上的负氧离子。此刻，我只想抛弃一切，把我的心灵安放在这青山绿水间。回家，回家，我回家了。这是我身心的家，灵魂的家……"

## （二）杭州旅游线路广告

## 如果您有N天，请随我们一道——走读杭州

杭州在我国著名的古都里，相比北京的王气，南京的厚重，西安的古意，是个轻灵的异类。定都于此的南宋王朝，因为政治上的软弱而在历史上有名，但那个时代同样令人难以忘却的，是她那格外灿烂的文化，那时的杭州，号称东南第一郡。

在江南濡湿的空气里，这个城市天生的个性化和市民化，如蔓草般自由生长。在这里，社会理性使命已悄悄抽移，秀丽山水间散落着才子、隐士，埋藏着生前的孤傲和身后的空名。这些宁静的背景不远处，是一个悲喜交加的杭州。我们看到白居易郁郁寡欢来此躲避政治倾轧，但却因为治理西湖开拓了自己的人生视野；苏东坡疏浚西湖，经营苏堤同时也享受着美食人生；红顶商人胡雪岩在新旧交替的时代大潮中经历着从富可敌国到破产的大起大落；都锦生则以举世闻名的织锦和西湖绸伞描绘出中国民族资本家多难而美丽的历史时空。

西湖是美丽的。这里春有垂柳，夏有荷花，秋有丹桂，冬有残雪。

西湖是人文的。这里有白居易、苏东坡、白娘子、济公……碧绿的湖水倒映着美丽的遐想,杭州人觉得自己就生活在天堂。

那些无缘生长于斯的外地人,为了圆一回西湖梦,他们千里万里赶来,心甘情愿的把钱交给杭州人,换取到此一游的极大满足,然后高高兴兴回去,做杭州的义务宣传员。

如果您有一天,不解的西湖情怀将牵引您在西子湖边驻足;如果您有两天,您或许可以轻轻触摸杭州的柔骨;如果您有三天,您会了解浪漫的杭州故事;如果您有六天,您可以深深体会杭州的前世今生而不愿离去……只是,无论您在杭州呆了多久,您就没有理由离开之后不再回来。

如果您有一天——

### 线路之一:一天的一见钟情

船游西湖(船票20元)——三潭印月——雷峰塔——宋城——岳王庙——灵隐寺——虎跑泉——城隍阁,清河坊——南山路酒吧一条街——漫步西子湖畔

西湖是杭州的标志,所以来杭州一定别错过西湖。

清晨起来,漫步在湖畔等待日出,领略清晨西湖如烟的朦胧美景。随后泛舟湖上,登上三潭印月,回首看雷峰塔的波光倒影。弃舟上岸,驱车半个小时到宋城。走出宋城去岳王庙瞻仰民族英雄岳飞,宋代的市井繁华与民族英雄的故事会让您对宋文化有一个完整的了解。随后是灵隐寺。

走出灵隐寺,来到西湖西南的虎跑泉。再到城隍阁看日落,之后可以漫步山下的河坊街。

走在古朴的河坊上,看店里精巧别致的各色商品,尽享特色的杭州小吃,购物、美食与游览的完美结合。

### 线路之二:一天的西子之恋

白堤——苏堤——雷峰塔——柳浪闻莺——清照亭——三潭印月——音乐喷泉——城隍阁

专一需要理由吗?西子湖就是理由。边走,边看,边休息;只是,你一定浮想联翩。苏东坡、白居易、白娘子、青蛇、胡雪岩……走遍全世界,也许没有一条路能让你想起那么多浪漫动人的故事。

### 线路之三:一天的怀旧之情

苏东坡纪念馆——中国茶叶博物馆——李叔同纪念馆——中国丝绸博物馆——胡雪岩故居——龚自珍故居——郁达夫风雪茅庐旧居

往事不堪回首。然而,回顾历史,可以让我们更加珍惜今天。前人的故事值得借鉴,前人的足迹值得踏寻。在胡雪岩故居驻足的时候,您在想什么?

### 线路之四:一天的风情传说

苏堤漫步——灵隐礼佛——阮墩环碧——梦回宋城——异国风情(杭州休博园、世界风情园)——梅家坞龙井问茶

欣赏了西子湖的水,看了宋城的戏,再去喝龙井、梅家坞的茶,杭州的文化精髓,怎能不了然于怀

*如果您有两天——*

**线路之一：两天的文化之约**

第一天：船游西湖（船票20元）——三潭印月——雷峰塔——宋城——岳王庙——灵隐寺——虎跑泉——城隍阁，清河坊——南山路酒吧一条街——漫步西子湖畔。

第二天：苏堤——苏东坡纪念馆——中国茶叶博物馆——中国丝绸博物馆——胡雪岩故居——良渚文化博物馆——西湖夜景。

杭州是个文化底蕴深厚的城市，西湖周边有很多文人故居和纪念馆。如果您有两天的时间，那么建议抽出一天时间来领略杭州的文化风景。

西湖三堤——苏堤、白堤、杨公堤。为首的苏堤是以修建人苏东坡得名，民谚有云"苏堤景致六吊桥，间株杨柳间株塔桃"，描写的就是堤上自南向北的6座桥与杨柳相间的沿堤美景。苏堤南段的苏东坡纪念馆正是为了纪念这位伟大的文人所建。

龙井问茶，到中国茶叶博物馆、龙井村、梅家坞了解茶史，观看茶艺表演，吃农家饭是杭州之行不可或缺的一个环节。

"半面西湖半面绸"，丝绸是杭州的一大特色产品，这里有中国第一家以丝绸为主题的中国丝绸博物馆。

晴西湖不如雨西湖，雨西湖不如夜西湖。国际大师精心设计的灯光把西湖装扮得更加迷人，所以来杭州，西湖夜景是不可不看的。或漫步西湖，或选一临湖茶座，一杯清茶，看窗外湖光山色。

**线路之二：两天的闲情漫步**

第1天：苏堤漫步——西泠印社——涌金池——柳浪闻莺——万松书院——梅家坞挑灯品茶。

第2天：杭州野生动物世界——宋城——杭州世界休闲博览会——世界风情园——东方文化园——杭州市区——南山路酒吧——西湖夜景。

在晨曦中漫步，领略古文字的玄妙，挑灯品茶；与动物同乐，看灯影摇曳的夜西湖，任时光在不知不觉中流逝，这样的日子，一天等于前年。

**线路之三：两天的湖光之约**

第1天：湖心平眺——三潭印月——阮墩环碧——白堤——苏堤——雷峰塔——城隍阁——河坊街——音乐喷泉——西湖夜景。

第2天：千岛湖——五龙岛——新安江漂流——七里扬帆——大运河——双溪漂流——杭州市区。

西湖的夜、新安江的雾、富春江漂流、七里扬帆的夕阳、千岛湖的奇……杭州秀水纵横，定让您陶醉其中，流连忘返。

**线路之四：两天的经典回眸**

第一天：慕才亭——灵隐寺飞来峰——中国茶叶博物馆——虎跑泉——中国丝绸博物馆——南宋官窑博物馆——胡雪岩故居——河坊街——西湖夜景。

第二天：千岛湖——七里扬帆——龙门古镇——中国古代造纸印刷文化村——良渚文化博物馆——宋城——梅家坞茶文化村。

灵隐礼佛，西湖夜景，龙井问茶……典型的西子之旅，推荐去转西湖周边的博物馆与名人故居，体会历史的厚重。千岛湖的奇景、七里扬帆的夕阳与宋城夜晚的宋代哥屋是不容错过的。

如果我有365天，我会走过四季，踏尽西子湖畔的每一寸土地，住过西湖边每个看得见西湖的房子，坐过每个不同的位置欣赏西子湖四季的婀娜多姿，甚至喝尽西子湖的水，去寻找西子的灵。我有365天吗？没有，因此，我只能静静的徘徊在西子湖畔，欣赏并想象它的无限风情。

如果我有365天，我会回到宋朝，领略宋王朝诗风道骨，我将亲手采摘新茶，品味桂花芬芳，看袅娜的柳枝绿了苏堤、白堤。我有365天吗？没有，因此，我只能捕捉前人的遗迹，梦回唐朝。

如果我有365天，我将变成一尊塑像，抑或一叶扁舟，看尽秋风春月，灯红酒绿。我有365天吗？没有。因此，我们为您奉献上了以上线路，请您和我们一起触摸杭州的灵魂。

## 第五节 实训任务设计

一、实训项目：旅游线路设计
二、实训要求
（一）组建项目小组完成本项实训内容，根据要求设计一条旅游线路
（二）结合旅游资源特点，进行旅游线路设计，确定必到景点和选到景点
（三）所设计的旅游线路符合旅游线路设计原则并体现一定的设计技巧
（四）分小组进行课堂展示，每组展示时间不少于10分钟。
（五）接受其他小组点评并答辩
（六）撰写实训报告
三、实训内容撰写及评分表
（一）线路名称《　　　》
（二）宣传口号
（三）目标人群分析
请使用市场细分理论与方法定位目标人群，并做详细解释和说明。
（四）线路介绍
请使用表格方法对参考行程加以介绍，并提出行程注意事项
（五）成本分析及报价
（六）线路创新性分析（特色）

## 评 分 表

一、旅游线路主题是否鲜明？
二、旅游线路要素是否齐全？
三、旅游线路是否具有可操作性？

四、旅游线路的目标人群是否准确？
五、旅游线路成本预算、报价是否合理？
六、幻灯片制作是否具有可视性？
七、旅游线路创新性阐述是否清楚？
八、是否能够回答其他小组提出的问题？

## 本章小结

通过本章的学习，系统了解和掌握旅游线路设计的流程，了解旅游线路创意类型，在探讨旅游线路设计背景、旅游线路广告的基础上，结合案例分析，加深对旅游线路设计的认识和理解，提高旅游线路设计的实际操作能力，学以致用，并能与时俱进，适应国家经济发展和旅游业发展的重大趋势。

## 思考与练习

1. 旅游线路设计者应具备哪些知识与能力？
2. 旅游线路设计的步骤有哪些？
3. 旅游线路创意有哪些类型？
4. 如何进行旅游线路广告媒体选择？

**线路拓展资料一：**

### 最走心的旅游传播口号

旅游传播口号对旅游目的地的宣传、营销起着重要作用，它让城市愈发显得特色鲜明，也让城市营销变得更具创意。旅游传播口号是旅游目的地形象的集中体现，是一个旅游城市最精炼、最朴实又最深入人心的历史代言，是城市特色与文化的张扬与展现，也是撩动游客内心旅游欲望的重要因素。

一个成功的旅游传播口号需要语言精简，主题鲜明，概括精准，让人入脑入心，朗朗上口，过目不忘，不仅能够迅速产生旅游的动机，还能够对提升旅游目的地的整体形象，扩大旅游地的知名度和影响力起着决定性的作用和意义。

今天我们将为诸君盘点十个走心的城市旅游传播口号，这些口号有2017年全新推出的，也有沿用至今的，但无论新旧都具有内容创新、传播热度高且传播影响力大的特性，望可在即将到来的2018年为诸君带来一些于旅游传播中的新创意和新思路。

## 乌镇：心在乌镇。来过，未曾离开

今年7月，乌镇推出了由刘若英主演的最新宣传片《心在乌镇》，这是刘若英第二次代言乌镇，距2007年说下那句经典的广告词："来过，便不曾离开"后十年，这次的广告语"心在乌镇。来过，未曾离开"沿用了原本"来过，便不曾离开"的语境，依旧简单易懂的同时，强调了乌镇与游客的情感羁绊，以回忆动人，更加易于传播。

与前者相比，"来过，未曾离开"仅一字之差，完全可以让之前传播度较广的宣传语为乌镇带来的认知度继续延续下去。而前半句"心在乌镇"，一方面表现的是作为生活体验式为主的旅游景区，乌镇已经获得了相当的认可，更多地强调了乌镇与游客之间的情感联系，师出有名，也符合其品牌形象。

另一方面，"心"与"新"同音，在全新的旅游宣传片中，展现了乌镇近年来新打造的旅游节点：国际化的乌镇戏剧节，前沿的互联网大会等等，同时也贯穿着乌镇作为百年江南水乡的历史感，新旧交融中，乌镇既在不断革新自己，也始终不忘初心。

在大量旅游景区还在沿用传统的"山水—民俗—酒店"的拍摄顺序，用威严的男声念百度简介来做宣传片的时候，乌镇作为以体验致胜的新兴景区，在宣传片上也体现了其重视细节，体验为先的一贯风格，在同类型景区中走在了前列。

## 杭州：最忆是杭州

早在2013年，杭州市旅游委员会和杭州市发展研究中心就开始牵头组织，希望能够为杭州寻找一句响亮又贴切的中、英文宣传口号。历时一年多，经过专业机构国际化调研、社会投票征集、行业专家严格评审三个阶段之后，中文宣传口号"最忆是杭州"以及英文宣传口号"Hangzhou, Living Poetry（杭州，诗意之旅）"最终脱颖而出。

杭州，不仅是一座城市，更是一种生活。最忆是杭州，在考虑意境表达一致的同时，又充分考虑了中文的语言特点。有专家评论，"最忆是杭州"，是历史的馈赠，将物质与精神完美糅合，升华到情感的层面，能够勾起人们丰富美好的多重联想，达到城市形象营销的极高境界。

一句个性化的旅游宣传口号，能赋予城市品牌独特的信息，在海外旅游推广中起到意想不到的作用。"Hangzhou, Living Poetry"以杭州城市气质为核心，在综合杭州定位，坚持城市差异化、独特性的基础上，充分考虑了英语语言习惯、美感表达方式并易读易记。读到这句话，就能够让人感受到杭州那份恬静、悠然、诗情画意的闲适之美。

从2014年新口号启用至今，杭州市旅委推出了一系列举措，尤其在欧美重点市场，借助各类传播介质及推介会宣传杭州旅游资源。"Hangzhou, Living Poetry"，已经成为更多外国友人认识和了解杭州的语言标签；这句承载着"最杭州"也"更国际"的宣传口号，让杭州以更开放和国际化的姿态走入了全世界视野。

## 重庆：大山大水不夜城，重情重义重庆人

2016年1月1日起，"大山大水不夜城，重情重义重庆人"作为全新的重庆旅游口号亮相。从2011年，重庆面向全球推出了旅游口号"重庆，非去不可"，到如今的"大山大水不夜城，重情重义重庆人"，重庆市改变的不仅是一句话，而是一种旅游理念的变革：一种简单模糊的呐喊变成了真实的描述和情感的表达。

"大山大水不夜城，重情重义重庆人"相比"重庆，非去不可"，这句全新口号更能代表重庆的城市形象和旅游特色，它客观、全面、准确、鲜活地反映了重庆的自然和人文特点。

这句口号中，大山大水反映了重庆的山川地理，重情重义则是重庆人的个性，不夜城彰显了重庆的别样美景。不夜城除了凸显重庆的美丽夜景之外，还符合重庆促进旅游消费、发展夜市经济、发展现代服务业的旅游产业发展方向，也反映了重庆城市的繁荣繁华、充满机会、充满希望，重庆也以此成为"机会之城"。

## 山东：好客山东

2008年，山东省推出了高度概括山东文化，凝练出现代旅游品牌形象的"好客山东"（Friendly Shandong）标识，且一直沿用至今。

标识结合了传统元素与现代设计的新动向，通过文字符号图形化设计融汇古今元素，突出了"山东"（Shandong）与"山东人"最核心的形象表达"好客"（Friendly），是对山东旅游最生动、最直接的信息传递。旅游者会通过这种标志，对山东的旅游情况产生美好的想象。

"好客山东"是一个文化旅游品牌，也是一种礼仪的象征，而且丰富了旅游礼仪的内涵。其语言简洁凝练，准确提炼和概括出山东鲜活的形象和深刻的内涵，视觉冲击力猛烈，语言感召力强烈，让人读来上口，过目难忘。

"好客山东"深深植根于齐鲁文化，高度概括了山东人的品德和齐鲁文化的内涵，是山东文化灵魂的准确表达，让人体会到了齐鲁文化的大气、孔孟之乡的豪气，扑面而来的是齐鲁山水的豪情和山东人的热情。"好客山东"不仅是一种精神财富，又能转化为一种经济效应，而且还能创造不可估量的物质财富。

"好客山东"旅游品牌是优秀传统文化与现代旅游产业的有机结合，它通过凝练山东地域文化特征，将连绵2 000多年的"好客文化"作为"好客山东"品牌的核心价值，一个饱含"山东人"热情的充满感召力的新形象，构成强烈的视觉记忆。

这一形象标识通过多角度、多层面的立体化推广和应用，形成丰富的信息传递，增强山东旅游形象的社会认知度，也将呼唤起更多更强烈的对山东和中国文化的向往、求知与探索欲望。

同时，"好客山东"品牌又适应现代旅游业发展趋势，充分体现"以人为本"这个旅游产业的本质特征，既将其塑造成山东旅游品牌的文化标志，又打造成山东高品质旅

游品牌的标志，使"好客山东"成为引领山东旅游业发展的一面旗帜。

## 天津：天天乐道，津津有味

自2013年起沿用至今的天津城市宣传口号"天天乐道、津津有味"，是经过170余万人、相关旅游频道网等和外国旅游局驻华机构首席代表的投票，广泛听取专家意见及舆情调查结果之后，在几十个候选口号中，不断筛选，经市主要领导亲自把关，最终才精彩出炉的城市宣传口号。

"天天乐道"的"道"是"道路的道""道理的道"，"津津有味"不仅有"美食味"，而且有"文化味""天津味""有品味"。把"天津"二字巧妙的融入到口号中，同时把天津的美食、市民的文化氛围等表现得淋漓尽致。

"天天乐道、津津有味"是一个集全市人民的智慧，引起了社会广泛关注的城市宣传口号。在口号产生的整个评选过程当中，不仅充分带动了天津市民的积极性，并且将人们从单纯的对宣传口号的关注，延伸到了对一个地区和一座城市的关注，这种把形象与群众挂钩的独特口号，令人赞叹。

## 河南：心灵故乡，老家河南

旅游宣传口号作为旅游营销的"画龙点睛之笔"，不仅是旅游宣传工作不可或缺的重点，也反映着当地旅游业的发展步伐。

从2013年沿用至今的"心灵故乡，老家河南"，是河南省旅游局为了加强旅游品牌建设，根据市场需求，结合实际，通过多种形式重磅打造的城市旅游品牌。这是一片繁衍中华生息的乡土，这是一片充满神奇魅力的热土，有时间的时候建议所有的人都要满怀热忱和敬仰回"老家"看看。

以"心灵故乡，老家河南"为主题的河南旅游形象宣传片，诠释了河南作为"黄河文明的摇篮、炎黄子孙的记忆、华夏儿女的梦乡"所拥有的独特魅力，打造了河南旅游整体形象品牌。

河南在每年的国内旅游交易会、北方旅游交易会、香港国际旅游展及各种宣传推介活动中，都会以"心灵故乡，老家河南"为主题，着力打造河南旅游品牌形象，并且取得了显著效果。目前，这一品牌在我国的港澳台和内地市场已获较高认同。

## 广西：世界是嘈杂的，广西是宁静的

这些年，广西壮族自治区（以下简称广西）旅游常常剑走偏锋出奇招，营销手段推陈出新，引领全国：例如投放第一个旅游届朋友圈广告，打破"四八"宣传的固定模式，大胆选用情感沟通方式的推广语，不仅深深打动了都市人的心，而且引发了强烈的共鸣。那句"世界是嘈杂的，广西是宁静的"口号一经推出，就以强烈的对比性和感性让人们记住了广西，也让广西这个著名的山水之地在旅游传播界自此独树一帜。

世界是嘈杂的，无论是车水马龙，喧嚣无比的城市，还是人们内心为世俗所羁绊的情感。广西是宁静的，她的宁静不是声音的宁静，而是生活的安逸和内心的宁静。这个岭南的悠久地区，以一句口号隔绝了所有的竞争，也许她无法吸引所有旅人的目光，但绝对会让那些习惯了嘈杂世界的人们生出对广西的渴望和期待。

什么是宁静？如果没有世界的嘈杂，人们难以想象，但为俗世所羁绊的人们，却明白宁静是什么。只因为他们想要与平时不一样的生活，而这份所谓的不一样的生活，只有在广西能够感受到。

该口号中最值得称道的就是以对比的方式确立了广西在人们心中的地位。嘈杂的理由千千万万，无法描述，安静的地方千千万万，不可尽数。但是两者同时对比，那么每个人心中的嘈杂和宁静就自有一番定论，因为只要是人们所认为的嘈杂的生活，广西都可以用一种宁静做对比。

## 香港：尽享·最香港

香港"亚洲国际都会"的形象深入民心，购物、美食之都的魅力更是内地旅客过去十年到访香港的主要原动力。但香港更是一个荟萃东西、万象多元的都会城市，文化底蕴融合中外古今，城市风格布局也是动静佳宜，繁华的街区和舒服宁静的郊野近在咫尺。香港可以提供给游客发掘的地道精彩体验多不胜数，全年无休的节庆活动层出不穷。

为了深化世界各地旅客对香港形象多变且同时拥有众多独特地道体验的认识，香港旅游发展局2016在全球推出了"尽享·最香港 Best of all, It's in Hong Kong"全新品牌广告，并沿用至今。以四支"最香港"的主题宣传片，通过香港明星和不同业界名人的分享，深度展示香港独特的魅力和多元化的精彩体验。

香港旅游发展局副总干事叶贞德于"尽享·最香港"全新品牌发布会上分享品牌精粹，香港土生土长的著名电影演员刘青云、新晋本土时装设计师麦隽亭、旅居香港超过二十年的米其林三星名厨 Umberto Bombana 和著名电影演员王敏德分别参与拍摄，以他们在香港居住多年的亲身经历和各自的兴趣喜好，带领内地旅客发掘并享受香港最美好、新鲜和真实的旅游体验。

"尽享"二字是一种感觉，也是一种体验，而"最"的提出，则把这种感觉和体验发挥到了极致，同时也体现了香港的城市繁荣和城市自信。

## 海南：收获美好时光

海南作为中国唯一的热带海岛，有着独特的海岛生态、海洋体验、热带雨林、黎族和苗族少数民族文化等多重旅游资源，优势毋庸置疑。但海南在打造自己的口号过程中，并没有陷入单纯的资源推介方式，而是强调人与人之间，人与自然之间，因为旅行所获得的意义，直切受众内心，通过强有力的情感沟通去加深品牌的价值，从而达到事半功倍的效果。

"收获美好时光"口号中的"收获",充分表达了海南国际旅游岛作为旅游大省,所带给游客的体验;"美好",正是代表对美好生活的向往,是中国老百姓目前最大的追求,是海南旅游对每一位游客的承诺;"时光"是一种综合的体验,它因经历不同而拥有价值,它不一定是美景,而是一种氛围,一种感受,一种体验,一种融入回忆的经历。

海南作为一个热门的旅游目的地,皆在为消费者,提供一段难忘的体验,那就是"让美好的时光充满旅程"。口号整体以"旅游体验"为核心,全面概括了海南旅游资源所体现的旅行意义,是海南旅游品牌形象的精准提炼与表达。

## 赤壁:万里寻茶道,赤壁借东风

在经济社会不断发展的今天,旅游产业已经进入形象驱动时代。全球化趋势以及交通工具的多样化,使旅游者有了更为广阔的出行空间。当人们能够放眼全球选择旅游目的地的时候,鲜明独特的形象定位,成为了旅游城市吸引游客的关键因素。

赤壁市近几年在构建富有特色和吸引力的旅游城市形象方面持续发力,早在两年前便发起了"赤壁旅游城市宣传口号及标识"的全球征集活动,经过专家初审、网络投票、专家论证和终审四个环节,最终于2017年在海内外一万二千余件热情投稿中,"万里寻茶道,赤壁借东风"这组极富时代特征、契合赤壁特色的宣传口号和标识脱颖而出。

赤壁旅游城市标识以"赤"字为原型,结合中国传统水云纹进行设计,图形简洁美观又富有时代感,充分体现了古城赤壁的全新形象,体现出赤壁"宜旅宜居"的城市特征,同时点题赤壁"城市依水而居,长江依境而过"的地域特色。

赤壁旅游城市口号"万里寻茶道,赤壁借东风"一语双关,既寓意"赤壁之战"和"万里茶道"这二张世界级文化名片已经成为城市的绝美风景,又寄托了借中华民族努力实现伟大复兴中国梦之势,促赤壁经济社会腾飞的美好愿景。

赤壁宝宝形象选取了周瑜和小乔眉目传情、相敬如宾的卡通造型,将赤壁三国文化和茶文化通过一段旷世爱情完美的结合起来,寓意了赤壁"包容、开放、并蓄、成功"的城市形象。

美景有界,全域无疆。赤壁,有彪炳千秋的历史文化烛照,有美轮美奂的自然生态风光依托。赤壁此次推出全新旅游城市品牌形象,必将推动赤壁旅游发展的蜕变,谱写全域旅游创建的旅游城市新篇章。

## 线路拓展资料二:

## 一带一路背景下的旅游线路设计

丝绸之路横跨亚欧大陆,不仅记录了东西方政治经济文化交流的悠久历史,沿线更是留存了丰富的自然和人文遗产。随着"一带一路"沿线丰富的旅游资源进一步被挖掘、旅游条件日渐成熟以及旅游需求向纵深发展,一带一路沿线特色旅游市场将迎来百花齐放的春天。

"一带一路"是世界最精华旅游资源的汇集之路，是世界上最具活力和潜力的黄金旅游之路。四大文明、五大宗教、全世界超过68%的自然遗产、70%的民俗、74%的自然保护区均在一带一路沿线，其旅游总量占全球国际旅游总量的70%，涉及60多个国家，44亿人口。一带一路为特色旅游发展提供了资源基础。

特色旅游是为满足旅游者某方面的特殊兴趣与需要，定向开发组织的一种特色专题旅游活动，通常也被称为"专题旅游""专项旅游"和"特色旅游"，是一种新兴的旅游形式，它是在观光旅游和度假旅游等常规旅游基础上的升级。与观光旅游、度假旅游相比较，它的旅游生态环境和文化环境更加具有原始自然性，旅游项目和线路更加新奇探险，旅游形式自主参与性更高。

## 一、一带一路促进特色旅游条件成熟

### （一）交通可达性提高

据国家旅游局预测中国将为"一带一路"沿线国家输送1.5亿人次中国游客、2 000亿美元中国游客旅游消费，同时我们还将吸引沿线国家8 500万人次游客来华旅游，拉动旅游消费约1 100亿美元。

自"一带一路"倡议提出以来，中国和其他沿线国家一同努力，根据"一带一路"走向，陆上依托国际大通道，以沿线中心城市为支撑，以重点经贸产业园区为合作平台，共同打造新亚欧大陆桥、中蒙俄、中国—中亚—西亚、中国—中南半岛等国际经济合作走廊；海上以重点港口为节点，共同建设通畅安全高效的运输大通道。

在陆路上，中欧班列是沿线各国基础设施互联互通的"桥梁""纽带"。规划的西、中、东三条通道，横贯了整个欧亚大陆。作为带动我国内陆地区开放的纽带，中欧班列自2011年重庆首度开行以来，成为"一带一路"沿线各国共享的重要贸易通道。开行至今短短6年间，班列数量呈现爆发式增长。截至2016年6月底，中欧班列累计开行1 881列，其中回程502列，实现进出口贸易总额约170亿美元。目前，中欧班列已形成东中西多线路出境格局。东线从满洲里出境，经俄罗斯等国至欧洲；中线从二连浩特出境，经蒙古国、俄罗斯等国到欧洲，西线从阿拉山口出境，经哈萨克斯坦、俄罗斯、白俄罗斯、波兰至德国。此外，宝兰高铁、兰新高铁、雅万高铁、中泰铁路、中老铁路将高铁游丝路变得简单易行。黑河界河公路桥、黑河跨境索道以及从新疆喀什到巴基斯坦瓜达尔港全长3 000千米的中巴经济走廊公路建设让自驾游丝路畅通无阻。

在海路上，中国在重点布局国内15个沿海港口建设的同时，也越来越多地在海外参与港口项目。从巴基斯坦瓜达尔港到斯里兰卡汉班托塔港、希腊比雷埃夫斯港，都留下了中国建造的印记。

在空运上，中国加快构建与沿线国家的多维空中走廊。目前中国民航已与62个"一带一路"沿线国家签订了双边航空运输协定，与43个国家实现空中直航，每周共有约4 200个航班，丝路不再是漫漫西路而是朝发夕至。

### （二）环境安全系数增加

据文化和旅游部副部长李金早表示未来中国将重点建设优化"一带一路"国际旅游发展环境。推动旅游保险国际合作，与俄罗斯建立旅游安全合作机制，通过国际再保险方式衔接两国保险体系。加强与泰国、韩国等国合作，开展旅游市场联合监管，共同应对扰乱旅游市场秩序的问题。大力推动跨境旅游合作区和边境旅游试验区设立工作，完成"两区"实地调研和政策梳理，争取早日打通"一带一路"沿边节点。

（三）签证手续更加简化

目前有互免签证国家1个，单方免签国家1个，单方落地签国家22个，团队免签/落地签国家3个，电子签证国家13个，有条件免签国家9个。便利的交通和简化的签证手续使得居民出游真正实现"说走就走"。

## 二、特色旅游顺应旅游需求的变革

中国旅游度假自改革开放以来历经30多年发展之后迎来新的篇章。国人出游方面表现为：全时、多元化、定制化、智能化，4.0时代游客更愿意为高质量、多元化的旅游服务买单。据去哪儿网、携程、蚂蜂窝、驴妈妈等旅游电商根据机票量和度假线路及目的地玩乐售卖量等综合统计，"一带一路"旅游3年间游客出游意愿的热度翻了3倍。不仅旅游数量大规模上涨，旅游产品类型也越来越丰富。商务游、康养游、健康医疗游、宗教朝拜游，逛清真寺、乘热气球、在吉萨高地看日落金字塔、在碎叶城探寻少年李白的足迹都成为中国游客向往的美好体验。入境方面表现为，除了长城、故宫、兵马俑这些传统中国旅游项目外外国游客更愿意深入感受中国文化，探寻真正的中国百姓的生活而不局限于某个景区、某个旅游城市的片面展示。一带一路为这种变化提供了实现的载体。一带一路使国内更多城市释放旅游潜力，分流热门城市的游客量，提高游客旅游体验的舒适度。一带一路使中国以更加开放的姿态投入世界怀抱，伴随特色旅游的深入开展更多中国文化将得以展示，国人当文明旅游充当好民间外交家使中国文化走出去，促进中外文化融合，增加相互理解，提升中国国际形象。

## 三、一带一路沿线特色旅游开发

一带一路特色旅游线路设计。首先，旅游对象要突破传统。具有独特自然地理特征和生态系统都具有发展特色旅游的潜在资源基础，同时，根据基础通过对国内外市场的调研，把资源转化为具体项目和对线路的研究和设计上，包括项目在具体地理与人文环境中的时间或空间内容，对历史、文化、宗教等内容的利用，以及考虑项目的经济效益等。其次，在旅游方式上充分考虑和注意多样性、新奇性。由于特色旅游活动涉及诸因素，因此在推出项目和设计线路时，要动员学术界人士参与论证。同时，一个项目或线路在实施过程中，应随着市场反馈不断进行修正和补充。例如，一带一路经过的高山地区、草原地带、湖泊河流、戈壁沙漠、峡谷丛林都是潜在的旅游资源，秦岭、贺兰山、黄河、天山、波罗的海、地中海、南太平洋的自然资源，西域、中亚、北非的人文资源都具有独特的吸引力。但是如何串联使其焕发最大价值仍需要对旅游线路进行充分考察和精心设计。

一带一路特色旅游机制协调。特色旅游业务的开展目前没有大多的实践经验可惜鉴，是以对现存的各种可能性因素的挖掘和组合为基础的，这就决定了开发特色旅游产品的复杂性。经营者在开发特色旅游产品的过程中要直接面对各种各样的矛盾，需要军事、交通、海关、外交、宗教、文化甚至一些特定自然人等等的支持和帮助。怎样才能用制度或政策为经营者打开方便之门，并规范各方面的行为，形成规范性的运作机制,减少不必要的消耗和障碍,这单靠经营者的自发性行为是不够的,旅游行政主管部门如果能考虑建立一个协调机构,加以指导或帮助解决矛盾和困难,必然会增强经营者对开发特色旅游的信心。

一带一路特色旅游人才专业化。从事特色旅游作业的人员素质直接关系到接待质量,而接待质量不仅关系到能否获得完善的经营效益,而且关系到特色旅游产品的寿命。特色旅游接待不同于常规旅游接待就表现在难度更大、要求更高、操作规律和方式更具有专门性,这就需要经营者的产品开发部门与接待部门密切配合,形成相对稳定的接待班子。从事特色旅游的相关人员如外联、计调、导游、司机等,都必须具备丰富的特色旅游的相关知识、经验和技能。从事该项业务的旅行社,应培养和拥有一支自然、历史知识丰富,能吃苦耐劳,国家安全意识强,熟悉民俗民风,能严格执行民族政策,有志于特色旅游的专业队伍。

特色旅游的发展在全世界以及我国尚属初创时期,其发展呈现出蓬勃的生命力。确立特色旅游在旅游业中的地位,对开发我国极其丰富的特色旅游资源,开拓旅游市场,招徕更多的海内外旅游者,推动我国旅游事业向纵深发展具有不可估量的作用。发展特色旅游要在各方面近一步完善旅游要素,实行签证改革,通过区域免签和区域联动机制建设提升外国游客出入境的便利程度;提升旅游从业者职业素质,实现政府职能部门对旅游业的协同管理;发挥旅游行业组织和企业力量宣传当地旅游资源,深入挖掘区域资源特色;培养国际化旅游人才,减少语言、文化差异导致的障碍;以综合能力促入境旅游发展,以入境旅游发展促综合能力提升。

## 四、旅游线路设计案例

兰州+西宁+青海湖+祁连+张掖+嘉峪关+敦煌+吐鲁番市+天山天池+乌鲁木齐9日8晚跟团游

环青海湖　摄天空之境　游河西走廊　历火洲瑶池　甘青新西北丝路连线

推荐理由:

★ 丝路行摄,青海湖环湖,翻祁连,敦煌、吐鲁番、天池全景游览不留遗憾

★ 西北优质导游精心服务,为您保驾护航,解读丝路历史,风土人情

★ 采用休闲摄影经典自助游方式:充足时间,边行边摄,全程纯玩出游

行程安排:

### D1 各地—兰州

自由活动:乘班机抵达兰州,将有司机接您到兰州市区酒店。

抵达兰州市区,办理入住酒店,到达后自由活动。您可以选择去看看咱们的母亲河,浏览黄河第一桥,看黄河上古老的灌溉工具——大水车,以及具代表性的雕塑——黄河母亲像,或其他一些您感兴趣的市内景点,当然推荐去尝尝大名鼎鼎的兰州拉面和穆斯林小吃。

市区亮点:黄河风情线、黄河母亲像、中山铁桥、水车博览园等

地方美食:百年马子禄、金鼎牛肉面、"风云"炸酱面

特色小吃:灰豆子、甜胚子、酿皮子、晶糕、各式烤肉等

友情提示:旺季游客较多,行车时间稍长,会有堵车和早出晚归等现象,还请大家

多多包涵!

温馨提示：我们会提前1天将出团通知信息（领队、兰州酒店等信息）发送到您手机上，请您注意查看，谢谢!

晚餐：自理；全天餐饮敬请自理

前往酒店：速8酒店（兰州红星巷店）或兰州海悦商务酒店或兰州醉仙楼精品酒店或兰州宾如归快捷酒店（原建贸宾馆）或兰州格林豪泰（雁滩高新区南河路店）或速8酒店（兰州火车站铁路局店）。

**D2 兰州_ 西宁_ 青海湖_ 金银滩草原_ 西海镇**

7：00 早餐：酒店用餐

8：00 交通：早餐后出发，经兰西高速到达西宁用午餐。

行驶：约220千米/约3小时30分钟

12：00 午餐：敬请自理

12：30 交通：午餐后驱车赶往青海湖的核心景区二郎剑游览参观，青海湖是中国最大的内陆咸水湖泊，被中国国家地理评为"中国十大美丽湖泊"之首。

行驶：约150千米/约2小时

14：30 前往景点：青海湖二郎剑景区 4.2/5分

青海湖二郎剑景区位于青海湖南侧，也是青海湖的主景区。这一片景区是将青海湖南侧的一块区域圈起来建设而成的，里面建有购物中心、餐厅、宾馆等，全都是别具特色的藏式建筑。建筑周围还有藏传佛教的经幡、雕塑等造型。另外还设置了快艇、沙地摩托、赛马场等娱乐项目供游客娱乐游玩。活动时间：约3小时

17：30 交通：之后乘车前往海西金银滩草原，您可以在外面拍照，如果要踏进草地，会有藏民找您收费15元/人左右，敬请自理。行驶：约70千米/约1小时

19：00 前往景点：金银滩草原 4.3/5分

金银滩草原位于青海海北藏族自治州海晏县境内，分为金滩和银滩，平均海拔3 200米。麻皮河和哈利津河贯穿草原，北岸草滩上盛开着一种叫金露梅的金黄芳香的小花，故称金滩；南岸草滩上则是洁白如银的银露梅的天下，谓之银滩。金银滩草原由此得名。

金银滩草原：1940年春，王洛宾随电影导演郑君里在这里拍摄【民族万岁】时，创作了不朽之作《在那遥远的地方》，这首歌曲让中国人如痴如醉，也让西部民歌走向了世界。世界歌唱家罗伯逊，将这首歌曲作为自己的保留曲目，唱遍了世界各地。享誉全球的巴黎音乐学院将这首歌编入了该院的音乐教材。在金银滩草原上大家还可以自费参加骑马，感受一下骑着高大的骏马在草原上飞奔的感觉。活动时间：约30分钟

19：45 交通：游玩后驱车前往西海镇，入住酒店休息。西海镇海拔3 200米，请注意提前预防高反。行驶：约5千米/约15分钟

20：00 前往酒店：海晏海晏金昊假日宾馆 或 海北凯旋假日大酒店 或 海晏福星圆商务宾馆 或 海晏隆瑞大酒店或西海华兴酒店

20：15 晚餐：敬请自理

### D3 西海镇— 茶卡盐湖— 刚察

7：30 早餐：酒店用餐

8：00 交通：早餐后沿青藏线一路向西。青海湖草原上蔚蓝的天空、与水天相映的湖水一直在公路旁不断的延伸，再加上成群的牛羊就在我们的眼前，这种景色只有此处才有，沿途有好的风景在保证安全的前提下可以短暂的停车拍照。经过广袤的大草原后，前往茶卡盐湖景区参观。茶卡盐湖是柴达木盆地有名的天然结晶盐湖，中国的"天空之镜"，被称作"青海四大景"，同时还被国家旅游地理杂志评为"人一生必去的55个地方"之一。驶：约215千米/约3小时30分钟

11：30 午餐：敬请自理

12：00 前往景点：茶卡盐湖4.4/5分

茶卡盐湖位于青海省海西蒙古族藏族自治州乌兰县茶卡镇附近。茶卡盐湖也称茶卡，藏语意为：盐池。自古就以盛产"大青盐"而著称，是柴达木盆地四大盐湖中较小的一个。茶卡盐湖是柴达木盆地有名的天然结晶盐湖，中国的"天空之镜"。景区里有众多的盐雕可以观赏，还可以乘坐小火车，到盐湖的深处观光。游客可以赤脚走到湖面上观看和拍摄自己的倒影，如果足够幸运，白天可以看到在这些河面上形成的海市蜃楼。

活动时间：约3小时

15：30 交通：适时出发，驱车经黑马河，沿青海湖边走边玩，前往刚察县入住酒店（车程约3小时）。行驶：约185千米/约3小时

19：30 前往酒店：刚察祥和宾馆 或 刚察怡和商务大酒店 或 刚察祥和品质酒店

19：45 晚餐：敬请自理

### D4 刚察— 祁连山脉— 七彩丹霞景区— 张掖

7：30 早餐：酒店用餐

8：00 交通：早餐后乘车经辽阔的金银滩大草原，过祁连、张掖前往参观张掖七彩丹霞景区（车程约7小时）。在每年7月中旬至8月上旬，连天漫地的油菜花铺满了百里长川通向天际，宛如金色的海洋，与祁连山雪峰遥相辉映，极为壮观；7—8月开花季节，视情况稍作停留约30分钟。行驶：约430千米/约7小时

12：30 午餐：敬请自理

16：00 前往景点：张掖丹霞国家地质公园4.7/5分

张掖丹霞地貌奇观形成于600万年前，位于张掖市临泽、肃南县境内。张掖丹霞主要由红色砾石、砂岩和泥岩组成，游客在景区内能看到数以千计的悬崖、山峦呈现出鲜艳的丹红色和红褐色，特别是在阳光的照耀下，各处造型奇特的山地丘陵色彩斑斓、气势磅礴。张掖丹霞景区还是张艺谋的电影《三枪拍案惊奇》、知名电视剧《神探狄仁杰》的外景地。被《中国地理学》杂志评为中国美丽的七大丹霞地貌之一，彩色丘陵色彩之缤纷、面积之大、造型之奇特冠绝全国的【张掖彩色丹霞地貌】。张掖丹霞地貌以层理交错、岩壁陡峭、气势磅礴、造型奇特、色彩斑斓而称奇，观赏性之强、面积之大响誉全国，具有很高的科考和旅游观赏价值。

温馨提醒：如果是艳阳天气，请大家准备好足够的饮用水，以及遮阳帽，景区内没有可供纳凉的地方。同时，请保护好你的相机镜头，不要被风沙吹坏了。

活动时间：约 2 小时 30 分钟

18：30 交通：景区出来返回张掖入住酒店，晚餐自理。行驶：约 40 千米/约 1 小时

19：30 前往酒店：张掖瑞安精品商务酒店（1 号楼）或 张掖瑞安精品商务酒店（2 号楼）或 张掖嘉泰宾馆 或 张掖金融大酒店 或 张掖金安宾馆 或 格林豪泰酒店张掖甘州区火车站店

19：45 晚餐：敬请自理

**D5 张掖_ 嘉峪关关城_ 敦煌**

7：30 早餐：酒店用餐

8：00 交通：早餐后驱车前往嘉峪关关城（门票 120 元，自愿参观，敬请自理），嘉峪关位于河西走廊的西端，是明长城西端的第一重关，也是古代"丝绸之路"的交通要冲。行驶：约 225 千米/约 2 小时 30 分钟

10：30 前往景点：嘉峪关关城 4.4/5 分

嘉峪关是明代万里长城的西端起点，是明代长城沿线建造规模壮观，保存程度好的一座古代军事城堡，是明朝及其后期各代，长城沿线的重要军事要塞，素有"中外钜防"之称。自费项目：120 元/人，嘉峪关是明代万里长城西端主宰，自古为河西第一隘口，是明代长城沿线九镇所辖千余个关隘中极雄险的一座，至今保存完整。活动时间：约 3 小时

12：30 午餐：敬请自理

14：00 交通：出发前往敦煌行驶：约 375 千米/约 4 小时

18：00 自由活动：抵达敦煌，入住酒店。晚餐自理。

饭后自由活动，可去敦煌的沙洲夜市去逛一逛，吃吃当地小吃或者淘一淘特色小商品。

18：00 前往酒店：敦煌天河湾大酒店 或 敦煌宏鑫商务酒店 或 敦煌莫高宾馆 或 敦煌祥云宾馆 或 敦煌天鸿宾馆 或 敦煌阳关恒业大酒店（原阳关恒业商务酒店）或 途窝假日酒店（敦煌党河店）(原盛世大酒店) 或 敦煌嘉锦大酒店 或 敦煌敦悦大酒店

18：30 晚餐：敬请自理

**D6 敦煌_ 鸣沙山—下午自由活动（可跟车前往玉门关和阳关）**

7：00 早餐：酒店用餐。

7：30 交通：早餐后乘车前往参观"沙漠奇观"——【鸣沙山月牙泉】（参观时间约 4 小时）。行驶：约 3 千米/约 20 分钟。

8：00 前往景点：鸣沙山月牙泉 4.7/5 分。

鸣沙山月牙泉位于敦煌市区以南，这里沙滩与泉水共存，是敦煌的名片之一。建议在下午的时候游览景区，这样既可以避开中午沙漠中的酷热，还能在夕阳西下时，爬到山顶欣赏沙海和山下的月牙泉。景区提供多种游乐项目，其中包括骑骆驼、滑沙、沙漠摩托车、射箭、直升飞机游览等。因沙动有声而得名。古称"沙角山""神沙山"。整个山体由红、黄、绿、黑、白米粒状沙粒堆积而成。五色沙粒细软滑圆，经宿风吹，辄复如旧。山形美观，峰如刀刃。遇摩擦振动，便会殷殷发声，轻若丝竹，重如雷鸣。自古历来水火不能相容，沙漠清泉难以共存，但在鸣沙山中，却能看到沙漠与清泉相伴为

邻的奇景。充满了色彩和生机，宛如大漠羌笛声中的一段江南牧笛声，婉转清扬，欢快灵动。进入景区大家首先可以选择租借景区准备的鞋套，防止沙子进到鞋里面（15元/套）。景区门口可以选择乘电瓶车直接到月牙泉，20元/人往返。也可以选择骑骆驼先到鸣沙山主峰，之后返程回到月牙泉。活动时间：约4小时。

12：00 自由活动：中午返回酒店，自行用中餐；下午自由活动，您可以好好休息或者逛逛敦煌市集，给亲戚朋友买点小礼物。

12：30 午餐：敬请自理。

13：30 交通：如果大家精力还比较充沛，或者对敦煌西线景点感兴趣，我们的旅游车可以免费送大家前往玉门关或阳关游玩（门票玉门关40元/人，阳关60元/人，敬请自理）。行驶：约80千米/约1小时30分钟。

15：30 前往景点：玉门关 4.1/5 分。

玉门关建于东汉年间，又称小方盘城，为丝绸之路通往西域北道的咽喉要隘。因为和田美玉自古从这里输入中原，所以被人称为玉门关。随着千百年来岁月的侵蚀，玉门关早已损失了当年的样貌。现在的玉门关看似一个夯土堆的遗迹，呈方形，由四面土墙壁组成，在土墙的西北两面各开一门。虽已没有了当年的壮观，但进入茫茫戈壁之上挺立的小城，可以在废墟中想象当年的盛景，感叹历史和时光的沧桑变化。

前往景点：阳关遗址 4.3/5 分

阳关遗址又称阳关博物馆，位于敦煌市西侧，始建于西汉武帝时期，是丝绸之路南道的重要关隘，因在玉门关之南而得名。景区内修建了一些仿汉代的城楼建筑，还设置了多个展厅，展示了古丝绸之路上的众多文物。来此可以参观文物和建筑，逛逛民居一条街。

自费项目：门票玉门关40元/人，阳关60元/人，敬请自理，玉门关关城全用黄土夯筑而成。离开玉门关，沿古疏勒河谷西行。无边的荒漠中，偶尔有沼泽和草甸，车继续西行，疏勒河谷沼泽逐渐干涸，草甸渐渐消失，河谷被戈壁沙漠所湮没。阳关：古代陆路对外交通咽喉之地，是丝绸之路南路必经的关隘。

活动时间：约3小时

19：00 交通：参观后适时乘车回到敦煌市区。行驶：约70千米/约1小时。

20：00 前往酒店：敦煌天河湾大酒店 或 敦煌宏鑫商务酒店 或 敦煌锦绣大地生态园自驾车营地 或 敦煌祥云宾馆 或 敦煌西部大酒店 或 敦煌阳关恒业大酒店（原阳关恒业商务酒店）或 敦煌敦悦大酒店 或 途窝假日酒店（敦煌党河店）（原盛世大酒店）或 敦煌嘉锦大酒店。

20：15 晚餐：敬请自理。

**D7 敦煌_ 莫高窟_ 柳园_ 吐鲁番（动车）**

7：30 早餐：酒店用餐

8：00 交通：根据莫高窟预约时间驱车前往莫高窟景区（车程约0.5小时）。

特别提示：因莫高窟门票实行实名制预约参观，同时限制人数，旺季增加应急窟参观，旺季为了顺利参观到莫高窟，我们可能会调整敦煌段各个景点的参观顺序，行程总体上不会有什么影响，敬请大家理解！行驶：约10千米/约30分钟。

8：00 交通：抵达莫高窟景区参观（参观时间约2.5小时）。

俗称千佛洞，被誉为20世纪极有价值的文化发现。当你跟随景区讲解员参观每个洞窟历史、雕塑、壁画时不禁会感慨万千，为什么那些僧人会历经十个朝代执着的在这片荒漠开凿洞窟，研修佛学。莫高窟被评价为：规模宏大、内容极丰富的画廊，它是世界现存佛教艺术极伟大的宝库。

莫高窟参观须知：

①这座闻名遐迩的世界文化遗产，面对游客的蜂拥而至，已经不堪重负。为减少游客参观给洞窟带来的潜在影响，保护珍贵而又脆弱的壁画彩塑，2016年莫高窟景区实行预约实名制购票参观，预约时间须提前1个月；

②莫高窟每日接待人数受敦煌研究院严格控制，每天限流6 000人，所以团队参观时必须严格按照莫高窟预约场次进行，因此景点顺序会根据莫高窟时间进行调整，敬请配合！

A. 常规预约参观流程：莫高窟停车场—数字展示中心观影—换乘摆渡车赴窟区（约8个实体洞窟）—九层楼拍照留念—换乘摆渡车—返回停车场。

B. 应急通道参观流程：莫高窟停车场—换乘摆渡车赴窟区（4个实体洞窟）—院史陈列馆（常书鸿故居）—九层楼留影—文物保护陈列中心（1∶1临摹洞窟）—换乘摆渡车—停车场。

（应急预案不含数字中心，我司会安排导游现退门票差价100元/人）

温馨提示：由于莫高窟的的预约规则，我们根据莫高窟门票的预约时间来调整敦煌段的参观时间。第5、第6天行程可能调整：D5：莫高窟—玉门关、阳关，D6：鸣沙山—敦煌。今天除参观莫高窟的时间外，均为自由活动时间。自由活动期间请注意安全！

8：30前往景点：莫高窟 4.6/5分

莫高窟也称千佛洞，位于敦煌市区的东南侧。莫高窟景区由莫高窟数字展示中心和莫高窟石窟两部分组成，其中莫高窟数字展示中心会放映关于莫高窟的短片。石窟开凿历经了千年，拥有大量的壁画、石窟、文物等，是世界闻名的佛教艺术胜地。高窟的艺术特点主要表现在建筑、塑像和敦煌壁画三者的巧妙结合上，将多个朝代的艺术风格表现得生动和谐。

活动时间：约2小时30分钟

12：00 午餐：敬请自理

13：00 交通：收拾行李前往柳园火车站。行驶：约130千米/约1小时30分钟

15：00 交通：乘坐动车前往吐鲁番，抵达吐鲁番，司机接到酒店入住！行驶：约650千米/约3小时30分钟

20：00 晚餐：敬请自理

22：00 前往酒店：吐鲁番锦绣金华酒店 或 吐鲁番丽阳大酒店 或 锦江之星风尚（吐鲁番青年路店）或 吐鲁番金新宾馆 或 速8酒店吐鲁番文化西路店 或 吐鲁番闽台假日酒店。

**D8 吐鲁番_ 葡萄沟_ 天山天池_ 乌鲁木齐**

9：00 早餐：酒店用餐

9：30 自由活动：早餐后可前往吐鲁番的葡萄沟游玩（门票75元/人，敬请自理，

因葡萄沟葡萄每年7月底至9月成熟，这个景点根据自己喜好自费参观）。葡萄沟是一处幽静的避暑、观光、旅游胜地，每年都有几十万游客来这里观光旅游。行驶距离：约30千米；游览时间：约30分钟

  9：45 前往景点：葡萄沟 4.1/5 分

  葡萄是新疆吐鲁番的特产，而位于火焰山西端的葡萄沟则是非常著名的葡萄产地，沟中郁郁葱葱，栽种了无核白、马奶子、白加干、红玫瑰、索索等近百种葡萄，形成了一所天然的葡萄博物馆。自费项目：门票75元/人，敬请自理，活动时间：约1小时30分钟

  11：20 午餐：敬请自理

  11：45 交通：适时集合，驱车赶往天山天池景区（门票已含，观光车90元/人，敬请自理），在途中还可拍摄东天山的【博格达雪峰】。

  行驶：约260千米/约3小时30分钟

  15：00 前往景点：天山天池 4.5/5 分

  天池的海拔是1 928米，南北长3.5千米。天池景区的景观资源是欧亚大陆腹地干旱区自然景观的代表，风景区内自然风光和生态环境地域突变强烈，在短短80千米的直线距离内，囊括了高山冰川、湿地草甸、森林峡谷、湖泊山岳和戈壁沙滩等自然景观，形成完整的植物垂直景观带谱，为国内外罕见。以远古瑶池神话及宗教和民族风情为文化内涵的人文景观，其独特的神采，是景区珍贵的文化遗存。天池景区是联合国教科文组织批准的"博格达峰人与生物圈"国际保护区。活动时间：约3小时30分钟

  18：30 交通：天池出来后，乘车前往乌鲁木齐入住酒店。今天的行程偏紧，可提前备些零食，敬请理解！行驶：约70千米/约1小时

  20：00 前往酒店：乌鲁木齐格林豪泰（新华南路商务酒店）或 Zsmart 智尚酒店（乌鲁木齐人民广场店）或 乌鲁木齐益都大饭店 或 乌鲁木齐城市朗辰大酒店 或 全季酒店（乌鲁木齐友好店）

  20：15 晚餐：敬请自理。

**D9 乌鲁木齐—各地**

  9：00 早餐：酒店用餐；正餐敬请自理

  今天是解散日，自由安排您在乌鲁木齐的悠闲时光，请提前到达乌鲁木齐地窝堡机场办理值机，司机将会送您前往机场，乘班机返回，结束愉快的丝路之旅！

  线路点评：

  1. 西北丝路不走回头路，精华景点串联一气，串联甘青新三省精华，景点一个不落，省时省心！

  2. 行程贯穿了河西走廊+丝绸之路，以景观文化多样性著称，集雪山、草原、湖泊、丹霞、雅丹等多种自然与人文景观！

  3. 沿途边走边玩边摄，环保互助，深度纯玩，全程无购物，明星导游带队！

  4. 倡导负责任的旅行，结合了休闲户外、摄影采风等深度游方式，老少皆宜！

  5. 经验驾导，十数年旅游操作成熟理念，贴心30W保额意外险，为您的旅程保驾

护航!

资料来源：整理自博雅方略特别策划、携程旅行网

**实务操作**：从下列项目中选择一个项目进行实务操作

项目1：结合所学知识，设计一条丝绸之路主题旅游线路。

项目2：根据秦皇岛现有旅游资源，对秦皇岛旅游宣传口号进行分析评价，并进行创新性设计。

项目3：综合本学期所学知识，设计一条世界遗产主题旅游线路。

# 第六章 旅游线路设计中要素设计

## 学习目标

本章主要讲述旅游线路设计中对食、宿、行、游、购、娱等方面的选择，重点介绍了旅游线路设计与这些产业的关系以及在旅游线路设计中如何选择这些产业。通过本章学习：

◆ 掌握旅游线路中旅游餐饮选择的原则和依据
◆ 了解旅游饭店的含义以及饭店的类型、选址
◆ 熟知旅游交通选择的影响因素及旅游线路对交通的要求
◆ 理解旅游线路设计与旅游相关产业的关系
◆ 掌握旅游线路设计中对旅游相关产业选择的原则
◆ 掌握旅游线路设计中对旅游相关产业选择的内容

## 第一节 旅游线路中的餐饮设计

### 一、旅游餐饮与旅游线路之间的关系

旅游餐饮是指在旅游活动中主要满足旅游者需求的餐饮服务。旅游不仅是精神享受，也是物质享受。在旅游构成的六大要素中，"食"是旅游者最基本的需求之一。旅游餐饮伴随着旅游活动出现，是餐饮业与旅游业相结合的产物。据相关统计资料显示，餐饮的费用占旅游支出的 18%～20%。一个旅游线路产品能否有很高的市场占有率，能否为旅游经营者带来可观的经济收入，餐饮是一个关键问题。随着餐饮业的发展并日趋成熟，近年来，我国餐饮业每年平均以 30% 左右的速度递增，市场竞争愈演愈烈，国内餐饮业即将进入"微利时代"。因此，旅游地餐饮与旅游结合具有重大的现实意义。旅游餐饮在旅游线路中发挥着重要的作用。

**（一）旅游餐饮是旅游线路设计中的基础环节**

旅游餐饮是旅游活动的物质基础，是旅游线路设计中不可缺少的基础环节，对旅游线路的设计和开发有着重要影响。一方面，餐饮是保持人们体力，保障旅游活动顺利开展的前提条件，人们只有在体力充沛的前提下，旅游活动才能顺利开展；另一方面，品尝到可口的美食有利于人们带着愉悦的心情进行旅游活动。尤其在以品味美食为主的旅游线路设计中，旅游餐饮的作用尤为重要，只有把旅游餐饮设计好，才能使旅游者

满意。

### (二) 旅游餐饮对旅游线路的选择影响很大

目前在很多的旅游线路开发中，旅游餐饮已经不只是一种餐饮，一种美食，更是一种饮食文化，一种民族风情，品尝各地的特色食物和风味小吃已经成为旅游观光之余吸引旅游者的重要因素。旅游餐饮对旅游者选择旅游线路有很大的影响。富有地方特色的旅游餐饮体现出来的饮食文化，不仅丰富了游客的旅游体验，增加了游客的游览质量，更为旅游线路增加了亮点，丰富了旅游线路的内容，提升了旅游线路的知名度。

### (三) 旅游餐饮是旅游线路的重要组成部分

旅游餐饮不仅可以满足旅游者在饮食方面的基本生理需求，更重要的是，可以成为旅游者旅游经历的组成部分，满足旅游者的好奇心和求异心理。以民族、民俗、土特产、农家化、原生态为特点的特色餐饮，带有较深的地方烙印，一般成本较低，但附加值高，并可与购物等联动，有着巨大的市场，如篝火晚餐、滨海大排档、野外烧烤、民族家庭餐等。在设计旅游线路时，应遵循经济实惠、环境幽雅、交通便利、物美价廉、有特色等原则合理安排旅游餐饮，注意安排体现地方和民族特色的风味餐。

## 二、旅游线路中的旅游餐饮选择

在进行旅游线路的设计中，如何选择旅游餐饮，对旅游活动有很大的影响，在进行旅游餐饮选择的时候要以客人为重点，体现市场营销目标。要遵循以下原则。

### 1. 体现旅游线路的特色

旅游线路设计中的餐饮选择要以反映本旅游线路的特色为基础，能够更好地为旅游线路服务。比如一条以农家乐为主的旅游线路的餐饮选择，最好是以体现与农相适应的特点，以本地的土特产和具有本地特色的餐饮为主。又比如，到西安的旅游线路，它的餐饮选择又要顾及西安丰富的小吃文化。

### 2. 旅游餐饮的选择要适当，符合旅游者的需求

在进行旅游线路设计的时候，餐饮选择要符合消费者的需求。一方面，要符合消费者的消费水平，针对消费者的消费水平提供相应档次的餐饮。不能盲目地选择餐饮，以免影响整条线路的销售。另一方面，在进行餐饮选择的时候，要根据消费者的要求选择餐饮。特别是以体验美食为目的的旅游活动，餐饮的选择一定要以消费者进行磋商，满足消费者的需求。

### 3. 要符合旅游经营者的利益

旅游线路设计中的餐饮选择要符合旅游经营者的利益，不管如何选择餐饮，旅游经营商都必须要从中获得一定的利益，这样才能补偿旅游经营商的劳动耗费。

### 4. 选择时要注意灵活的原则

一条旅游线路确定后，餐饮选择并不是一成不变的，要根据具体的情况加以区分。有时候消费者要求改变，可以在适当的情况下予以满足；有时候由于一些突发情况比如食物不卫生、旅游线路的变更等，餐饮选择也要发生改变。

## 三、旅游餐饮选择的依据

旅游餐饮的选择是一项复杂细致的工作，其主要依据有：

#### 1. 目标市场的旅游者需求

在进行餐饮选择的时候，必须以旅游者的需求为首要依据。要选择好旅游餐饮，必须要对旅游者有一定的了解，了解他们的所属阶层、旅游目的、消费水平、职业特点、年龄结构、风俗习惯、饮食嗜好等特点及他们对餐饮环境、菜肴品种、产品价格的具体要求。只有对目标市场的旅游者进行深入细致的调查，才能正确选择好旅游餐饮。一般而言，目标市场旅游者的需求主要表现在以下七个方面：一是客源档次。档次越高对餐饮的要求越高。二是旅游者组织形式。散客、团体对餐饮的要求也不一样，一般团体要求的是量，而散客要求的是质。三是旅游的目的。是以品味美食为主还是以其他方面为主，对餐饮的要求也不一样。四是年龄。一般年轻人喜欢高热量食品，老年旅游者喜欢清淡的食物。五是宗教信仰。不同的宗教对不同的食物和加工制作方法有不同的要求和禁忌。六是旅游者的饮食习惯。七是支付能力。

#### 2. 旅游目的地餐饮的状况

旅游线路中餐饮的选择还要符合旅游地的状况。一是要符合当地的条件。比如在新疆旅游时，不应该要求有新鲜的海产等。二是要符合当地的风俗民情。选择饮食的时候不能与当地的习俗相悖，容易产生纠纷，比如在回族旅游地吃猪肉，在蒙古族聚居地杀狗、吃狗肉等，都有可能与当地百姓产生冲突。所以在进行旅游线路的设计的时候一定要考虑到当地的实情，跟顾客进行磋商，使顾客了解情况，以免产生不必要的麻烦。

#### 3. 不同选择的盈利能力

旅游线路设计中对餐饮的选择最终目的是为了更好地销售旅游线路，扩大旅游企业的利润。各种选择的盈利是不一样的，这就要求在满足旅游者的基础上企业还要选择一条最能盈利的旅游线路。

# 第二节　旅游线路设计中的住宿设计

旅游住宿是指为旅游者提供住宿、餐饮及多种综合服务的行业，是组成旅游业的基础行业，亦称旅馆业。在旅游业的"食、宿、行、游、购、娱"六大要素中，旅游住宿是一个十分重要的环节，与旅行社、旅游交通并称为旅游业的三大支柱。

在我国，旅游住宿企业主要是指星级饭店、涉外饭店、旅馆、青年旅馆、汽车旅馆、野营帐篷和民宿等各种档次和类型的经营接待旅客并为旅客提供住宿、饮食的场所。专供出租给公司办公的写字楼、公寓楼和一些机构所建的培训中心，也属于商业性质的旅游住宿设施。它们的共同点是必须具备能为旅游者提供住宿这一最基本功能。否则，就不能称其为旅游住宿服务部门。

## 一、旅游饭店的类型与选址

### （一）旅游饭店的概念

饭店业（Lodging Industry）是接待业（Hospitality）的一个重要组成部分，饭店是一种集中提供住宿和餐饮、娱乐服务并且表现为具有综合接待功能的服务企业，外出旅行者是饭店最重要的客源组成。旅游饭店是指能够以夜为时间单位向旅游客人提供配有餐饮及相关服务的住宿设施，按不同习惯它也被称为宾馆、酒店、旅馆、度假村、俱乐部、大厦、中心等。是以旅游接待设施为依托通过向旅游者及所在社区提供住宿、餐饮、娱乐等综合服务来实现经济效益和社会效益的企业。目前，在我国的饭店业统计中，一般将由国家旅游局授权挂牌的星级饭店，统称为旅游饭店，其他相对价格比较低廉的住宿业，通常被称为社会旅馆。

（二）旅游饭店的类型

饭店分类主要有两大目的：第一，有利于饭店自身的市场营销，能使饭店明确所处的市场和推销对象，从而有效地制订营销计划，更集中地使用广告宣传费用。同时，也能使消费者在选择饭店时有明确的目标；第二，便于比较，一家饭店经营效果的好坏，只有与同一类型的饭店相比才更有意义。饭店业发达的国家，通常会有专业的饭店会计事务所根据规模大小、地理位置、设备设施水平、服务质量、饭店经营情况等对饭店进行分类，并公布有关数据，以对饭店的经营管理起指导作用。

**1. 根据饭店的作用及构造特征分类**

（1）商务型饭店

商务型饭店是指为那些从事商务活动的消费者提供住宿、膳食和商务活动的饭店。此类饭店多位于城市中心，交通便利，内外装修富丽堂皇，设备高档，设施齐全，特别是从事商务活动所需的设备齐备。

（2）长住型饭店

长住型饭店供消费者长期或半永久性居住，因而其主要市场是住宿期较长、在当地短期工作或度假的客人或家庭。此类饭店与宾客通常需要签订一个租约。长住型饭店通常只提供住宿、饮食等基本服务，饭店的组织、设施、管理较其他类型简单。

（3）度假型饭店

度假型饭店以接待游乐、度假的客人为主。多位于交通便利的山区、海滨、温泉、森林、海岛等地。一般都远离喧嚣的大都市，提供各种娱乐活动项目，如骑马、狩猎、垂钓、划船、潜水、冲浪、滑雪、打高尔夫球、打网球等，以阳光、新鲜空气等优美的自然环境来吸引游客。

（4）会议型饭店

会议型饭店的主要接待对象是各种会议团体，通常设在大都市和政治、经济中心，或交通便利的游览胜地。会议型饭店除应具备相应的食宿设施外，还必须配备各种会议设施设备。

（5）汽车饭店

常见于欧美国家的公路干线附近，饭店设有让客人停车的地方，并且免费提供停车服务。早期的此类饭店设施简单，规模较小，许多是只有客房而无餐厅、酒吧，仅以接待驾车旅行者投宿为主。现在的此类饭店不仅在设施方面大有改善，且趋向豪华，多数可提供现代化的综合服务。

**2. 根据饭店的规模分类**

（1）小型饭店

客房总数在 300 间以下的为小型饭店

（2）中型饭店

客房总数在 300~600 间的为中型饭店

（3）大型饭店

客房总数在 600 间以上的为大型饭店

### 3. 根据饭店的建筑投资费用分类

（1）中低档饭店

指每个标准间（建筑面积约 25 平方米）的建筑投资费用在 2 万~4 万美元的饭店（包括建筑材料，室内装饰，各种设备、用具、陈设的费用，建造中所需的各种技术和人员的训练费用等）。

（2）中档或中档偏上等级的饭店

指每个标准间（建筑面积约 36 平方米）的建筑投资费用在 4 万~6 万美元的饭店，客房有较先进的、舒适的卫生间、彩电、音响系统、无线上网服务、中央空调系统、写字台、沙发、壁画等。

（3）豪华级饭店

指每个标准间（建筑面积约 47 平方米）的建筑投资费用在 8 万美元以上的饭店。客房内除了中高档饭店所具有的设施外，还有国际直拨电话、名人字画、豪华卫生间、室内按摩浴池、豪华灯具、"付费点播"电影电视节目等。此外，走廊楼梯、电梯要占客房建筑面积的 25%。

## （三）旅游饭店的选址

### 1. 宏观选址

所谓宏观选址，就是指饭店布局在哪个城市或地区的问题。对于宏观选址应从区域旅游生产力优化布局的高度来认识，并注意以下两个原则性问题。

（1）饭店选址应服从旅游业总体布局原则

我国一些地区存在饭店布局不合理现象，由于饭店过分集中，出现了饭店业竞争激烈、市场混乱、效益低下等问题。因此，饭店建设必须服从区域旅游开发总体布局。同时饭店的设置也要考虑地区饭店行业的发展规划。

（2）饭店选址要与旅游者的空间行为规律相一致

旅游者大尺度的空间行为表现在旅游者总是力图选择有级别较高的旅游点作为旅游目的地，到达目的地后往往只游览附近级别较高的旅游点，即使时间、资金允许一般也不会在住地游览级别低的景点，而是力图转移到其他地方游览更多级别较高的景点。而旅游者中小尺度的空间行为主要表现在旅游者采用节点状路线（指旅游者从居住地到某一旅游地再按原路返回）旅游这一行为特征：①在居住地附近旅游，一般不愿意在外过夜；②在暂住地旅游时，当景点距暂住地的路程在一天以内可以完成时，旅游者也采用节点状旅游线路，只有当一天内完不成游览时，旅游者才会考虑住在景区内或附近。因此，根据旅游者的空间行为规律，饭店选址应注意以下几点。

★不宜在旅游景点级别低的景区或不是旅游中心城市的地方选址

★一日游旅游线路中的旅游中心城市与风景区旅游点之间的小居民点不宜作为饭店选址地点

★一日游旅游线路中的旅游中心城市与风景区之间若出现新的可以留住游客的"中间机会",饭店可以在此选址。所谓的"中间机会"是指新的足以吸引旅游者再次暂住的旅游项目。

2. 微观选址

(1) 考虑旅游者的类型

不同类型的饭店面向的客源层次不同,而不同客源层次的游客在选择饭店时又各有其能够接受的价格水平和相对一致的消费倾向。因此,饭店的选址必须考虑到地价及其对客房价格产生的影响。因此,面向普通观光旅游者的饭店应选址在交通便利的地方,面对休闲度假旅游者的饭店应选址在风景区、度假地附近,面向高消费、购物旅游者的饭店应选址在市中心位置等。

(2) 考虑周围基础设施

考虑饭店周围的市政工程设施,如道路、通信、供电、供水、供热及排水等是否齐备,以及离饭店的距离等。若在市政工程设施总干线附近建饭店,会大大减少基本建设投资,从而为饭店建成后价格的制定和经营创造有利条件。

(3) 考虑旅游发展和竞争的需要

旅游是不断发展的,旅游者的需求也会发生相应变化。因此,从满足旅游者不断发展变化的需求以及旅游企业不断壮大发展和未来市场竞争的角度出发,饭店选址要为以后的发展留下空间和余地。

(4) 服从区域旅游总体规划

饭店选址应服从区域旅游总体规划,对风景区和文物古迹进行保护。例如,饭店选址在风景区周边,要避开旅游者的观景视线,并严格限制建筑高度和建筑风格等,以避免对风景轮廓线的破坏。诸如现代化的高层饭店建在著名的风景观赏点上,使那些专门来寻找自然情趣的游客扫兴而归;或建在著名的古典园林或古建筑旁,高大的饭店塔楼与古塔对峙,喧宾夺主,破坏古园林、古建筑的意境,大大降低景点的观赏价值和线路的体验价值等,这种现象均应杜绝。

## 二、旅游线路设计中的旅游住宿选择

由于消费者的需求不同,旅游线路中的住宿选择也是不一样的。要在一定的原则和标准下进行选择,从而满足每个消费者的需求。

(一) 旅游住宿择地原则

在旅游住宿选择的时候要遵循以下原则。

1. 消费者满意原则

这是最重要的原则,在住宿选择的时候,要以旅游者的需求为前提条件,根据旅游者的消费水平、职业、年龄、性别等特点,选择符合消费者要求的住宿条件。在进行住宿选择时要与团队负责人商议,作出一个令旅游者满意的选择。这样,可以使旅游者感觉自己的利益得到满足,提高旅游者的满意度。

2. 满足旅游线路整体需要原则

在进行旅游线路的设计时,住宿的选择要以整体的旅游线路为主体,不能与旅游线路的整体相悖。旅游活动是以游客为中心的，旅游住宿要与游览的景点具有一致性，不能离景点太远，否则，旅游者就会浪费很多的时间在路上，引起旅游者的不满。

### 3. 灵活多变原则

旅游住宿的选择不是一成不变的，要根据情况的不同来选择住宿条件。一方面，在同一条旅游线路中，根据旅游者的不同的消费水平、性别等特征，选择不同的住宿条件。另一方面，对选定的住宿也要根据情况的改变进行相应的调整。未来的情况是灵活多变的，比如游客对原来的住宿条件不满意或者一些突发情况使得原来的旅游饭店不能入住等，在这些情况下，住宿选择要进行一定的改变。

## （二）旅游住宿选择的内容

不同的旅游者，其消费观念和消费水平是不一样的，反映在旅游住宿的选择上也是如此。尤其是消费能力有限的旅游者，对他们来说，高星级酒店开销太大，低星级酒店又嫌住宿环境不好，最佳的落脚点就是经济型连锁旅店了，而且此类饭店连锁经营，找起来比较方便。旅游者在旅游目的地期间的住宿，可选择的类型主要有不同档次的饭店，民宿（当地的农家/牧家/渔家等），户外野营（帐篷、吊床、树屋、船屋、小木屋）等。旅游者的旅游动机和目的直接影响着对旅游线路类型的选择，而选择同一类型线路的旅游者在对旅游住宿方面的需求上有一些共性，这些共性既为旅游线路设计中的旅游住宿选择提供了重要的依据，也为饭店企业提供了相关开发和经营方面的参考。

### 1. 观光型旅游线路

观光旅游主要指到异国他乡游览自然山水、名胜古迹，领略当地风土人情等目的的旅游，是世界上最古老、最常见、最基本的旅游类型，也是我国旅游接待中最主要的旅游类型，近年来华的海外旅游者约有70%是以观光为目的的。这也从另一方面体现了我国旅游产品的单一性，综合性和专项旅游产品有待进一步开发。

普通观光型旅游者喜欢到知名度高的地方旅游，自然也会选择当地的旅游住宿设施。观光旅游者不断流动，在一个旅游地逗留时间不长，一般在同一饭店住宿的天数不会超过3天，而且重复观光旅游者少。他们在旅游地消费量不大，对旅游饭店的价格比较敏感。

### 2. 商务型旅游线路

商务型旅游也称差旅型旅游，此类旅游者以公务、商务旅行为主要目的，并在完成公务和商务的同时进行观光游览活动，对旅游目的地和出行的时间几乎没有选择余地。他们往往会选择住高档的饭店，且所需费用都由所在单位或公司支付，一般对饭店的价格不大敏感。虽然商务旅游者的人数相对较少，但出行次数较为频繁，消费水平较高，有时会选择同一家饭店，对旅游饭店的忠诚度较高。

商务旅游者的活动安排有较强的计划性，他们既要求饭店的地理位置和交通条件好，国际直拨电话、互联网、传真、会议室、产品展销厅、各类餐厅、宴会厅、商务套房等商务活动所需设备设施先进而齐全，又要求酒吧、桑拿浴室、康乐中心等娱乐健身设施完备，并要求饭店能提供高质量的服务，如为商务旅游者专门开辟楼层，提供快速住离店服务等，比较强调方便和舒适。

随着职业妇女人数的增加，商务旅游者中女性的比例越来越大，相对男性来说，她们更加注重卫生条件和安全状况。

3. 会议型旅游线路

会议型旅游是指会议接待者利用召开会议的机会，组织与会者参加的旅游活动。参加会议的人员比一般旅游者的消费水平高，逗留的时间比一般旅游者也要长得多。会议的计划性较强，大都不受气候和旅游季节的影响，且多选在旅游淡季举行。

接待会议旅游的饭店，必须具备现代化的会议设施，比如先进的通信、视听设备等，接待国际会议的饭店应具备同声传译设备及装置等。饭店的地理位置要优越，交通方便快捷，并配备不同档次的住宿和娱乐设施。承办会议的饭店要有一批熟悉国际会议惯例并善于组织国际会议的专门人才，并能提供高水平的服务。

4. 度假保健型旅游线路

度假保健型旅游主要是指为避寒避暑、寻求幽雅的生活环境、治疗某些慢性疾病而外出的旅游。此类旅游者喜欢去自然环境好、空气质量高的地方，即阳光充足、气候怡人、空气清新、水质好、远离噪声，或有海滨、森林、温泉、湖泊的地方，因而所选择的饭店，大多也是建在上述地区。

此类旅游者在一地逗留时间较长，旅游住宿水平有两个极端：纯粹以度假为目的的旅游住宿水平高；以保健为目地旅游住宿水平较低，因为他们之中有相当数量是经济型旅游者。总体来看，度假保健型旅游者以中高档消费水平的中老年人居多，而且多以家庭为单位出游。因此，要求饭店必须针对老年、家庭型旅游者的特点，营造温馨、和谐的氛围。

5. 娱乐消遣型旅游线路

娱乐消遣型旅游者出游的目的主要是为了改换环境，调剂生活，以娱乐、消遣求得精神松弛和愉快，在娱乐中恢复身心健康。旅游者要求活动的参与性较强，如遇天气变化、不安全因素，或产品质量、价格等出现问题时，会临时改变计划，取消旅游或改去其他饭店住宿，不确定性很大。他们一般住宿时间较长，少则1~2天，多则4~5天或更长；多是自费，因而对旅游住宿的价格比较敏感，要求物有所值。

6. 生态/自助型旅游线路

生态/自助型旅游是国际旅游市场新兴的一种旅游形式，强调观光旅游、自然与文化保护相结合。此类旅游者往往对都市景点不感兴趣，喜爱户外活动，热衷原始自然风光，关心自己的生活环境，生活品位高，求知欲、猎奇性强，往往富有冒险精神。绿色饭店、青年旅舍、乡间民宿等，能很好地满足此类旅游者住宿的需求。

## 第三节　旅游线路中的景区设计

### 一、旅游景区与旅游线路设计的关系

旅游景区的基础是当地旅游资源，一般而言，旅游景区展现了本地的旅游资源的精华。人们之所以去某地旅游，往往是因为旅游资源的吸引，而交通和食宿一般是派生性

需求，所以一般来说旅游景区是旅游活动的中心。在旅游线路设计中，要充分了解旅游景区是旅游活动中心的地位，努力做好旅游景区的选择。旅游景区与旅游线路设计的关系如下。

### （一）旅游景区是旅游线路设计的主体

旅游景区在旅游线路设计中的作用很大。一方面，在进行旅游线路的设计时，首先要考虑旅游景区，一条旅游线路中不能没有旅游景区，旅游景区是旅游线路的先决条件。另一方面，旅游线路的设计离不开旅游景区，一条成功的旅游线路肯定要有具有吸引力的旅游景区，旅游景区的位置、特色等都是旅游线路设计要考虑的问题。

### （二）旅游景区对旅游线路设计有限制作用

旅游景区的基础是旅游资源，这就决定了一个地区的旅游景区有特殊性，这就要求一条旅游线路的选景必须在本地的旅游景区的限制下，而不能脱离本区的旅游景区。比如在陕西旅游线路上，能够选择的是秦始皇兵马俑等景区，不可能设计出海滩景区等。

## 二、旅游线路设计中的旅游景区选择

### （一）旅游景区选择的原则

人们外出旅游，大多希望游览更多的景区，感知更丰富的信息，获得更大的收益，但又不能太过紧张疲劳。因此，应根据旅游者旅游消费效用最大化原则，在旅游线路设计中科学合理地组织旅游景区。总体来看，旅游线路对旅游景区的选择，主要遵循下列原则。

**1. 展现旅游线路上各景区的特色**

一条旅游线路上串联着若干个景区，各个景区尤其是自然风景区因自身的构景特征不同而各有其最佳观赏时间。一般说来，以水景为主的景区宜安排在清晨游览为佳，此时风平浪静，水面如镜，岸边景物，倒映水中，宁静而秀丽。若恰值冬季，清晨的水面还会出现水汽蒸发的现象，薄雾之中，景色缥缈，别具风韵。若是以观赏植物为主的景点，则以下午游览为佳，午后风起，花瓣纷飞，清香飘远。以山体为主的景点，一般则以傍晚游览比较好，黄昏夕阳映照，勾勒出山峰起伏连绵的线形，在山后余晖散射的云天映衬下，更加显现出山体的雄浑气势。当然，至于具体到每个景区在何时游览效果最佳的问题，则需根据具体情况作具体安排。在旅游线路设计时，旅游者对旅游景区的观赏时间，应尽量安排在景区呈现其最佳景色的时候。

**2. 发挥旅游线路上各景区的功能**

一条旅游线路上的若干旅游景区各有其不同的旅游功能，而各旅游景区的旅游功能又有其不同的最佳发挥时间。例如，江河湖海等天然水体浴场的主要旅游功能是让旅游者游泳，而发挥天然浴场游泳功能的最佳时间是在午后水温升高之后，因此，如果旅游线路上有天然浴场之类的景点，在设计线路时，应当尽量将旅游者游览该景点的时间安排在下午。登山攀岩类参与性的活动，由于运动量大，游人自身产热耗能多，这类活动最好安排在上午进行，因为经过一夜的休息，人在上午的体力比较好。此外，上午比较凉爽，如果是在下午，气温升高了，加上大运动量，会使游客感觉太热、不舒服，严重的甚至出现中暑等。

### 3. 节省途中时间，避免走回头路

旅游者的游览活动其实并不仅限于景区中，旅途中沿线的景观也是观赏的对象。在游览过程中，如果出现走回头路，就意味着游客要在同一段游路上重复往返，沿途相同的景观，游人要再看一遍。这种重复，对旅游者来说，是一种时间和金钱的浪费，是旅游者比较排斥的。因此，将旅游景区串联成环行旅游线路，既可满足游人希望尽可能多地感知异国他乡信息的心理需求，又可以节省旅途时间。

### 4. 利于景区内旅游购物活动的实现

购物活动是旅游过程中不可缺少的重要环节，不仅能给旅游地带来丰厚的经济收益，还能让旅游者外出旅游获得心理上全面的满足；而且，当地的旅游纪念品被游人带回其常住地后，又能成为旅游地的"无声的义务宣传员"。所以，设计旅游线路时，对旅游景区的购物活动应予以充分的关注，将旅游商品最丰盛、购物环境最理想的景区，尽量安排在旅游线路串联景点的最后，因为在旅游活动即将结束、准备返家之前，游人的购物欲往往是最强烈的。

### 5. 景区游览节奏应动静结合

游览不同的旅游景区，需要旅游者付出的体力不同。有些景区游客主要通过乘船、坐缆车或坐下来观看表演等方式游览，旅游者本身处于相对静止的状态；而有些景区，游览要完全靠旅游者步行，或参与其中如划船、登山、滑雪、参与民族舞蹈等，在此类景区游览，旅游者自身基本上处于"动"的状态，所需付出的体能消耗较大。因此，在进行旅游线路设计时，应尽量使上述两类景区交错安排，以便旅游者能劳逸结合，获得更好的游览效果。

### 6. 兼顾旅游"冷"点和"热"点

要从全局观念出发，做到以"热"带"冷"，平衡发展。其实，任何一个旅游景区都有一个从"冷"到"热"的发展过程，并具有各自特点和资源优势。因而要调查哪些景区资源是相互补充的，哪些景区资源是相互制约的，以便在设计时充分利用和发挥资源特色，克服制约作用，增强互补作用。某些景区尽管目前还可能处于"温"或"冷"状态，但其资源特点往往与"热"景点互补，也有利于加强主题思想。在旅游线路设计时，要善于识别，大胆创新，不断开拓新景点、新路线，尽快使"冷"点通过各种扶植手段变得"热"起来，使旅游景区发挥出最大的综合效益，进而带动整个区域旅游的平衡发展。

### 7. 景区游览顺序总体上应趋向"越来越好"

一条旅游线路上的各旅游景区，在风格、质量、品位等方面多少都会有一些差别。如果旅游线路设计时把质量、品位高的景区安排在前，相对较差的景区安排在后，那么，游人在游览时，虽然获得的第一印象颇好，但在随后的旅游过程中因前面有高质量的景区做参照，感到后面游览的景区不如最初的景区，就会产生一种得不偿失的"失望感"，进而会否定整条旅游线路。相反，若是将最好的旅游景区放在后面，游客在游览过程中，随着时间、体力和金钱的不断付出，能看到一个比一个更好的景区，自然会认为该线路是一条内容丰富多彩的高质量的旅游线路。

### (二) 旅游景区选择的内容

在旅游线路设计中，要根据市场的调查，选择适合的旅游景区，选择的内容主要有以下几点。

#### 1. 旅游景区类型的选择

旅游景区的类型是旅游线路设计考虑的首要因素，分为很多如游览观光型、增长知识型、医疗疗养型等等。即使是同类型的旅游景区也有很多次级类型，比如观光型旅游景区就有动物观光、植物观光、天气观光、山水观光等很多类型。所以在旅游线路中了解旅游景区的类型是满足消费者需要的首要条件。

#### 2. 旅游景区级别的选择

在旅游线路设计时要考虑到景区级别的选择，也就是对冷、温、热点的选择，在一个旅游区域，一定的时间内，需求度很高的旅游景区不一定足够多，因此，在满意度可以接受的情况下，旅行社可以在旅游线路中安排一些需求度相对低一点的景区，即温点和冷点。它的目的有二，其一是可以依靠冷点地区的低价格来降低成本，其二，可以缩短两个景区之间的交通距离，使旅游线路更加丰富。

#### 3. 旅游景区数量的选择

旅游景区数量合理是旅游线路设计的一个要求，在选择旅游景区数量时，要考虑顾客群的时间，如果过多安排旅游景区，容易使游客产生紧张疲劳的感觉，达不到休息娱乐的目的，而且也难让旅游者深入细致地了解旅游景区。因此在旅游线路设计中对旅游景区数量的选择要考虑到旅游者旅游的时间长度、景点间的距离以及交通状况等因素。

#### 4. 旅游景区的相似性和差异性选择

旅游线路中旅游景区是相似还是有差异，对旅游者的心理有很大影响，能够影响旅游者的满意度，一般而言，旅游景区要具有一定的差异性，才能满足旅游者的各种需求。

#### 5. 旅游景区之间的距离选择

旅游景区之间的距离也是旅游线路设计要考虑的因素，这主要是要求景点之间的距离不要过大，把交通时间控制在整个旅程时间的 1/3 之内。

#### 6. 旅游景区的顺序选择

在旅游景区顺序的选择上，旅游线路要做好安排，可以按照旅游者的心理排序，如按照渐入佳境的顺序，使旅游者心理得到满足；也可以按照时间顺序排序，比如在游览历史遗迹的时候，可以按照历史的发展来选景；也可以按照地点的顺序排列，这种排序可以减少成本和减少时间的浪费。

### (三) 旅游景区选择的目标

一条旅游线路为什么选择这个景区而不选择那个？这是由于旅游活动的目标不同造成的，主要有以下目标。

#### 1. 旅游者目标

旅游者旅游活动的动机都是不一样的，有为了医疗保健的旅游，有游览观光的旅游，有增长知识的旅游，等等。旅游景区选择的时候，要满足不同消费者的目标，选择适合消费者需求的景区。

### 2. 旅游企业目标

旅游线路设计选景就是为了让企业的目标得到实现，企业的目标一般有利润目标、竞争目标和产品目标。旅游线路的选景是根据企业不同的目标而进行的。比如以利润为目标的旅游线路选景要体现成本和利润的关系；以竞争为目标的旅游线路选景要体现出比竞争对手好的特点；以产品为目标的旅游线路的选景要展现出旅游线路的特色，体现其价值。

### 3. 旅游景区目标

旅游线路设计的选景也可以使旅游景区得到宣传，使更多的人了解旅游景区，从而更好地开展本地区的旅游活动，推动整个旅游活动的开展。而且，旅游选景的冷、热点结合还能使一个地区的旅游业得到均衡发展。

## 第四节　旅游线路中的交通设计

旅游交通是指为旅游者由客源地到目的地的往返，以及在旅游目的地各处活动而提供的交通设施和服务的总和。旅游交通是为旅游者提供旅行游览所需交通运输服务而产生的一系列社会经济活动与现象的总称，旅游交通是发展旅游业的先决条件之一，只有发达的旅游交通业才能使旅游者顺利、愉快地完成旅游活动。

### 一、旅游交通与旅游线路的关系

旅游与交通的关系密不可分，一方面，交通为旅游的发展提供了必要条件；另一方面，旅游对交通的发展起到了很大的促进作用。汽车、飞机等现代交通工具的问世，极大地缩短了人们用于空间转移的时间，为远程旅游的发展提供了新的便利条件。第二次世界大战后，国际旅游的迅速发展同民用航空的普及密不可分。可以说，现代旅游之所以会有今天的规模，活动范围扩展到世界各地，一个重要原因就是因为现代交通的发展。而在一些旅游资源相当丰富的地区，交通不畅已成为制约旅游线路乃至地区旅游业发展的"瓶颈"。

我国的旅游交通虽然不是一个完全独立的行业，但在整个国民经济交通运输业中，旅游交通既有其特殊性，又具有相对的独立性。

#### （一）层次性

旅游交通从其运送游客的空间尺度及人们的旅游过程来看，层次分明，可分为三个层次。第一层次是外部交通，指从旅游客源地到旅游目的地所依托的中心城市之间的交通方式和等级，其空间尺度跨国或跨省，交通方式主要是航空、铁路和高速公路；第二层次涉及中小尺度的空间，指从旅游中心城市到旅游景区（点）之间的交通方式和等级，交通方式主要是铁路、公路和水路交通；第三层次是景区（点）的内部交通，主要是徒步或特种旅游交通，如索道、游船、畜力（骑马、骑骆驼）、滑竿等。

#### （二）游览性

游览性是旅游交通区别于普通交通的最明显特征，无论是在交通线路设计，还是在交通设施上都表现出来。第一，从旅游交通线路的设计来看，旅游交通一般只在旅游出发地和目的地之间进行直达运输，或在若干旅游目的地之间进行最小重复的环状运输，使游客在最短时间内到达旅游目的地，且尽量不走回头路，做到"旅短游长""旅速游慢"，使一次旅游能到达尽量多的旅游景点。第二，在旅游交通设施方面，旅游交通工具如随处可见的一些豪华旅游大巴，大多装饰豪华，车窗宽大而明亮，座椅舒适可调节，以便游客在乘坐时观赏沿途风光。第三，旅游交通工具各具特色，如最高时速达430千米的上海磁悬浮列车以及古老的牛车、马车和极具地方风情的竹筏、滑竿等，对旅游者有极大的吸引力。

### （三）舒适性

旅游交通较一般的交通更注重提高人们乘坐的舒适性，特别体现在一些国际的旅游专列和巨型远洋邮船的豪华设施设备上。旅游专列在时间安排、车厢设施、服务质量和项目、乘客定员等方面都优于一般的旅客列车，例如，欧洲的"东方快车"就是比较好的旅游火车，其一等车厢相当于酒店的商务间，里面自带一个小餐厅，有淋浴设施，方便、舒服；二等车厢相当于饭店的标准间，也带有卫生间。

### （四）季节性

旅游活动受季节、天气及人们闲暇时间的影响，表现出很强的季节性，有淡季、旺季之分；反映在旅游交通上也是如此，节假日期间，旅游交通的客运量会急剧增加。我国的旅游旺季一般在春、秋季节，这些时节天气温和，适合外出旅游，旅游交通也因此显得十分繁忙，特别是每年的"黄金周"期间，旅游交通呈现全面紧张的态势。游客人数的变动必然导致旅游交通在旅游旺季运力紧张，旅游淡季运力过剩。为了使游客人数和旅游交通的运力相匹配，旅游交通部门往往利用票价浮动的杠杆来进行调节，如民航部门在旅游淡季对机票进行打折，以免造成运力的浪费；铁路、公路和水运部门有时会在旅游旺季提高票价调节客流等。因此，可以说季节差价是保持旅游交通客运量相对稳定的措施之一。

## 二、旅游交通方式与特点

旅游交通按其路线和运载工具的不同，可分为航空、铁路、公路、水路和特种旅游交通等类型，不同的交通运输方式各有其特点和优势，适用范围也不一样。

### （一）铁路旅游交通

铁路旅游交通是以铁道为交通线、旅客列车为交通工具的现代化交通运输方式。火车是近代旅游发端的主要运输工具，1845年托马斯·库克在英国组织的第一次团体旅游就是火车旅游。铁路交通的优势在于客运量大、费用低、速度快、安全舒适、准时及受季节、气候等自然条件的制约性小等，但也具有工程造价高、修筑工期长、受地区经济和地理条件限制、灵活性差等不足之处。

铁路交通，长期以来在我国国内运输业中一直占据重要地位，在中长距离的旅游交通中发挥着骨干作用。近年来，随着铁路的提速、铁路旅游产品结构的调整以及大众化旅游的发展，铁路旅游交通的市场竞争力明显增强。旅游专列是近年在我国出现的一种新的大众化旅游方式，它是由铁路局（集团）或铁路分局（总公司）与一家或几家旅行社共同策划开发的往返于各大中城市间以及大中城市和著名旅游景区间的旅客列车。

旅游专列有中长途，也有短途，它"有流就开，无流停运"，比一般的旅客列车更具灵活性，而且各旅游景点、城市的到发时刻和停留时间对游客来说都比较方便，服务水平相对较高，例如北京—西安—乌鲁木齐—阿拉山口的"丝绸之路东方快车"、北京—长春—桃山—哈尔滨的"冰雪专列"，广州—深圳—珠海—香港—澳门—桂林—韶山的火车专列，广西—海南—越南的"越南风情"专列等长途专列。旅游者以列车当家，一路乘车一路游，"旅"中有"游"，"旅""游"结合，别有情趣。特别是在节假日到热点风景区旅游，来回车票难买，住宿也难保障，如何使得旅游"省心、省钱、省时间"，跟着假日旅游列车出游，上述问题可迎刃而解。

### (二) 航空旅游交通

航空旅游交通方式在现代旅游业特别是长距离的国际、国内旅游中处于绝对垄断地位。作为一种现代化的交通运输工具，航空旅游交通的优势在于航线直、两地之间线路最短，可以跨越地面上的各种自然障碍，具有快捷、舒适、安全、灵活等优势；飞行班次可根据旅游淡、旺季节的实际需要进行调整，是远距离旅行的理想交通方式。目前世界各国普遍使用的波音、空中客车等公司制造的中远程飞机，时速都在900千米左右，大大缩短了旅途时间，尤其能满足旅游者"惜时如金"的心理需求。例如，北京到广州的铁路里程约为2 300千米，乘坐特快列车需要22小时，乘坐飞机则只需2.5小时。

占民用机总数80%的现代喷气式客机，飞行高度在1万米左右，不受低空气流的影响，飞行平稳，噪声小，机舱内部宽敞，舱内休息、娱乐、通信设施齐全，乘客行动极为方便。随着人们生活水平的不断提高，对旅游舒适程度的要求也日益提高，航空运输正以其特有的优越性越来越受到旅游者的青睐。

但是航空交通也有自身的劣势，如票价高（因飞机造价昂贵，购置费用高，运输能耗大，运量相对小，成本高等），空港占地面积大，用地条件高，飞机起落噪声污染严重，机场要建在远离市中心的地区，航空运输受最小飞行距离的限制（空中直接距离200千米定为开办航线的最小经济半径）和天气条件的限制，只适合远距离、点对点之间运送游客，不适合近距离和面状旅游之用等，因此，它必须和其他交通工具相互配合，取长补短，共同完成旅游交通服务。

随着商务旅游、度假旅游的兴起，对民航提出了更高、更新的要求，旅游包机——对以旅游目的地为终点的游客进行运送作为主要业务，应运而生。很多国家的旅游经营商在组织包价国际旅游时，大都利用旅游包机作为主要旅游交通方式。在欧美一些国家中，规模较大的旅游经营商大都拥有自己的包机公司或者同经营包机业务的航空公司有密切的合作关系。在我国许多景点或城市之间也都有旅游包机服务，由旅行社组织的境内旅游包机更是数不胜数，已成为"黄金周"期间一种不可缺少的主要旅游交通方式。

### (三) 公路旅游交通

公路旅游交通以汽车为主要交通工具，以公路为交通线，以汽车站场为停靠站，主要从事中短途旅游客运，在常规旅游交通方式中使用比重最高。公路旅游交通的优势是方便、灵活、节约时间、便于游览等。汽车能随时停留，车辆种类多，规格全，营运灵活，可以深入到旅游点内部。公路网里程长，密度大，四通八达，在旅游过程中，可以随时安排调整旅游行程的目的地，其通达深度、广度和覆盖面是其他旅游交通方式无法替代的。同时在公路交通的开发中，人们已经开始有意识、有组织地规划设计风景道，逐步将交通、景观、遗产保护和游憩等功能有机结合，强化和突出景观欣赏特征和旅游功能，以增强道路的吸引力。公路旅游交通的不利方面是运载量小、速度不如火车、运费较高、受气候变化影响较大、安全性能相对较差、排出的尾气对大气有污染等，因此，比较适用于短途交通，而且是最普遍、最重要的短途旅游运输方式。

近年来，高速公路发展很快，一般高速公路的设计时速为110千米，平均营运速度为90千米/小时，超过了一般火车的运营速度；高速公路采用全封闭、全立交，驾驶员经过严格训练和考核，为保障旅游者人身安全提供了很好的条件；由于汽车制造技术的提高，旅游汽车外形更加美观，动力、设备和装备也都更先进，内部装饰也更加豪华，除一般空调设备外，安装了航空座椅，还在车厢内装备闭路电视，甚至还有立体声音响、电热炊具、卫生间等设施；同时旅客乘车手续简便、候车时间短，节省了大量的时间，因而公路旅游交通具备了在一定范围内与铁路、民航客运竞争的条件。在一些经济发达国家，汽车已经成为个人或家庭拥有的普通交通工具，旅游者可完全按照自己的需求，自由选择出游时间和游览线路；为促进汽车旅游的发展，汽车旅馆、汽车俱乐部、汽车营地等设施应运而生，极大地激发了家庭旅游活动的开展。

**（四）水路旅游交通**

目前，许多国家水路旅客运输正在不同程度地由单纯客运走向与旅游业相结合，即向旅游船业发展。水路旅游交通包括内河航运、沿海航运和远洋航运，是各种交通运输方式中发展历史最悠久的一种。水路旅游交通具有运载力大（如美国密西西比河相当于11条同样长度铁路的运输能力；大型游轮一次可以运载数百名乃至上千名旅客，远远超过飞机的运载量）、经济、舒适、安全等优点，适宜在旅途中观赏山水风光。但水路旅游交通也有其不利一面，如行驶速度慢，受季节、气候和水情等影响，准时性、连续性和灵活性相对较差，因此，与其他交通运输方式的发展相比，水运受到很大挑战。当然，现代水路交通为了提高速度，使用气垫船，大大提高了竞争力。

现代邮轮被誉为"流动的旅馆"，在很大程度上已超越了传统意义上单一客运功能，发展成为集运输、食宿、游览、娱乐、购物等多功能为一体的豪华旅游项目。一般在邮轮旅行的过程中，白天上岸观光，晚上启航，在游客休息的时间，邮轮就完成了地点的变换，同时航行的过程也是享受邮轮娱乐设施的过程，所以相对其他旅游而言，邮轮的时间成本优势巨大。传统的旅行方式由交通，酒店，地接服务等多种服务内容和单位组合而成，服务品质参差不齐。邮轮是一站式服务，一条邮轮涵盖了整个旅行过程中的方方面面，同时邮轮业界和酒店业一样有完善成熟的星级评定系统，服务品质可控。邮轮一般都有非常丰富的娱乐活动，影剧院、卡拉OK厅、酒吧、商店、游泳池、餐厅、篮球场、阅览室等等娱乐休闲设备齐全。

**（五）特种旅游交通**

特种旅游交通包括索道、缆车、轿子、滑竿、马、牦牛、骆驼、竹筏等交通方式，多用于风景区内，具有浓郁的地方特色。其优点是便于游客通过一些难行路段，有些还带有娱乐、参与、观赏性质，本身就算是一大游览项目，在风景区内的交通中占有一定的地位可以招徕游客，提高旅游价值。不足之处是某些特种旅游交通，如索道、缆车等,有时会造成与景区不协调现象和对景区的破坏现象,使得游程缩短,沿途景点丢失。

总体来看,现代旅游交通是由航空、铁路、公路、水运等交通方式组成,虽然由于各种交通方式发展历程不同,分别有不同的适用范围,在旅游业发展的进程中所占地位和发挥作用不尽相同,但它们是相辅相成、相互补充和相互促进的,游客往往会利用几种运输方式,互相衔接完成旅游活动的全过程。

例如,盛夏季节海滨游中最热的当数山东半岛渤海湾地区,人们的出行方式大多以飞机和汽车为主。随着华东高速公路网的完善,一些有交通工具优势的旅行社采取了走高速,边走边游的方式。旅游者乘坐空调车从上海出发,5个多小时到达海滨城市连云港,游览神州第一坝和苏马湾海滨沙滩;第二天驱车4小时后,便可到达青岛,在海边尽情观光游览;接下来再去山东半岛的蓬莱仙境、烟台、威海,然后乘飞机返回上海。此种安排,可以充分发挥高速公路和汽车游的特长。

### 三、旅游交通在旅游线路中的地位

#### (一) 旅游交通是旅游者实现旅游活动的前提条件

旅游者按照某一既定线路进行旅游时,首先要解决的就是从居住地到旅游目的地以及在多个旅游目的地之间的空间转移问题,解决的方法是采用适当的交通方式。在现代旅游活动中,不借助旅游交通工具而到达旅游目的地是不可想象的,因此,可以说旅游交通是旅游线路的重要组成部分。一般情况下,旅游者可用于旅游的闲暇时间总是有限度的,若克服空间距离所用时间超过一定的限度,旅游者就会改变旅游线路或旅游目的地的选择,甚至会取消旅游计划,故而采用不同旅游交通方式所耗费的时间,也是需要考虑和解决的问题,原则上旅行时间越短,游览的时间就越长,旅游者旅游体验的满意度也会越高。

#### (二) 旅游交通是区域旅游线路发展的命脉

旅游线路必须依赖旅游者的来访才能生存和发展下去,只有当旅游目的地的可进入性达到能使旅游者大量、经常地前来访问的程度时,该区域的旅游线路才会有不断优化和发展的可能。许多地区发展旅游的经验和教训表明,即使自然风景再美、人文名胜再古,如果地理位置偏僻,交通不便,也很难对旅游者形成吸引力。因而更谈不上旅游经济收入了。

#### (三) 旅游交通是旅游线路质量的重要评价指标

关于旅游线路的质量评价,可以按整体质量与分项质量分别建立指标体系进行评价,比较常用的方法是调查征询游客意见法。由于旅游者在地域、文化、经济、兴趣、性格等诸多方面存在较大差异,因此对"食、宿、游"方面的质量评价有较大的弹性,而对旅游交通质量的评价则比较一致。例如,一些旅行社发现,在反映旅游线路质量问题的投诉中,交通问题占了相当大的比例。由此可见,旅游线路质量的好坏在很大程度上取决于旅游交通质量的好坏。尤其是当旅游线路由"观光型"向"豪华型""享乐型"发展时,更是如此。

### (四）旅游交通能成为旅游线路的游览项目

在可能情况下，通过新型的现代化交通工具和最能突出表现地方特色与民族风格的交通工具（如沙漠地区的骆驼等），可以使旅游交通成为旅游线路上的游览项目，甚至在一定程度上成为旅游者的旅游目的之所在。例如，上海浦东国际机场至龙阳路地铁站全长29.836千米的我国第一条高速磁悬浮列车开通后，乘坐和感受时速430千米的磁悬浮列车，和磁浮一起"飞翔"，成为旅游活动中的主要内容。而峨眉山、黄山景区中提供的独具特色的滑竿、轿子等，从某种程度上来说也是旅游线路中游览体验的活动项目。

旅游线路是通过旅游交通把各个景区、景点串联起来的，没有安全、方便、快捷的旅游交通，就不可能有规模化发展的旅游业；旅游交通是旅游业发展的"瓶颈"之一，也是旅游线路设计的物质基础和不可缺少的重要环节。随着社会经济发展、人们生活水平的提高，旅游活动已从走马观花式的"苦行游"，向"休闲游""度假游""生态游"等方向发展，旅游交通在旅游线路中的地位与作用日益突出，交通条件的好坏直接影响到旅游者对旅游目的地及旅游线路的选择，在旅游线路设计中，只有对旅游交通方式、工具以及它们之间的相互衔接等进行精心合理的组织安排，旅游线路才具有旺盛的生命力。

### 四、旅游交通选择的影响因素

旅游交通服务的对象是旅游者。旅游者对旅游交通的要求日益提高，已经从初级的"通"，中级的"快"，发展到现在的快捷、舒适、方便等。因此，在旅游线路设计中，首先要了解旅游者对旅游交通的要求，然后对旅游交通方式作出合理的组织和安排，以最大限度地满足他们的需求。总体来看，旅游者在对旅游线路中各种交通方式作出选择时，往往会受下列因素的影响。

### （一）旅行目的

旅行目的不同选择的交通方式往往不同。如果游客是以度假为目的，他将希望尽快赶往旅游目的地，把更多的时间用于悠闲、安逸地度假。这类游客对旅途不感兴趣，会选择飞机、特快列车或直达车等，尽可能缩短旅途，不让旅途多占用度假时间。

### （二）运输价格

旅游交通价格或旅游费用是选择交通方式的影响因素。例如，经济型旅游者对价格比较敏感，价格高低通常对他们会起决定性作用，因而他们选择的交通方式往往是经济实惠的水路或铁路交通。

### （三）旅行距离

旅行距离影响交通方式的选择。受旅游目的地距离和旅行时间的限制，人们常会追求"快捷、安全、高效"的航空或铁路交通方式，公务繁忙的商务旅游者更是如此。

### （四）旅游者的偏好和经验

旅游者的偏好和经验以及收入影响交通方式的选择。旅游者根据自身的实际情况，量入为出。当然，享受型旅游者相对来说比较注重游览价值以及舒适程度，因而更愿意选择航空或特种旅游交通方式。

## 五、旅游线路对旅游交通的基本要求

### (一) 安全、快捷、舒适、经济

"安全、快捷、舒适、经济"是旅游者选择旅游线路与旅游交通工具时首先考虑到的问题，因而，在旅游线路设计时必须对旅游目的地交通的现状进行深入调查，选择最适宜的交通方式和交通工具，并制订详细具体的线路计划，使旅游交通线路合理、形式多样、衔接方便，例如，乘坐夜行卧铺列车、轮船等，既可节省住宿费用，又能节省时间。

#### 1. 安全

安全是人们最基本的需要之一，虽然现代交通的安全性日益提高，但由于旅游过程中不可预测的因素太多，因而游客对旅游交通安全的关注度更高。"安全第一"，当安全受到威胁时，旅游者会考虑改变行程。所以，交通安全是旅游线路设计对旅游交通的最基本要求，也是最重要的要求。

例如，在成都到九寨沟的 3 条旅游公路中，以松潘到平武的旅游公路最便捷，使成都至黄龙、九寨沟的游客可减少 200 多千米的旅途，但为了增加旅行中的安全性（公路交通中可能会遇到"泥石流"等自然灾害），进一步缩短旅游交通时间，又设计并修建了九寨沟旅游机场。

#### 2. 快捷

旅游交通状况在很大程度上决定了旅游目的地、景点的可进入性。一般情况下，旅游线路中的时间安排是非常紧凑的。旅游者无不希望"旅"少"游"多，在有限的时间内，快捷地到达目的地，从而能有更多的时间用于景区游览。在旅游线路设计中对于旅游交通的安排必须注意下面的两大原则。

(1) 直达原则

旅游交通服务需考虑旅游者对到达目的地的高度渴望心理，尽量安排快捷直达的交通工具，以避免过多地更换交通工具增加旅游者经济、体力上的消耗。而且直达可以更好地确保旅游者财物和人身安全，使旅游者获得美好的第一印象，为后续旅游活动的开展奠定一个良好的开端。

(2) 省时原则

旅游交通服务应尽量减少旅游者的在途时间，以增加游览时间，在旅游线路的选择中，人们不仅考虑金钱花费，也关注时间耗费，往往会青睐耗时少的交通工具。此外，旅游线路设计中还应注意各种交通方式的衔接紧凑、方便，使旅游者能方便地从家门口或附近的集合点起程，尽量减少候车（机、船）时间。

#### 3. 舒适

旅游者在旅游活动中的一个重要的心理诉求就是消除紧张感，获得轻松、解放感。特别是人在旅途，只有消除了紧张感，才能全身心地投入到旅游中，充分享受旅游的乐趣。因此，舒适是旅游者所追求的目标之一。旅游线路设计应尽可能提供舒适的交通环境，减少疲劳、危机感（如不安全感、不可靠等），以便使旅游者能够精力充沛地开始游览活动。尤其是利用夜间完成交通过程降低费用与时间消耗的安排，不能单以速度为主要选择指标，舒适度是第一位质量标准。

（1）内部交通环境

旅游从乘上交通工具后就已开始了，人们常用"旅途愉快"作为对整个旅游活动的祝愿。交通工具的内部环境噪声大、颠簸动荡、空气浑浊、空间狭小、座位不合适、卫生设施不齐备等，都会给旅游者带来不便，导致不愉快。现在，许多旅游车、船、飞机等交通工具上都安装了影视音响设备，提供报纸、杂志，努力营造富有家庭化、人情味的交通服务，给人以平和、亲切、真诚、温馨之感，使旅游者有居家的感觉，从而身心得到放松和愉悦。

（2）外部交通环境

单调的环境易使人疲劳，旅游线路设计不仅要保证交通畅通，还应重视与线路配套的外部环境。例如，在高速公路两旁多种植一些花草树木，且注意品种和色彩的搭配与变化，再加之沿途的田园风光、姿态各异的地形地貌，不仅能增加旅游者视觉上的新鲜感、美感，减少和消除单调所造成的视觉疲劳，也有利于司机安全驾驶。

4. 经济

许多旅游者之所以选择火车旅游线路，仅仅是因为其费用较乘飞机低得多，毕竟是否"经济"仍是大多数旅游者和旅行社必须考虑和面对的共同问题。旅游线路的"经济"反映在旅游交通工具的选择上，就是要求旅途费用较小，这是旅游线路设计时必须要考虑的问题。而"安全、快捷、舒适"等方面的要求必然会与"经济"要求相矛盾，不可能"又要马儿跑，又要马儿不吃草"，因而旅游线路设计应协调好上述因素，尽量使旅游者感到在享受"安全、快捷、舒适"交通的前提下，自己的花费还是"值得"的，甚至是"便宜"的。

（二）旅游交通多样化

旅游过程中交通耗时长、费用高、影响度大，故而将交通融入旅游是"压缩"交通时间，"降低"交通费用，"减少"交通负面影响度的有力措施。旅游交通除了解决游客旅游中"旅"的问题外，还可以增加"游"的交通设计。在可能的情况下，把旅游交通变成旅游者的目的，丰富旅途内容，增添游兴。这就需要从旅游线路的主题出发，根据旅游交通的实际情况，尽可能安排一些丰富多彩的节目，以满足旅游者求新求异的心理，如骑马、骑骆驼、乘船、坐马车、乘索道和缆车等，并将它们作为旅游项目有机地组织到旅游线路中去，起到调节游客情绪的作用。

## 案例："香港游"旅游线路中的旅游交通

在"香港游"的旅游线路设计中，充分运用海陆空立体交通方式，使旅游者在咫尺之间，便可欣赏到香港那些设计独特的摩天高楼、红砖绿瓦中式庙宇及充满殖民地色彩的建筑，领略"动感之都"的风采。

海——水上畅游。旅游者乘坐1898年起便穿梭于港岛和九龙之间的天星小轮；乘坐"水上的士"舢板，畅游香港仔避风塘——香港水上人家聚居地之一，领略渔港风情。

陆——中环至半山自动扶梯。

空——直升机空中游、缆车包揽太平山。

说起一个景点，我们都会想起自然景点或者是人文景点，而在香港这里，则是有一处让人不可思议的景点，那就是中环至半山自动扶梯，每一位前来香港旅游的游客都会选择乘坐这条自动扶梯，从中环前去半山。这条自动扶梯全程需要二十分钟的时间，在这个过程中并不是只是像电梯那样，在电梯两旁还有很多的商店，也可以到达其他的街道，所以说你完全可以在半途下电梯，然后在周边的商店里面逛一逛再继续自己的电梯之旅。关于这条从中环至半山的自动扶梯，相信看过电影《重庆森林》的人应该非常的清楚，这是一部由梁朝伟和王菲主演的电影，梁朝伟在其中扮演一名警察，每天乘坐这条自动扶梯上下班，而王菲扮演的女主角就会关注着梁朝伟，形成了一道靓丽的风景线，当时这一幕让多少人沉醉在其中，这次前来香港的话你也可以感受一番其中的浪漫情怀了。

### （三）旅游交通网络化

旅游交通网络不仅是指一定密度的交通线路网，而且包括不同交通形式的相互组合和配合，实行优势互补，协调发展。其目的是使旅游线路可有多种路线形式和交通选择。例如由旅行社推出的"华东五市游"（南京、苏州、无锡、上海、杭州）旅游线路，由于该地区经济发达，区域内的"水、陆、空"交通已形成网络，旅游者可自由选择火车、汽车、轮船和飞机等交通方式。

一般来说，旅游者用于旅游的时间是非常有限的。在有限的时间中，旅游者无不希望能快捷地到达目的地，从而游览到更多的景点，因而建立区域旅游交通网络，提高外部交通的通达性，内部交通的便捷性，是旅游线路设计的重要问题。可以说，旅游交通网络化是实现旅游线路多层次化和多样化的前提和保证。所以在旅游线路设计中要以旅游目的地现有的航空、公路、铁路、水路等交通路网和工具为依据，合理组织设计旅游线路，尽量安排快捷直达的交通工具，以减少旅游者的在途时间。并且要根据旅游目的地旅游发展规模、结构与趋势，完善交通网络和工具，加大投入，使旅游交通配套化、高质量化和等级化。

## 第五节　旅游线路中的购物设计

### 一、旅游购物与旅游线路的关系

旅游购物指旅游者在旅游活动中的购物行为，是旅游过程的延伸和物化，它对丰富旅游线路内容，提高旅游目的地形象，增加当地旅游收入，扩大社会效益都有十分重要的作用。现代旅游不仅只是"游"，而是以"游"为中心的一种社会文化经济活动。旅游购物活动实质上是商业与旅游业的相互渗透，共同发展的产物。商业的繁荣必然会促进留有余地发展，同时也拓宽了旅游活动的内容；而旅游的繁荣也为商业的发展带来了大量客流。

旅游购物消费在旅游者支出中有很大的伸缩性，相对来说是"无限花费"，它既受旅游者支付能力的约束，也受旅游商品特色和丰富程度的影响，最具开发潜力。随着旅游者对旅游商品需求的急剧上升，许多地区已经把旅游购物作为新的经济增长点予以重视和支持。

### （一）旅游购物的特征

旅游者处于远离居住地的旅游过程中，不熟悉当地的情况，且逗留时间短，这些因素使得旅游购物消费有别于日常的购物消费，具有异地性、仓促性、随意性、一次性等特征。

#### 1. 异地性

"旅游是非定居者的旅行和暂时居留引起的现象和关系的总和"，旅游活动具有异地性、暂时性、综合性、非就业性等特征。旅游购物的场所处于旅游目的地或旅行途中，对旅游商品的易携带性要求较高，而旅游购物的结果与目的地的旅游商品供给状况、经济发展水平、人文环境等因素密切相关。一方面，异地性是旅游购物的吸引力之所在；另一方面，异地性也给旅游者带来了一系列不便。例如，易受到来自导游、当地居民、传播媒体等各方面的误导，购买劣质商品后退换困难等。

#### 2. 仓促性

由于受旅游行程安排的限制，旅游购物不可避免地具有选购时间短、决策仓促等特征。旅游者在走马观花、匆匆浏览的购物过程中，往往容易对造型独特、包装精美、摆设位置醒目、服务上乘的旅游商品产生兴趣，并在较短的时间内完成购买行为。旅游购物的仓促性带来的负面影响，如未能认真地对旅游商品的品质进行鉴别，返回居住地后才发现商品不尽如人意；被服务人员的热情与耐心感染，一时冲动，买下了本来并不需要的商品；受其他旅游者购买活动的影响，跟随购买等。

#### 3. 随意性

在旅游的"食、宿、行、游、购、娱"六大要素中，"购"属于非基本旅游消费，弹性大，随意性强。旅游者可能有既定的购物意向，也可能没有既定的购物意向；有既定购物意向的旅游者不一定能购得称心如意的商品，而无既定购物意向的旅游者可能反而购到不少满意的商品；旅游购物支出可有可无，可多可少，波动性大。我国旅游业中的旅游购物所占比重一直比较低，旅游购物消费的增长相对于其他旅游消费而言，具有更广阔的发展空间，因此，重视旅游购物的发展可谓意义深远。

#### 4. 一次性

旅游购物的实现条件较为复杂，重复性差，具有一次性的特点。虽然旅游者可能多次前往同一目的地，购买相同的旅游商品，但这种活动的经济成本较高，属于少数。旅游购物的一次性决定了旅游者往往青睐于购买富有吸引力、纪念性强的当地特色产品或世界名牌产品。

### （二）旅游购物与旅游线路的关系

旅游购物是旅游产业"食、宿、行、游、购、娱"六大要素之一，作为旅游线路重要组成部分和创造效益的旅游购物活动，由于其自身与商业的紧密结合而在旅游线路中发挥着重要的作用。发达国家和地区旅游购物的收入已占到旅游总收入的45%以上，发展旅游购物前景广阔，对带动和提升旅游在国民经济中的地位和作用有重要的意义。

#### 1. 丰富旅游线路的内容

旅游者选择旅游线路，往往不只是出于观光游览的需要，如许多女性旅游者在出游时，大都带有购物的动机。旅游者在观光游览之余，自由地安排购物活动，放松身心，对整个旅游活动的节奏有一定的调节作用，也丰富了旅游线路的内容。

#### 2. 增加旅游线路产品的经济效益

首先，适销对路的旅游商品，可进一步丰富线路中旅游商品的种类，必然会带来旅游购物收入的增加；其次，因为有丰富多彩的旅游商品供游客购买、消费，自然会延长游客逗留的时间，使"食、宿"消费更进一步扩大；最后，旅游购物本身也是一种旅游资源，可满足游客"购"的需要，对游客颇具吸引力。因此，旅游目的地充分发挥区域商贸都会的优势，开发购物旅游，有助于培育新型旅游产品，拓展客源市场。

#### 3. 促进相关行业发展

旅游商品与非旅游商品之间并无不可逾越的界限。农产品或轻工产品一经打上地方特色或旅游特色的烙印，引起游客的购买消费欲望，便可成为旅游商品，从而为轻工业、农业提供更广阔的发展前景。同时，对于从事旅游购物线路设计、开发、组织的旅行社来说，若能获得"精品旅游购物线路"的称号，就等于得到了一块金字招牌，有助于增强线路产品的市场竞争力。一般情况下，旅游购物市场的利润率远高于普通观光市场，积极开发旅游商品，可以获得较高的利润回报。

### 二、旅游购物的选择

#### （一）旅游商品的选择

#### 1. 注重旅游商品的纪念性、艺术性与实用性

旅游是一种"异地、异时、异常"的消费活动，同时，旅游也是一种心理体验，一种精神的享受。旅游者对旅游商品的期望具有纪念性、艺术性与实用性，其中纪念性比经济性重要，艺术性比实用性重要。美观大方、款式新颖、工艺精巧的旅游商品，例如，工艺精致的玉器、水晶等生肖物件；秀丽、高雅的丝绸衬衫等，再加上价格适中一点，最容易获得游客的认可。

#### 2. 旅游商品要具有地方特色，能体现民族文化

无锡的紫砂壶、南京的雨花石、贵州的蜡染等无不以其民族特色与地方风格吸引旅游者，特色是旅游商品与其他商品区别的最主要特征。人们在购买商品时大多会注重有文化差异的、有人情味的、能与购买者心灵沟通的商品。云南少数民族的长烟筒，经过夸张做成一米高的烟筒；西藏的牛、羊骨经过漂白处理磨制后，挂在墙上，散发着浓厚的、原始的、古朴的气息，这样的商品颇受游客欢迎。

#### 3. 旅游商品多样化、微型化

游客的多样性决定了旅游商品的多样性，即旅游商品在品种、花色、质地、用途、价格等方面必须具有较大选择性。旅游商品要以中、低档为主，尤其是小型纪念品价格低，又有纪念意义，往往最受游客欢迎。旅游购物场所除了要提供琳琅满目、丰富多彩、品种齐全的旅游商品供不同旅游消费者挑选外，最重要的是旅游商品还应小巧玲珑，方便携带。

#### 4. 集参观、娱乐、销售为一体

现代都市生活的人往往会产生"回归自然""回归自我"的心理需求，如果有机会在古朴的作坊里亲自参与制作活动，自然会给人以无限快乐的享受。例如，在一家家制作陶艺、泥塑、雕刻、扎染、蜡染的作坊里，教会游客怎样制作，当客人手捧自己亲手做出的工艺品时，自豪感、满足感会油然而生，更乐于买下自己亲手制作的"工艺品"。

### （二）旅游购物场所的选择

一般情况下，旅游景点的级别高低和分布集聚状况决定了其周围商店数目的多少，因为高级别景点的客流量大，人口密度大，对商品的需求量也大。旅游者在旅游目的地短暂停留的时间内，匆忙地奔波于暂住地与各个景点之间；散客主要乘公共汽车沿公交线路移动；团队旅游者则不受公交线路的限制，沿主要的交通干线移动。因此，旅游商品零售店一般在各主要景点外围，沿主要交通道路呈带状分布，并且同类商店相对集聚，大多分布在公交线路停靠点到景点入口这一段道路的两侧。而以吸引团队购物为主的旅游商品零售店主要分布在前往主要景点的道路两旁，而且有些明显依托于某一景点。因为地处往来景点的主干道上可以节省旅行社的旅游交通费用以及旅游者的时间成本，对于商家来说，脱离景点商业区，商铺的房租较低，可以降低营业成本。

#### 1. 商业街

依托自然景观或人文景观开发建设的游览型商业街，是"商""游"相互融合，相互促进，共同发展的典型代表。例如，上海号称"中华商业第一街"的南京东路，不仅有一大批中华老字号企业，商业文化氛围浓郁，还有外滩文化风景线等一大批人文景观，因而，对南京东路步行街的改造，可以说是在继承中求发展，既保持了历史情趣，又为消费者提供了多种购物活动空间。

#### 2. 现代特大型购物中心

现代特大型购物中心，经营商品种类齐全，往往集游览、观光、娱乐、餐饮、购物、交际等功能于一体，犹如一个室内商业街区。一般多位于城郊结合部，附近有酒店、办公楼、停车场，并设有娱乐设施，从而满足消费者购物、娱乐、美食、交往等多种需求，比商业街有着更宽松、温馨的购物和消费环境，发展的空间更大。

#### 3. 节日游览商业市场

最典型的代表是各地的"庙会"。当今社会，重要的体育比赛、各种节庆、艺术表演、经贸活动等都已被视为不可多得的社会旅游资源，它一方面给人提供了参与性、体验性相结合的生活感受，另一方面也给商业及服务业的发展提供了良机。"以节兴游""以游兴商"，商业与文化融为一体，可扩大旅游市场范围。

#### 4. 专业观光市场

越来越多的国家和地区已开始将发展"绿色农业"与推动新型的农业观光旅游结合起来，游客在"绿色农业"基地不仅可观赏农产品的培育、生产过程，还可以在各种观光农场中购买到当地出产的农产品。再如工业旅游的开发，即通过有组织地参观工业、科技、手工业等各类企业，了解产品的制造过程，不仅使旅游业受益匪浅，还带动了相关的商业服务业和娱乐业。

此外，一些专业的产品市场，也颇具吸引力。例如，号称"中国花木之乡"的斗南，距昆明市中心18千米，与南美安第斯山区的哥伦比亚、厄瓜多尔，东非高地的肯尼亚，一同被视为全球鲜切花生产气候条件最优越的宝地。斗南花市日交易鲜切花达500万枝至600万枝，为全国最大的鲜切花交易中心，主导着全国的批发价。斗南四季不断的"花潮"，便捷的交通，引得各旅行社纷纷开出"花乡之旅"。除了纷至沓来的中外游客外，昆明市民还将这里当成假日休闲度假的好去处，他们在这里看花买花、参观传统的现场鲜花交易及现代化的拍卖交易，或到花农家做客，徜徉花田，观看鲜切花加工过程，品尝鲜花宴和农家饭菜等。

## 第六节 旅游线路中的娱乐设计

旅游娱乐，是指以娱乐、消遣、放松为目的，以获得精神愉悦和身心平衡为感受的多种旅游活动方式的总称。

### 一、旅游娱乐与旅游线路的关系

#### （一）改善旅游产品结构，提高旅游线路的竞争力

旅游与娱乐某种程度上存在着一定的替代性，随着人民生活水平的进一步提高，旅游不仅会面临着传统休闲和文化消费方式，例如，欣赏影视作品及各类演出、体育健身、购物等的竞争，而且也面临着新兴的网上娱乐、在线游戏等方面的有力挑战。然而，旅游与娱乐相结合，旅游娱乐业的发展，不仅让游客参与各种游乐活动，体验其中的知识与乐趣，而且旅游景区（点）等作为这些娱乐活动的场所，可调动整合多种社会资源，运用诸如文艺节目、杂技、电影等不同形式，创造出旅游市场上的独特产品，甚至成为带动其他要素共同发展的龙头，进而使"娱"变得丰富多彩，满足游客休闲、娱乐、健身的需要，使旅游产业体系更为完善，产品结构更加合理，内涵愈加丰富，从而提高旅游线路产品的竞争力。

事实证明，娱乐因素在旅游业中的地位日益凸显，娱乐业发达的沿海地区代替了观光旅游时代的传统明星景点，成为旅游者新宠。深圳、珠海等新兴旅游城市便是典型代表。

#### （二）满足旅游者的多种娱乐需求，丰富旅游活动内容

旅游者花费时间和金钱出门旅游，既要获得亲历旅游目的地的人生经历，获得异质文化的享受；又希望在消费旅游产品的过程中得到质价相符的旅游服务。因而，在旅游活动中，旅游者喜欢感受全方位的享乐和刺激。他们不仅要求旅游目的地值得一看，而且要求好玩、有趣。现代旅游的重要特征在于娱乐，追求异域文化的情趣。事实上，一次旅游经历中，大部分人难忘的往往是娱乐中的欢乐时刻。

#### （三）改善和提高旅游地、旅游企业的旅游形象

注重娱乐性是大众旅游时代的一个显著特点，而旅游也已成为众多文化娱乐方式中极具发展前景的一种。因此，娱乐因素越来越受到旅游景区（点）及旅游开发商的重视。例如，以影视、小说、游戏等为题材开发旅游项目，建设主题公园、人造景观的例

子比比皆是。此外，某些旅游设施也日益多功能化，例如，很多度假区的酒店十分注重康乐设施的建设，酒吧、网吧、咖啡厅、音乐厅、健身房、游泳池、桑拿中心、多功能厅等各种娱乐健身设施一应俱全，这些设施的建设不仅延长了旅游者的停留时间，扩展了酒店的收入空间，更重要的是通过全方位地满足旅游者的多种休闲娱乐要求，可改善和提高企业的形象。

**（四）减轻季节性给旅游业的冲击，提高经济效益**

室内的水上游乐场所、滑雪场、球类馆、水族馆、大型电子游戏等项目，可以不受季节的约束，从而有助于避免旅游淡、旺季的失衡，减轻季节性给旅游业造成的冲击，提高经济效益。例如，日本东京东部修建的室内滑雪场，一年四季可供游客滑雪，达到了超季节游乐的目的。体育赛事对减轻季节性给旅游业的冲击也有一定作用，如以世界杯赛事而设计的旅游线路。世界杯足球赛与奥运会、F1大奖赛（世界一级方程式赛车大奖赛）同为世界上最具魅力的三大体育赛事。2014年第20届巴西世界杯，于2014年6月12日至7月13日在南美洲国家巴西境内12座城市中的12座球场内举行，世界杯的举办带动了巴西旅游业的全面发展，旅游业为巴西带来了收入和机会，凭借世界杯巴西吸引了60万外国游客，收入达110亿美元。

## 二、旅游娱乐项目

旅游者在旅游目的地游览中的娱乐项目，按照各类娱乐项目活动的场所可分为空中娱乐项目（包括鸟人飞行、悬挂式飞翔、滑翔伞、超级跳伞、蹦极等）；陆地娱乐项目（包括攀岩、滑板、山地车、卡丁车等）；滑雪运动项目（包括自由式滑雪和单板滑雪等）；水上娱乐项目（包括冲浪、滑水运动、帆板运动、划船等）等。

按照娱乐项目的内容可以分为文化娱乐（音乐、戏剧、电影、魔术、激光表演、音乐喷泉、电子游戏、棋牌、舞会等）；游艺体育活动（娱乐设施、滑雪、高尔夫、庙会、游船、各种比赛等）；表演型娱乐（民族风情表演、历史文化表演、动物表演等）；参与型娱乐（民族民俗生活参与、农家/渔家/牧家参与、探险参与等）。

以表演型娱乐项目为例，世界各地的旅游文娱表演，一般都分布在景点和大城镇，形式多样、特色突出。景点文娱表演从内容上可以分为以下几类。

★民族风情表演：一是歌舞表演，主要通过有一定情节的歌舞形式，表现不同民族劳动、生活的不同侧面。这类表演特色鲜明、题材广泛，充满喜庆欢乐的气氛。二是民族工艺品制作演示，将本民族工艺品的制作过程搬到景点或特定的表演场所，为游客现场演示，这类表演有些还允许游客参与，如荷兰的木鞋制作表演等。

★历史文化表演：从历史的角度刻画节目内容和人物，再现一个国家、一个民族的历史和文化，有较深的历史和政治烙印以及经济发展的特征，使游客在了解历史的同时，了解旅游目的地的政治、经济、文化并受到启迪。

★动物表演：表演的主体是经过专门训练的动物，节目以滑稽、幽默、新鲜、奇特见长，以逗乐为目的，同时也可让游客加深对动物体态、生活习性等方面知识的了解。动物表演能适应多层次游客的需要，尤其对儿童具有极强的吸引力。例如，秦皇岛的新澳海底世界、乐岛、圣蓝海洋公园等海洋主题乐园，往往都安排海豹、海狮、鲸鱼和海豚等进行表演,每次开演都座无虚席,并且常演不衰。

### 三、旅游线路设计中的旅游娱乐选择

#### (一) 充分体现当地文化特色和民风民俗

文化本身是一种潜力巨大的产业。文化并不排斥商业操作,关键是寻找到一个最佳的契合点,寓文化于娱乐中,使娱乐产生文化韵味,做到雅俗共赏。当然,这里的"俗"不是指粗俗、低俗,而是指通俗、参与性强。唯有如此,旅游娱乐项目才具有吸引力,也容易形成市场规模。许多少数民族地区结合当地民俗文化开发出的一些旅游娱乐项目,普遍受到了国内外游客的欢迎,特别是结合各种民族节日开发的旅游娱乐项目,有些已成为当地吸引游客的关键因素。例如,内蒙古草原上一年一度举行的"那达慕大会",现已成为内蒙古举办草原民俗旅游节的一张"王牌"。云南西双版纳每年四月中旬举行的傣族泼水节,吸引了成千上万来自世界各地的游客。

#### (二) 把握消费潮流,融入流行文化元素

旅游消费与时尚关系密切,流行文化往往是时尚的集中体现。旅游娱乐要想不断创新,始终吸引消费者的目光,就必须与流行文化紧密结合。换言之,就是要让旅游娱乐项目具有时代色彩,反映当代社会文化、人们生活的价值取向和旅游的主流趋势。例如,一些地方举办的各类"文化旅游节",为吸引更多游客的参与,组织者通常会邀请一些演艺界的明星前来助阵,使旅游节成为万众瞩目的"娱乐中心",从而营造出一种"普天同庆、万民同乐"的氛围,不仅提高了举办地的知名度,而且也扩大了旅游节的影响力。

#### (三) 提高旅游娱乐从业人员的文化素养

领略不同地区的民族风情,是旅游者的旅游目的之一。人本身就是一道亮丽的风景线,因而旅游娱乐从业人员的文化素养高低,行为举止是否优雅等,对于旅游者能否获得满意的娱乐效果具有重要的作用。生动有趣、吸引人的旅游娱乐项目和真诚、热情、淳朴、高效的接待服务二者相辅相成。即使再好玩的娱乐项目,如果服务人员态度恶劣,行为粗俗,也会使游客乘兴而来,败兴而归。所以,服务人员不仅要掌握一般的服务技能,还要有较高的文化素养,要对自己所服务的娱乐项目的历史渊源、文化内涵以及各种特殊技能(如"唱、舞、说、做"等)有良好的掌握。为了更好地体现娱乐项目中原汁原味的民族风情,一些少数民族地区大量使用本民族人员担任服务接待工作,这是一种值得推广的好做法,但同时也必须提高他们的文化素养与服务技能。

#### (四) 把握文化娱乐活动方向,杜绝不健康东西滋生

健康、文明、充满时代感和活力的旅游娱乐项目,可以充实旅游者的旅游活动内容,开阔旅游者的眼界,帮助旅游者进一步了解各地不同的风土人情,推动不同地区间的文化传递,甚至助推中外文化交流。随着旅游业的进一步发展,文化习俗等因素对现代旅游活动的影响越来越深远。但是一些旅游目的地,推崇的所谓民俗旅游,偏重歌舞厅、美容院、KTV包房等设施的兴建,有的民俗旅游甚至不惜以色情、赌博招徕旅游者,这些都严重污损了民俗旅游地的社会环境,不利于民俗旅游的健康长远发展。针对旅游娱乐业的特点,突出其文化因素,弘扬优秀民族文化,吸收外国文化精华,杜绝不

健康的娱乐活动，如色情和赌博等对旅游业的侵害，才能使旅游业走上一条健康的可持续发展之路。

## 本章小结

　　旅游相关产业主要有旅游餐饮、旅游住宿、旅游交通、旅游景点、旅游购物、旅游娱乐。旅游相关产业与旅游线路设计的关系十分密切，它们相互制约、相互依存、相互促进。在旅游线路设计中对旅游相关产业的选择要遵循符合旅游线路、旅游者、旅游经营者共同需要的原则，整体中要有部分，部分要体现整体的目标，并且要能够灵活机动地面对各种突发情况。

## 思考与练习

1. 旅游餐饮选择的原则是什么？
2. 结合实际，谈谈旅游饭店选址要考虑哪些因素？
3. 旅游线路设计中对旅游交通的基本要求有哪些？
4. 旅游线路设计中的旅游景区选择的原则有哪些？旅游线路设计中选择旅游景区要注意哪些问题？
5. 旅游线路设计中旅游娱乐的选择应注意哪些方面？
6. 结合自己的一次旅游经历，谈谈旅游活动与旅游相关产业的联系。

## 线路拓展资料一：

## 探险旅游线路设计

### 一、探险旅游的概念

　　探险旅游是旅游者到陌生、人迹罕至或险状环生的特殊环境着进行的充满神秘性、危险性和刺激性的旅行（或考察）活动。按其科考目的分，大致有以下几类：高山探险旅游、沙漠探险旅游、海洋探险旅游、森林探险旅游、洞穴探险旅游、极地探险旅游、追踪野生动物探险旅游、特殊事件追踪探险、寻找原始部落探险旅游等。探险旅游有别于景点旅行路线的一点是其不确定性，惊险甚至在无知中的原始拓路行为。与普通的旅游是在已知的景点或路线上"走马观花"的方式相比，探险旅游有两个重点：一个是探索的"探"字，一个是危险的"险"字。

### 二、探险旅游的发展前景

　　探险旅游涉及的范围非常广泛，我国可以开发的资源十分丰富。目前全国户外运动人口总数达1.3亿人，具有强劲的市场需求，再加上绿色、生态、健康的经济发展模式，探险旅游前景十分广阔。探险旅游将成为驱动中国旅游业发展的新亮点。

中国的探险旅游业起步较晚,大约在1998年前后初步形成一定的规模,其后迅速发展,2004年开始,参与人数呈现井喷式增长,特别是近几年,喜欢探险旅游的人数增长越来越快,胡润研究院曾发布的"2017年中国奢华旅游与生活方式调查"显示,未来高端旅游趋势体现探险精神的崛起。环游世界、极地探索、轻度冒险成为中国高端旅游者未来三年计划中的旅游主题。

随着中国全面建成小康社会的持续推进,广大人民群众的休闲度假需求快速增长,2017年,旅游业对国民经济的综合贡献率已达到11.04%。但是旅游产品同质化,形式单一等问题比较突出。人们对旅游产品个性化、特色化的需求越来越大,旅游产品的品质化和中高端化需求趋势日益明显,在这种时代发展的背景下,探险旅游这种具有新奇性、刺激性、深度体验性等特征的运动休闲形式将引起更多的关注,这个领域必将大有可为。探险旅游不仅可以包含和融入一般意义上的户外运动、极限运动的项目和元素,更可以与文化、体育、生态、地理等多个领域有机融合,创造出更多更有吸引力的形式和业态。

三、探险旅游资源基础

(一) 雅鲁藏布江大峡谷探险——进入人类最后的秘境(探险地西藏自治区)

雅鲁藏布江大峡谷是世界上海拔最高的峡谷,也是世界最深和最长的峡谷,堪称世界峡谷之最,被誉为"人类最后的秘境"。到这样的地方去探险,除了体力、毅力外,还需要科学的计划,而这些都是人类不断探险、进取所需要的。

(二) 塔克拉玛干沙漠探险——穿越死海(探险地:新疆维吾尔自治区)

塔克拉玛干沙漠是中国最大的沙漠,一望无垠的沙漠和充满艰险的环境,吸引了许多探险旅游者。塔克拉玛干沙漠中最让人浮想联翩的莫过于死海,如果穿越了死海,无疑将是一次成功的探险。

(三) 楼兰古国探险——踏着前人的足迹前进(探险地:新疆维吾尔自治区)

同样是在新疆,与塔克拉玛干沙漠相比,对于探险者来说,罗布泊——楼兰一线,也许是因为发生了太多的故事,就更具吸引力。如果把罗布泊的故事来个年历排序,将会有一长串,远有楼兰古国和楼兰美女,近有余纯顺。

(四) 高黎贡山、怒江探险——走进入类文化公园(探险地:云南)

在中国的西南角,地形复杂,民族众多,自然环境独特,造就了众多适合探险旅游的地方。这里有许多地方神秘莫测,探险者的脚步、摄影家的镜头都期望在这里有新的发现。

(五) 西藏阿里探险——探访世界屋脊的屋脊(探险地:西藏自治区阿里)

西藏是世界的屋脊,而阿里则是屋脊上的屋脊。尽管阿里的海拔非常高,路途异常艰险,补给不足,交通不便,但它奇特的高原风貌势不可挡地吸引着无数探险者去征服它、体验它、欣赏它。该地区人烟稀少,有众多美丽绝伦的雪山,且险峻多姿,气势磅礴;有数不清的湖泊和走不到尽头的宽阔草原,各种高原珍奇动物和名贵的植物让你博览而不知疲倦。被佛教信徒视为"世界中心"的神山岗仁波钦和圣湖玛旁雍措,不管从哪个角度去审视,都会产生一种无形的肃穆和敬畏。

(六) 徒步三峡——也许这是最后一眼(探险地:重庆、宜昌)

随着三峡截流，许多三峡的景观将永远地沉没在水底。为了这最后一眼的三峡，人们便计划着徒步三峡，把美景留在心底。

（七）穿越大海道——体验从西域进入中原（探险地：敦煌、吐鲁番）

从敦煌往西，到吐鲁番，共500多千米的路途，构成了丝绸之路上最富传奇色彩的一段——大海道。这里汇集了古城堡、烽燧、驿站、史前人类居住遗址、化石山、海市蜃楼、沙漠野骆驼群，以及众多罕见的地理地貌和民族风情。

（八）秦岭探险——穿越中国气候的南北分界线（探险地：陕西）

古来就因秦岭割断了关中与蜀和楚的往来，人们便在崇山峻岭中修建了众多栈道。这里山高林密，生态完整。从关中出发，穿越秦岭，横跨中国气候南北分界线，走过中国最大的自然保护区群，踏着羚牛、孤狼的足迹步入无人的苍原等都是秦岭探险的意义。

（九）茶马古道探险——滇藏地区的"丝绸之路"（探险地：云南、西藏自治区）

茶马古道是古代联系云南与西藏的一条通道，在历史的演化中曾经拥有辉煌的一页，然而时过境迁，今日的茶马古道只剩下众多的遗址和古迹。滇藏复杂的地形，曲折的历史，将为茶马古道的探索带来不小的困难，但是像丽江这样的古道明珠，则是你探险路上的最大动力。

（十）两江源头科考探险——为了我们的母亲河（探险地：两江源）

中华民族的母亲河黄河和长江都发源于青藏高原的巴颜喀拉山，大片的冰塔林就是它们的源头，在源头几十千米的范围内，分布着100多个小水泊，有着诱人的自然风光。现在这里的生态已经开始变得恶劣，沙化已经开始蔓延，因此，每一个人都应该了解母亲河的源头，保护母亲河。

（十一）泸沽湖女儿国探险——寻找奇异的风俗民情（探险地：泸沽湖）

如果当你知道有一个地方现在还继续维持着母系社会，生命的延续是通过一种叫做"走婚"的方式，你会是什么反应？这个地方叫泸沽湖，她还有另一个美丽的名字——女儿国。因为这里道路不平，民俗风情浓厚，到这里来旅游当然可以冠上探险的名义。

四、探险旅游线路案例

探险旅游的主题：穿越昆仑山古道，进入藏北无人区。探险旅游具有一定的危险性，参加者需了解自身的健康情况，量力而行。

（一）基本情况介绍

克里雅山口是连接新疆和西藏古驿道的咽喉。雄伟的昆仑山脉，巍峨耸立于藏北羌塘高原与南疆塔克拉玛干沙漠之间，是中国的龙脊。充满神话色彩的昆仑山在中华民族文化史上有"万山之祖"的显赫地位。昆仑山脉拥有数十座6 000米以上的山峰，7 000米左右的山峰也有不少。除去慕士塔格等高山以外，克里雅山，这个深藏深山的"乌金贝隆（在藏传佛教中是指存在于现世却隐藏起来的某个地方）"，具有神奇的魅力——它很高，海拔7 167米，山势比较平缓（南坡平均坡度只有30度），所处地域气候干燥，降水较少，蒸发量大，雪线高度在5 800～5 900米。从卫星图上看，克里雅山南坡发育的冰川形成一个巨大的如芦荟枝叶般的图案，镶嵌在广袤的藏北大地，从主峰向南延伸出一条如鲤鱼脊背般的山脊，直达海拔6 000米处。

## （二）具体线路

此线路逶迤于海拔 5 000 米的高原之上，沿途既保存着有千年历史的古代遗迹，更有国内最壮观的火山群、世界海拔最高的湖泊群和诸多少有人知未曾被攀登过的雪山。路途的危险和困难主要来自于气候变幻不定、高海拔适应、沿途无补给和部分地区无淡水。但在准备充分的前提下，安全还是有保障的。

从普鲁村出发沿着克里雅河上行，翻过 5 114 米的硫磺达坂，进入了平均海拔 5 000 米的乌鲁克高原盆地，也是著名藏北高原无人区，那里水草丰富，野牦牛、野驴和羚羊众多，是野生动物的天堂，在这人迹罕至地区分布有两个大的高山湖泊和 14 座火山，其中，被称为亚洲一号火山的阿其克库勒火山曾于 1951 年喷发，成为中国最年轻的活火山。从普鲁到达火山口约 130 千米，行军需 7 天时间。自此以后，再用约 15 天的时间向南行军，经阿克苏河谷和阿特木苏河谷，翻越两个 5 000 多米的达坂和 5 500 多米克里雅山口，到达邦达错和郭扎错之间的高原台地（约 5 100 米），再向西北约 30 千米，抵达海拔 5 200 米的克里雅山脚大本营。开始进行登山探险活动。

视时间、经费预算和人员身体情况，选择在登山探险活动结束后，以徒步或者乘车方式再向西行军 200 千米，抵达界山达坂的新藏公路，乘接应的越野车返回新疆。整个徒步行程 400~500 千米。在翻越克里雅山口抵达藏北的在徒步穿越中段昆仑山的腹地的过程中，可亲历隐藏在崇山峻岭间的峡谷、雪峰、火山、湖泊以及自旧石器时期到上世纪 50 年代初的历史遗址，以及辽阔壮美的藏北荒原。

## （三）沿途景观

进山过程中经过的景观：

★柳什塔克。海拔 6 596 米，又名库台克力克山。著名的和田玉就产于此，玄武岩的山山体高度在 6 000 米以上，形成一道直插云霄的山脉，称柳什塔克山。如果你有机会到南疆，在民丰、于田一带正好极其幸运地赶上一场好雨，你可能会看见昆仑山，那道最高的雪山就是柳什塔克山，她彻底阻挡了南来的水气，也阻挡了从塔克拉玛干大沙漠上扬起的尘埃。

★1 号火山。位于阿什库勒东南 2.5 千米，据报载该火山曾于 1951 年 5 月 27 日爆发，火山形态保存完好，可能是本区最年轻的一座火山。外形呈对称的截顶圆锥状，相对高度约 150 米，坡角 35°左右，火山口为一直径 120 米的圆筒状深凹锅底状，内深 56 米，内倾角 40°，底部有坍塌堆积的熔岩碎块。

★2 号火山。位于盆地北缘与 1 号火山相距 9 千米，锥体规模较大，相对高度 264 米。从形态上看火山口具复合迭锥构造，可能反映火山沉寂后再度复活的历史。

★3 号火山。乌鲁克库勒东北 1.3 千米处一个保存完整的火山锥体为 3 号火山，相对高度仅 70~80 米，火山锥四周已发育了放射状冲沟。锥顶为内陷的负地形但底部比较平坦，北高南低向南开口并有积水痕迹。

此外，乌鲁克库勒周围还有 7 座火山，阿什库勒盆地其他地区还有至少 3 座火山。

★四大错（郭扎错、邦达错、窝尔巴错和龙木错）

西藏是我国湖泊最多的省区，星罗棋布的湖泊也是这里的自然景观之一。藏北高原是世界上最高的湖群区，部分资料显示窝尔巴错是最高的湖泊，湖面海拔 5 177 米，面积89平方千米，盐水湖。邦达错，湖面海拔4 902米，面积106平方千米，咸水湖，邦达错通过饮水河——泉水河接受窝尔巴错的泻水。邦达错，曾名雅尔错，湖面海拔4 902米，面积106平方千米，咸水湖。邦达错呈椭圆形，1987年8月实测水深3.8米，透明度为1.3米，湖岸退缩现象极为明显，共有15级湖岸、沙堤。郭扎错，我国海拔最高的面积在1 000平方千米以上的大湖，形状像个蚕豆，卧于昆仑之南。

（四）团队情况

探险旅游团队宜分为两个队：探险队和支援队。探险队由10名队员和两名驴工组成，探险队实施古道穿越任务；支援队由4名队员组成（其中两名队员兼驾驶车辆），负责驾车进入界山达坂侦查路线，选定接应地点，以及负责与外界联系，应对意外事件。

（五）计划行程

D1、从兰州乘火车出发，20小时后抵达库尔勒。

D2、从库尔勒乘车抵达普鲁村。住维吾尔村民家。

D3、从普鲁村沿克里雅河徒步经过阿拉叫依要塞抵达铁矿石场。

D4、从一号营地出发翻越海拔3 400米达坂抵达放羊地。

D5、从二号营地出发抵达海拔4 200米苏巴士。

D6、从苏巴士出发翻越海拔5 114米的硫磺达，抵达小溪边。

D7、从四号营地出发，绕过阿其克库勒湖。

D8、考察阿其克库勒火山和黑石滩附近的野生动植物。

D9~D27、翻越克里雅山口抵达三岔口，与接应队汇合。乘越野车沿新藏线进入新疆的叶城县。

D28、从叶城县出发当抵达和田市，宿宾馆。

D29、从和田车乘车，当日到达喀什，乘火车。

D30、返回兰州。

# 线路拓展资料二：

## 全域旅游线路设计

一、全域旅游的概念

全域旅游是指在一定区域内，以旅游业为优势产业，通过对区域内经济社会资源尤其是旅游资源、相关产业、生态环境、公共服务、体制机制、政策法规、文明素质等进行全方位、系统化的优化提升，实现区域资源有机整合、产业融合发展、社会共建共享，以旅游业带动和促进经济社会协调发展的一种新的区域协调发展理念和模式。它是相对景点旅游提出的，是在景点旅游基础上产生的，是对景点旅游发展模式的突破，是旅游业发展新形势下的新战略。推进全域旅游发展，要对景点旅游取长补短，扬其成效、避其短板。全域旅游被已定位为国家战略，加快旅游目的地建设和旅游业转型升级,全域旅游有望成为未来5~10年旅游业发展最大红利。

二、全域旅游的特点及标准

(一) 全域旅游的特点

1. 旅游业发展在当地总体发展中的必要定位、话语权和工作机制,坚持"政府主导、市场运作、社会参与";

2. 发展旅游的特定空间和环境保障,完善旅游基础服务设施建设;

3. 以旅游形象和品牌为引领的城市个性和品牌。加强城市旅游形象整体宣传推介,开发多层次、多类型的旅游产品体系,丰富城市旅游品牌内涵。全域旅游要求一种新的以区域为单位的营销模式;

4. 加强全域公共服务建设,构建市民与游客和谐共享的现代城市空间,不仅要为外来游客提供优质的服务,同时也要充分考虑本地居民的休闲需求;

5. 全域旅游对游客本身也是一种新的要求,从源头上引导和宣传,提升游客素质、倡导文明旅游。

(二) 全域旅游的标准

1. 旅游对当地经济和就业的综合贡献达到一定水平;

2. 建立旅游综合管理和执法体系;

3. 厕所革命及其他公共服务建设成效明显;

4. 建成旅游数据中心,开发智能终端应用,建设公共景区管理服务APP,完善智慧旅游;旅游大数据分析,加强在线声誉监测,完善精细化管理,即对有关旅游目的地的在线评论进行有效的数据挖掘,有助于明确旅游目的地产品改进的方向,提高旅游目的地营销的效果。

三、全域旅游的"六新"及"八全"内涵

(一) "六新内涵"

1. 全新的发展观:社旅共和、经旅共进、文旅共荣、生旅共生

2. 全新的合作观:全行业、全部门、全游客

3. 全新的资源观:自然吸引物、人文吸引物、社会吸引物、产业吸引物

4. 全新的产品观:全体验产品、全链条产品、全时空产品

5. 全新的市场观:全市场覆盖、全媒体营销

6. 全新的服务观:全天候服务、全程化服务

(二) "八全内涵"

1. 全要素

全要素就是将整个目的地作为旅游的吸引物;高度重视资源的利用方式。

2. 全行业

全行业指旅游在整个目的地产业结构中具有突出的地位,用旅游业来改造、提升这些产业的附加值,通过产业融合来推动这些产业与旅游业的共同发展。

3. 全过程

全过程即指从游客进入目的地开始,一直到游客离开目的地,在这整个过程中,目的地应能提供旅游体验,保证游客从一个体验点到另一个体验点的途中,旅游体验无处

不在。

4. 全时空

全时空就是指在目的地旅游发展的过程中，无论是淡季还是旺季，无论是白天还是夜晚，无论是目的地核心旅游区域内还是核心旅游区域外，都能够给游客提供能够满足其体验需求的产品和服务，让其满怀信心而来，带着满意而归。

5. 全方位

即不仅要满足游客在"吃、住、行、游、购、娱"方面的体验需求，同时还应该增加"文化、科教、资讯、环境、制度"等相关要素上的供给。

6. 全社会

即吸引目的地最广泛的居民参与到旅游业服务、经营中来，全民共建共享全域旅游。

7. 全部门

吸引目的地各大部门积极参与旅游开发、建设、管理中来。例如，税务部门在积极支持旅游业发展的同时，可以通过旅游业的发展强化税基，从而提升本部门的价值。这方面，河南栾川、重庆武隆、陕西凤县等一些县级目的地已经做出了很多有益尝试。

8. 全游客

即在目的地发展旅游的过程中，游客与居民之间的交融，要体现"游客即居民、居民即游客""人人为旅游、旅游为人人"的理念。另一方面，居民在为外来的旅游者提供良好的服务，创造良好的环境的同时，自己也身处其中，享受生活质量的改善、幸福感的提升。

四、全域旅游模式

（一）全域大景区型

全域大景区型旅游目的地的发展目标是打造处处是旅游的生态画面，"精品+景区DNA复制"是实现该目标的模式选择。对原有旅游精品景区和线路进行外延和内涵提升，充分挖掘具有代表性的自然文化景观符号，将景、城、村、人和交通线路五大要素融为一体，对全域进行景观符号装点，以景建城，以景绕村，以景绘线，实现旅游要素和服务的全域覆盖，形成处处是旅游环境，人人是旅游形象的旅游大格局。

（二）全域旅游服务聚集型

"旅游公园"发展模式是全域旅游服务聚集型发展的最佳选择。"旅游公园"是指结合市场高消费的特征，开发诸如体育旅游公园、休闲度假旅游公园、养生度假旅游公园等一系列提升目标市场旅游满意度的旅游产品形式以实现全域旅游的发展。该类型旅游目的地顶层设计至关重要，理念要先进，产品要高端，服务要创新，保障要完善。应聚焦客源市场，以服务型全域旅游示范区为发展目标，推进全域旅游的实现。结合现代化移动终端设备做好全方位的市场营销工作，实现旅游与市场的全方位对接，走市场促旅游，旅游带动区域建设，区域建设服务旅游的全域旅游循环发展新道路。

（三）全域"+旅游"型

全域"+旅游"型的长远选择是采取"N+旅游"的全域旅游开发模式。从短期来看，N可以是新型城镇化也可以是美丽乡村；从长期考虑，N是环境，全域"+旅游"

型旅游目的地应着重环境保护，好环境才能做好全域旅游的文章。做好基础设施规划、完善公共服务产品，夯实全域旅游公共服务体系。走三阶段融合发展道路，第一阶段注重环境保护和基础设施建设；第二阶段从农业、工业或第三产业其他行业出发寻求发展特色；第三阶段结合特色走"N+旅游"的融合发展之路，N可以是现代农业、特色工业或其他。

五、全域旅游线路设计案例

（一）广东省全域旅游线路

广东全域旅游线路图包含"四大格局"和"六大品牌"。四大格局是指"一核、一带、一区、一湾"。六大品牌包括"粤美乡村""风情岭南""毓秀山水""魅力都市""食在广东""康养胜地"。

"一核"指珠三角都市旅游核。以广州、深圳为中心，以广佛肇、深莞惠、珠中江三大旅游圈为重点，推进珠三角地区旅游产业一体化，打造珠三角都市旅游核。

"一带"指滨海旅游产业带。以环雷州半岛、环珠江口、川岛—银湖湾、海陵岛—水东湾、大亚湾—稔平半岛、红海湾—碣石湾、汕潮揭—南澳"七组团"为重点，打造广东特色的滨海旅游产业带。

"一区"指北部生态旅游区。以环丹霞山、环罗浮山—南昆山、环鼎湖山、环天露山、环云雾山—云开山、环凤凰—莲花山脉等"六圈"为重点，打造北部生态旅游区，加快环南岭旅游公路建设，统筹开发建设西江、东江、北江、梅江—韩江四大绿色生态旅游画廊，系统布局生态风景道、游步道、营地驿站、停车场、旅游厕所等旅游基础设施，推动建设生态旅游目的地和打造生态旅游精品线路。

"一湾"指粤港澳世界级旅游休闲湾区。加强粤港澳旅游合作，挖掘三地多元文化、主题公园、美食之都、购物天堂等优势旅游资源，打造各具特色的旅游产品体系，发挥粤港澳大湾区城市旅游联合会平台作用，共同策划更多粤港澳"一程多站"旅游精品线路，联合港澳推进与"一带一路"沿线国家和地区的旅游交流合作，举办国际性旅游展会和节庆活动，建设一批产业融合示范项目，打造粤港澳大湾区旅游品牌，共建粤港澳宜居宜业宜游的休闲湾区。

以下是广东全域旅游中的最美旅游公路线路简介。

★广州　悠游增城

起止位置：荔城街——派潭镇白水寨风景名胜区，全长45千米。特色：岭南绿色植物带和北回归线翡翠绿洲。推荐游览线路：莲塘春色景区——莲塘印象园——何仙姑景区——小楼人家景区——二龙山花园——邓村石屋——金叶子度假酒店——白水寨风景名胜区。

★珠海　浪漫珠海

起止位置：拱北——唐家，全长28千米。特色：珠江口海域及岸线，百年渔港、浪漫气质、休闲街区远眺港珠澳大桥。推荐游览线路：港珠澳大桥——海滨泳场——城市客厅——珠海渔女雕像——海滨公园——景山公园——香炉湾——野狸岛（大剧院）——珠海市博物馆（新馆）——美丽湾——凤凰湾沙滩——淇澳岛。

★汕头　潮风岛韵

起止位置：东海岸大道——南澳大桥——南澳环岛公路，全长95千米。特色：粤东特区滨海城市、南国风情景观长廊、宏伟南澳跨海大桥、独特恬静的环岛滨海旅游公路。推荐游览线路：东海岸大道——南澳大桥——南澳环岛公路（逆时针环岛：宋井、青澳湾、金银岛、总兵府、黄花山森林公园）。

★韶关　大美丹霞

起止位置：
1. 省道S246线仁化至黄岗段
2. 国道G106线仁化县丹霞山至韶赣高速丹霞出口
3. 国道G323线仁化丹霞出口至小观园段
4. 国道G323线韶关市区过境段（湾头至桂头）
5. "穿丹霞"景区内旅游通道

总长160.3千米。特色：世界自然遗产，丹霞地貌、河流、田园风貌、古村落。

推荐游览线路：石塘古村落——丹霞山风景名胜区——灵溪河森林公园——五马寨生态园。

★河源　万绿河源

起止位置：源城区东江湾迎客大桥——桂山旅游大道段万绿谷，全长33千米。特色：公路依山沿湖而建，风景优美，沿途可观多彩万绿湖和秀美大桂山景色；集山、泉、湖、河、瀑、林于一体，融自然景观与人文景观于一身；感受河源独特的生态文化、客家文化、恐龙文化、温泉文化等不同文化的内涵与魅力。推荐游览线路：巴伐利亚——客天下水晶温泉——新丰江大坝——野趣沟——桂山——万绿谷——万绿湖——镜花缘。

★梅州　休闲梅州

起止位置：梅县区S223线秀兰桥——雁洋镇长教村，全长30千米。特色：文化浓郁，风情醇厚，风景优美，人文景观独具特色，旅游服务设施完善。推荐游览线路：秀兰大桥——叶剑英纪念园——雁鸣湖旅游度假村——灵光寺旅游区——雁南飞茶田景区——桥溪古韵景区。

★江门　碉楼逸风

起止位置：开阳高速塘口出口——X555——自力村——立园——325国道——S275——马降龙——S275——锦江里，全长35千米。特色：世界文化遗产之旅，世界建筑景观长廊。推荐游览线路：自力村——立园——赤坎古镇——马降龙——锦江里。

★湛江　菠萝的海

起止位置：S289徐闻县曲界镇——雷州市调风镇段，全长28千米。特色：汇集生态农业观光体验、美丽乡村、风车群、湖泊、火山口等元素的旅游观光大道。祖国大陆与海南国际旅游岛的重要通道。推荐游览线路：

菠萝的海核心景区——风车群——一世界地质公园田洋火山口——龙门村——九龙山国家湿地公园。

★肇庆　千里走廊

起止位置：国道321四会市——封开县与广西交界处（G321），全长170千米。特色：汇集西江风貌、山水景观、人文景观、乡村旅游、名胜古迹，花岗岩、石灰石等地质自然景观。推荐游览线路：贞山景区——六祖寺——鼎湖山景区——北岭山森林公园——七星岩景区——羚羊峡古栈道森林公园——端砚村——阅江楼——宋城墙——梅俺——包公文化园——悦城龙母祖庙——三元塔——德庆学宫——广信塔。

★清远　北江画卷

起止位置：清城起龙塘镇 K244、K2478，英德起 K2346 止 K2440，全长 99 千米。特色：山水文化旅游画廊。沿线集亲情温泉、宗教文化、闲情山水、激情漂流、休闲度假、乡村旅游、名胜古迹、北江美食于一体的深度旅游体验带。推荐游览线路：德盈新银盏温泉度假村——飞霞风景区——黄腾峡生态旅游区——牛鱼嘴原始生态风景区——天子山旅游度假区——飞来峡水利枢纽风景区——上岳古村——铁溪小镇——连江口镇——浈阳峡旅游度假区——宝晶宫生态旅游度假区——奇洞温泉度假区——积庆里红茶谷——仙湖温泉旅游度假区。

（二）河北省全域旅游线路

河北省旅游委下发的《河北省国家全域旅游示范省创建规划》：未来几年，河北省将全面改善全域旅游产品供给，突出旅游资源特色、产品特色、功能特色、文化特色、业态特色、景观特色，构建类型丰富、组合良好、差异互补的旅游产品体系，打造全域旅游核心吸引力，让海内外游客在河北玩得更开心。根据《规划》，河北省将整合精品旅游资源，以航线、交通、河流、海岸等线路作支撑，串联重要景区、城市和村镇等旅游节点，优化旅游行程组织，培育十大品牌旅游线路。

★锦绣长城

以"望长城内外，游大好河山"为主题，开发"张家口—北京—承德—天津—唐山—秦皇岛"旅游线路，主要串联张家口大境门、滦平金山岭长城、迁西喜峰口长城、迁安白羊峪长城、秦皇岛山海关等景区。

★壮美太行

以"巍巍太行山，绝胜在河北"为主题，开发"北京—张家口—保定—石家庄—邢台—邯郸"旅游线路，主要串联蔚县小五台—金河口、野三坡、白石山、驼梁—五岳寨、赞皇嶂石岩、邢台天河奇峡、涉县娲皇宫等景区。

★浪漫海滨

以"与城市相守，与天海相伴"为主题，开发"秦皇岛—唐山—天津—沧州"旅游线路，主要串联山海关、新澳海底世界、乐岛海洋公园、华侨城南戴河滨海国际旅游度假区、唐山国际旅游岛、南大港湿地等景区。

★冬奥冰雪

以"踏雪寻美，放飞白色激情"为主题，开发"北京—崇礼—赤城—张北—北京"旅游线路，主要串联万龙滑雪场、密苑云顶乐园、长城岭滑雪场、多乐美地、赤城温泉等景区。

★草原风光

以"策马草原，风吹草低见牛羊"为主题，开发"北京—张家口—承德—北京"线路，主要串联国家1号风景道、中都草原度假村、丰宁京北第一草原、御道口草原森林、承德避暑山庄等。

★燕赵古迹

以"临古城访圣地，穿越千年故事"为主题，开发"北京—保定—石家庄—邢台—邯郸"旅游线路，主要串联易县清西陵、保定直隶总督署、正定古城、顺德府衙、广府古城等景区。

★红色记忆

以"革命烽火地，英雄大本营"为主题，开发"北京—易县—唐县—阜平县—平山县—邢台县—涉县"旅游线路，主要串联白洋淀、唐县白求恩柯棣华纪念馆、阜平县晋察冀边区革命纪念馆、易县狼牙山、平山西柏坡纪念馆、邢台县前南峪、涉县八路军129师司令部旧址等景区。

★京西百渡

以"沿拒马河岸，走进山水画卷"为主题，开发"北京—涞水—易县—涞源"旅游线路，主要串联野三坡、白石山、清西陵、狼牙山、易水湖、恋乡·太行水镇、百里峡艺术小镇等景区。

★古韵运河

以"燕赵故地，运河雄风"为主题，开发"北京—廊坊—天津—沧州—衡水—邢台—邯郸"旅游线路，主要串联香河第一城、霸州胜芳古镇、吴桥杂技大世界、衡水湖等景区。

★多彩京畿

以"踏京畿善道，游京畿福地"为主题，以"西柏坡号"（邯郸—承德）和"正定号"（石家庄—张家口）环京津旅游专列为主线，串联起正定古城、衡水湖、吴桥杂技大世界、承德避暑山庄以及天津杨柳青、北京故宫等省内外主要旅游城市的景区景点。

## 线路拓展资料三：

## 中国台湾旅游线路设计

中国台湾位于中国大陆东南沿海的大陆架上，总面积约3.6万平方千米，包括台湾岛及兰屿、绿岛、钓鱼岛等21个附属岛屿和澎湖列岛64个岛屿，是中国第一大岛。台湾文化以中华文化为主体，是中华文化的重要组成部分，原住民族的南岛文化亦有影响，近现代又融合日本和欧美文化，呈现多元风貌。

**线路名称：台湾环岛8日7晚跟团游**

第1天：北京—台北，飞行时间：约3小时30分钟。

航班：集合于首都国际机场，由领队协助办理出境手续；由北京搭乘班机到台北。12:30用餐，时间：约1小时，午餐：牛肉面风味餐。13:30集合出发，行驶距离：约46千米，行驶时间：约1小时，游览时间：约2小时。

★台北故宫博物院。故宫博物院为中国宫殿式建筑，一、二、三层为展览陈列空间，四楼为休憩茶座——三希堂。其典藏了历代文物艺术精粹，大致可分为青铜器、书画、陶瓷器、图书典籍、工艺品和宫廷类文物等，几乎涵盖了整部五千年的中国历史，数量超过65.5万件。台北故宫博物院因此拥有"中华文化宝库"的美名。

★诚品书店（信义店）。诚品信义旗舰店集合了图书、购物、服装、美食等于一体，运用"连锁而不复制"的诚品经验，创造国际化的台北城市意象与诚品life style的文化品牌，成为华人市场最具指针性的"国际文创交流平台"。

★台北101大楼（登顶赏台北全景）。台北101大楼曾是世界第一高楼，集办公、观景台和购物中心于一体，是台北的地标性建筑。每年台北的跨年晚会，都是以台北101大楼的跨年烟火表演作为压轴演出。数分钟中以烟火作为主题所举办的跨年活动，搭配周边的跨年活动，每年均吸引数十万人于现场观赏，并成为国际及台湾最知名的跨年活动之一。

18：50晚餐，用餐时间：约1小时，晚餐地点：台湾菜（阿美餐厅）。20：00前往酒店：I-More（艾摩兒时尚旅馆）或 樂葳總裁行館（La Vie Motel）或 艾蔓精致旅馆（新北淡水馆）（AMAIN BOUTIQUE MOTEL-DANSHUI）或 艾蔓精致旅馆（新北土城馆）（Amain Boutique Motel Tu-cheng）。如遇展会，第一晚和最后一晚酒店可能会为您对调，烦请谅解。特别赠送：日月潭知名香菇茶叶蛋，凤梨酥，台湾奶茶，台湾季节水果。享用特色美食：台式涮涮锅、台菜阿美饭店、垦丁海鲜餐、台式牛肉面、高山风味餐、太监鸡风味餐。晚上抵达的航班，当日的行程挪至最后一天游览，不会减少景点和游览时间。

第2天：台北—嘉义

8：00早餐，用餐时间：约1小时，早餐地点：酒店内。9：00行驶距离：约210千米，行驶时间：约2小时30分钟，游览时间：约1小时30分钟。

★九族文化村。九族文化村是一个以台湾原住民九大族群为主题的乐园，包括原住民文化区、欢乐世界和欧洲花园三大主题园区，是了解台湾少数民族传统文化和休闲观光的好去处。景区的最高点在后山的观山楼，可乘缆车通往日月潭和山下的欢乐世界。天气晴朗的话，坐在缆车车厢内可以俯瞰到文化村全景和日月潭的湖光山色，视角极佳。

13：00集合出发，行驶距离：约15千米，行驶时间：约30分钟，用餐时间：约1小时。午餐：中式料理。14：30行驶距离：约30千米，行驶时间：约1小时，游览时间：约2小时。

★日月潭。日月潭四周群山环抱，潭水清澈晶莹，湖面辽阔，群峰倒映湖中，犹如画中的美景。每当夕阳西下，日光月影相映成趣，显得优雅宁静而富有诗意。潭中有一个小岛，远看好像浮在水面上的一颗珠子，所以被叫做"珠子屿"，现在也叫拉鲁岛。以这个岛为界，湖的北半部分圆圆的像太阳，湖的南半部分弯弯的像月牙，这就是日月潭名字的来源。乘游艇游湖，并赠送缆车，俯瞰日月潭。天气不佳或维修，不另退费。

17：30用餐，时间：约1小时，晚餐：涮涮锅风味餐。18：30集合，行驶距离：约100千米，行驶时间：约2小时，前往酒店：嘉义高桥酒店（HOTEL HI）或 嘉義商旅（DAY+ BOUTIQUE HOTEL）或 嘉义兆品酒店（MAISON DE CHINE CHIAYI）或 嘉义观止酒店（Chiayi Guanzhi Hotel）或 嘉义番路名都观光渡假大饭店（LE BEAU MAX RESORT）

第3天：嘉义—阿里山—高雄

7:00用餐，时间：约1小时，早餐：酒店内，8:00出发，行驶距离：约90千米，行驶时间：约2小时，游览时间：约2小时。

★阿里山森林游乐区。阿里山森林游乐区以五奇著称，包括阿里山的日出、云海、晚霞、森林与高山铁路。著名的景点包括二个大小不同的邻近湖泊姐妹潭、祭拜玄天上帝的受镇宫，另外还有三代木、沼平公园、慈云寺、贵宾馆（蒋公行馆）、三兄弟等也是到阿里山旅游不可错过的景点。如果遇到恶劣天气无法上山，则改成"台南三宝"或"溪头风景区"。

12:00用餐，时间：约1小时，午餐：高山风味餐。13:00购物，时间：约1小时。14:00行驶距离：约146千米，行驶时间：约2小时30分钟，游览时间：约2小时。

★西子湾风景区。西子湾风景区位于高雄市西侧，距市中心约20分钟车程，毗邻高雄港。南与旗津半岛隔海相望，北倚万寿山，以拥有碧海金沙的海水浴场、绚美的夕阳海景和天然礁石而闻名。

★旗津海岸公园。高雄市政府斥资五百多亿元兴建旗津海岸公园，这里游客如织，为一观光休憩的好去处。旗津海岸公园可分为海水浴场、观海景步道、越野区、自然生态区等四个区。另外还有一处由15根柱子所支撑的观海平台，从岸边一直延伸到海里，站在平台上可以亲身体验到浪潮冲击所产生的巨大力量。

18:30集合出发，行驶时间：约30分钟，活动时间：约1小时30分钟。

★自由活动：高雄夜市。一到晚上，各式南北精致小吃及五花八门的商品摊便纷纷出笼，夜市最特殊的景观是招牌林立的牛排店，大大小小十多家。此外不论是山野特产、冷饮冰品及海产店等都是应有尽有，种类之多令人目不暇给，其中盐蒸虾、木瓜牛奶、筒仔米糕、臭豆腐等是高雄市的招牌特色，千万不要错过。

晚餐：方便游玩，晚餐自理。20:30前往酒店：高雄寒轩国际大饭店（Han-Hsien Internation Hotel）或 高雄君鸿国际酒店（85 Sky Tower Hotel）或 高雄丽尊酒店（The Lees Hotel）或 高雄汉来大饭店（GRAND HI-LAI HOTEL）或 高雄国宾大饭店（THE AMBASSADOR HOTEL KAOHSIUNG），特升级五星级大饭店。

第4天：高雄—垦丁

8:00用餐，时间：约1小时，早餐：酒店内。9:00行驶时间：约2小时，乘坐大巴：高雄-垦丁。11:00行驶距离：约124千米，用餐时间：约1小时。午餐：海鲜风味餐。12:00行驶距离：约45千米，行驶时间：约30分钟，游览时间：约2小时。

★台湾海洋生物博物馆。台湾海洋生物博物馆，简称海生馆，是台湾最大的海洋馆，分为台湾水域馆、珊瑚王国馆及世界水域馆三个展馆。海生馆每天会在固定时间安排几场表演，有海豹、白鲸、企鹅等专场表演。海生馆内还有一家海景餐厅，是以海洋为主题的二楼自助餐厅，在享受美味可口的佳肴及餐点之余，观赏辽阔的海景，舒服地用餐。

14：30集合出发，行驶距离：约10千米，行驶时间：约30分钟，游览时间：约2小时。

★鹅銮鼻公园。鹅銮鼻公园位于台湾最南端，前身为海底礁岩，故园内珊瑚礁、石灰岩地形遍布，因受海浪、强风及雨水侵蚀，造成巨礁林立、奇峰、洞穴等奇观。园内步道纵横交错，有好汉石、沧海亭、又一村、迎宾亭等景点。

★龙磐公园。龙磐公园位于台湾省屏东县恒春东南方，沿着佳鹅公路从鹅銮鼻向北行即可达。龙磐风景区是属于一块上升的石灰岩地形，因此区内溶蚀地形非常发达，可以瞧见石灰岩洞、渗穴、崩崖等地形，非常的新奇有趣。

17：00集合，游览时间：约1小时

★南湾游憩区。南湾因海水清澈透蓝又被称为"蓝湾"。美丽细致的沙滩长约600米，是垦丁国家公园最宽阔的沙滩，早年以"金沙白浪"被列为恒春八景之一。海滩上有许多活力四射的冲浪男孩和比基尼女孩，不会游泳的就在细白的沙滩上走走停停、堆沙子，或是躺在沙滩椅上尽情放松，都十分惬意。

18：00集合，游览时间：约1小时30分钟

★自由活动：垦丁大街。垦丁大街是垦丁国家公园内最热闹的商店街，不到2千米的街区，夕阳下，闲适小街泛着橙色金光，酒吧霓虹开始闪耀，一路上众多酒吧、舞场和小吃摊，你可以站在路边小酌一杯，街上还有许多PUB，表演者会来到街上秀一段绝技，每次都会引起路人骚动，相当特别。垦丁大街上随意闲逛可以随处发现精巧可爱的小东西。从创意T-Shirt、比基尼、遮阳帽、海滩鞋、包包等应有尽有，还有各式各样充满异国风情的手链、贝壳饰品、手工编织品等。到了晚上更是热闹非凡，好吃的、好玩的摊位摆满了垦丁路的两侧，饭店和酒吧的霓虹灯到处闪耀。甚至还有停在路边的小卡车，把车厢板翻下来居然就变成了一家路边小酒吧。

晚餐：方便游玩，敬请自理。19：30集合出发，行驶时间：约30分钟，前往酒店：垦丁福华渡假饭店（Howard Beach Resort Kenting）或 屏东垦丁-统一渡假村垦丁海洋体验乐园（Uni-Resort Ken-Ting）或 垦丁泊逸酒店（BOUTIX KENTING）或 屏东垦丁悠活渡假村（YOHO BEACH RESORT）或 福容大饭店（垦丁馆）（Fullon Resort Kending）

第5天：垦丁—台东

9：00用餐，时间：约1小时，早餐：酒店内。10：00前往景点，行驶距离：约130千米，行驶时间：约3小时，游览时间：约30分钟。

★环岛之星。环岛之星是台湾最豪华观光列车，有媲美飞机头等舱的座位，可以享用贵宾级优质服务，沿途饱览台湾最秀美海岸线。列车外观上彩绘着环岛美景与季节花卉，将台湾四季风情巧妙地融合在车身之上，如同乘着列车在晨昏四季之中，穿梭在田园景致与山海城乡，串起最迷人的欢乐旅程。

前往枋寮，搭乘台湾精致彩绘的火车【环岛之星】前往台东。注：约12：25枋寮发车，约13：46到台东（具体发车时间以实际为准）午餐：火车怀旧便当。14：00出发，行驶距离：约20千米，行驶时间：约30分钟，游览时间：约1小时。

★台东森林公园（骑单车游玩）。来到台东可不要错过这个好地方，在公园可以看海、散步、看星星、赏月、赏夕阳，很是惬意，而且公园经过多次维护整治后，公园内设施完善，艺术氛围浓厚，春意盎然，生态环境被保护的也很得当，所以这也是台东最热门的一个景点之一。

　　15：30 集合出发，行驶距离：约 18 千米，行驶时间：约 30 分钟。前往酒店：台东娜路弯大酒店（Formosan Naruwan Hotel & Resort Taitung）或 台东知本金联世纪酒店（Century Hotel）或绮丽渡假村，特升级五星级大饭店。备注：温泉酒店，请客人自备泳衣和泳帽，并且根据自身身体情况选择泡汤。16：00 用餐，时间：约 1 小时，晚餐：中式料理。

　　第 6 天：台东—花莲

　　7：00 用餐，时间：约 1 小时，早餐：酒店内。8：00 集合，购物时间：约 1 小时。

　　★购物。珊瑚购物店里有各式各样的珊瑚饰品和摆件等，您可以自由选购，赠送亲朋好友。

　　9：00 集合出发，行驶距离：约 110 千米，行驶时间：约 2 小时 30 分钟，游览时间：约 30 分钟。

　　★北回归线纪念碑。台湾共有三个北回归线纪念碑，而其中一座就位于花莲台 11 线 70.5 千米处，这座洁白的纪念碑在北回归线标志公园内，东临太平洋，一柱擎天，颇为壮观，吸引了许多游客来此拍照。

　　12：00 用餐，时间：约 1 小时，午餐：中式料理。13：00 前往景点，行驶距离：约 94 千米，行驶时间：约 2 小时，游览时间：约 1 小时 30 分钟。

　　★太鲁阁国家公园。太鲁阁国家公园，是中国台湾地区的第 4 座"国家公园"，位于台湾岛东部，地跨花莲县、台中县、南投县三个行政区。园内有台湾第一条东西横贯公路通过，称为中横公路系统。园内的高山保留了许多冰河时期的孑遗生物，如山椒鱼等。

　　如遇落石等不可控原因无法游览，则更换成其他景点，敬请谅解。16：30 前往景点，行驶距离：约 10 千米，行驶时间：约 20 分钟，游览时间：约 30 分钟。

　　★七星潭风景区。七星潭，花莲唯一的县级风景区，是一处绵长的新月形海岸，七星潭最为人知晓的是壮丽的海湾，看日出、赏星、赏月都相当合适，不仅是游客喜爱，因其邻近花莲市区，很多人习惯下班后来海边散步，享受夏日余晖与海滩风情。

　　17：30 集合出发，行驶距离：约 15 千米，行驶时间：约 30 分钟，用餐时间：约 1 小时。晚餐：太监鸡风味餐。18：30 前往酒店：花莲 F 商旅（F hotel）或 力丽哲园（花莲馆）（Lealea Garden Hotel - HuaLien）或 花莲百事达国际饭店（Best hotel）或 花莲富野渡假酒店（HOYA RESORT HOTEL HUALIEN）或 花莲烟波大饭店花莲馆（Lakeshore Hotel Hualien）

　　第 7 天：花莲—台北

　　8：00 用餐，时间：约 1 小时，早餐：酒店内。9：20 集合出发，行驶距离：约 120 千米，行驶时间：约 2 小时。【新城】—【苏澳新】，火车，迅捷安全；出发时间仅供参考，以最终票面实际时间为准；我们将会妥善安排您的时间。11：20 行驶时间：

约40分钟，用餐时间：约1小时。午餐：中式料理。13:00 行驶距离：约58千米，行驶时间：约1小时，游览时间：约1小时。

★野柳地质公园。野柳是延伸至海中的一个岬角，受造山运动的影响，深埋海底的沉积岩上升至海面，产生了附近海岸的单面山、海蚀崖、海蚀洞等地形。并形成蜂窝岩、豆腐岩、蕈状岩、姜状岩，风化窗等世界级的岩层景观，造就了千奇百怪的瑰丽景象。风景区共分三部分，第一区为仙女鞋、女王头、情人石、林添祯塑像等景点；第二区有风化窗、豆腐岩、海蚀沟、龙头石等；第三区有灯塔、海龟石、二十四孝山、珠石、海狗石等。除了奇特的地质和石头以外，种类繁多，在海边栖息的海鸟也是不可错过的观赏目标。

15:00 集合出发，行驶距离：约60千米，行驶时间：约1小时，活动时间：约1小时。至免税店购物礼物赠送亲朋好友。17:00 集合出发，行驶时间：约30分钟，游览时间：约1小时30分钟。

★自由活动：上引水产。喜欢海鲜又喜欢体验的话，上引水产一定不能错过。上引水产内有一个类似日本鱼市场的活体水产区，环境相当干净，随之是便当和烤烧物的贩卖区。一楼有2个用餐区，立吞寿司和快意鲜味吧。立吞寿司由日本全国寿司比赛冠军武田正彦坐镇、以寿司为主的料理区。快意鲜味吧则是提供各种新鲜贝类、虾蟹，还可配上各种酒。简直是吃货们的天堂。

晚餐：方便游玩，晚餐自理。19:00 前往酒店：台北威斯汀六福皇宫（The Westin Taipei）

第8天：台北—北京

用餐时间：约1小时，早餐：酒店内。购物时间：约1小时。

★购物：土特产购物店。台湾人称凤梨为"旺来"，象征着好运降临、连绵不绝。来到台湾不尝尝凤梨酥是种遗憾，尝过凤梨酥不带给亲朋好友一齐品尝更是种遗憾。而这里不仅有凤梨酥，还有糕饼类、牛轧糖等著名台湾特产。还在等什么，快来选购吧。如遇最后半天自由活动，此景点安排提前游览。

行驶时间：约1小时，游览时间：约30分钟。

★慈湖纪念雕塑园。台湾桃园县大溪镇的慈湖，很像蒋介石在浙江的老家，故他将生前的行宫和生后的陵园都选在此处。蒋经国死后，也奉厝于此，紧邻慈湖。桃园县以此为基础，努力打造两蒋文化园区，期待以此吸引陆客。园区由慈湖陵寝，慈湖纪念雕塑公园，慈湖游客中心，大溪陵寝组成。如遇半天自由活动，此景点集合后游览。

飞行时间：约3小时30分钟。航班：前往机场办理登机手续。乘班机从台北返回北京。午餐：飞机上或自理。如遇下午航班返回，台北安排半天自由活动。

*以上行程时间安排可能会因天气、路况等原因做相应调整，敬请谅解。

**线路点评：**

这条线路有饕餮美食：品尝正宗台湾特色菜，更有台北上引水产，尽享美味；

还可以住宿升级：特有主题星级旅店、垦丁饭店，升级入住3晚五星级大饭店；

并且特别赠送：日月潭知名香菇茶叶蛋，凤梨酥，台湾奶茶，台湾季节水果。台湾在每个人心中都不一样，老一辈的想来到这里缅怀过去，年轻人会想来追逐台湾在偶像剧里的那种清新风。总之，亲身来到台湾，就能看到一个不一样的台湾。

资料来源：整理自携程旅行网

**实务操作**：从下列项目中选择一个项目进行实务操作

项目1：了解新疆的旅游资源，以探险为主题设计旅游线路。

项目2：结合秦皇岛发展现状，为其设计全域旅游线路。

项目3：综合所学知识，为家乡设计全域旅游线路。

# 附 录

## 一 中国世界遗产名录

1. 山东泰山：泰山（山东泰安市）、岱庙（山东泰安市）、灵岩寺（山东济南市）1987.12 文化与自然双重遗产（世界首个双重遗产）

2. 甘肃敦煌莫高窟 1987.12 文化遗产

3. 周口店北京人遗址 1987.12 文化遗产

4. 长城 1987.12 文化遗产

5. 陕西秦始皇陵及兵马俑 1987.12 文化遗产

6. 明清皇宫：北京故宫（北京）1987.12、沈阳故宫（辽宁）2004.7 文化遗产

7. 安徽黄山 1990.12 文化与自然双重遗产

8. 四川黄龙国家级名胜区 1992.12 自然遗产

9. 湖南武陵源国家级名胜区 1992.12 自然遗产

10. 四川九寨沟国家级名胜区 1992.12 自然遗产

11. 湖北武当山古建筑群 1994.12 文化遗产

12. 山东曲阜三孔（孔庙、孔府及孔林）1994.12 文化遗产

13. 河北承德避暑山庄及周围寺庙 1994.12 文化遗产

14. 西藏自治区（以下简称西藏）布达拉宫（大昭寺、罗布林卡）1994.12 文化遗产

15. 四川峨眉山—乐山风景名胜区 1996.12 文化与自然双重遗产

16. 江西庐山风景名胜区 1996.12 文化景观

17. 苏州古典园林 1997.12 文化遗产

18. 山西平遥古城 1997.12 文化遗产

19. 云南丽江古城 1997.12 文化遗产

20. 北京天坛 1998.11 文化遗产

21. 北京颐和园 1998.11 文化遗产

22. 福建省武夷山 1999.12 文化与自然双重遗产

23. 重庆大足石刻 1999.12 文化遗产

24. 安徽古村落：西递、宏村 2000.11 文化遗产

25. 明清皇家陵寝：明显陵（湖北钟祥市）、清东陵（河北遵化市）、清西陵（河北易县）2000.11、明孝陵（江苏南京市）、明十三陵（北京昌平区）2003.7、盛京三陵（辽宁沈阳市）2004.7 文化遗产

26. 河南洛阳龙门石窟 2000.11 文化遗产

27. 四川青城山和都江堰 2000.11 文化遗产

28. 云冈石窟 2001.12 文化遗产
29. 云南"三江并流"自然景观 2003.7 自然遗产
30. 吉林高句丽王城、王陵及贵族墓葬 2004.7.1 文化遗产
31. 澳门历史城区 2005 文化遗产
32. 四川大熊猫栖息地 2006.7.12 自然遗产
33. 中国安阳殷墟 2006.7.13 文化遗产
34. 中国南方喀斯特 2007.6.27 自然遗产（2014..6.23 增补二期）
35. 开平碉楼与古村落 2007.6.28 文化遗产
36. 福建土楼 2008.7.7 文化遗产
37. 江西三清山 2008.7.8 自然遗产
38. 山西五台山 2009.6.26 文化景观
39. 嵩山"天地之中"古建筑群 2010.7.30 文化遗产
40. "中国丹霞" 2010.8.1 自然遗产
41. 杭州西湖文化景观 2011.6.24 文化景观
42. 元上都遗址 2012.6.29 文化遗产
43. 澄江化石地 2012.7.1
44. 新疆维吾尔自治区天山 2013.6.15 自然遗产
45. 红河哈尼梯田文化景观 2013.6.15 文化景观
46. 中国大运河 2014.6.22 文化遗产
47. 丝绸之路：长安—天山廊道的路网 2014.6.22 文化遗产
48. 土司遗址 2015.7.4 文化遗产
49. 左江花山岩画文化景观 2016.7.15 文化遗产
50. 湖北神农架 2016.7.17 自然遗产
51. 可可西里 2017.7.7 自然遗产
52. 厦门鼓浪屿 2017.7.8 文化遗产

## 二　国家历史文化名城名录

**一、国家第一批历史文化名城名单（24座）（国务院1982年2月8日批准）**

| | | | |
|---|---|---|---|
| 北京（直辖市） | 承德（河北） | 大同（山西） | 南京（江苏） |
| 泉州（福建） | 景德镇（江西） | 曲阜（山东） | 洛阳（河南） |
| 开封（河南） | 苏州（江苏） | 扬州（江苏） | 杭州（浙江） |
| 绍兴（浙江） | 江陵（现荆州，湖北） | | 长沙（湖南） |
| 广州（广东） | 桂林（广西） | 成都（四川） | 遵义（贵州） |
| 昆明（云南） | 大理（云南） | 拉萨（西藏） | 西安（陕西） |
| 延安（陕西） | | | |

**二、国家第二批历史文化名城名单（38座）（国务院1986年12月8日批准）**

| | | | |
|---|---|---|---|
| 天津（直辖市） | 保定（河北） | 平遥（山西） | 呼和浩特（内蒙古） |
| 沈阳（辽宁） | 上海（直辖市） | 镇江（江苏） | 常熟（江苏） |
| 徐州（江苏） | 淮安（江苏） | 宁波（浙江） | 歙县（安徽） |
| 寿县（安徽） | 亳州（安徽） | 福州（福建） | 漳州（福建） |
| 南昌（江西） | 济南（山东） | 安阳（河南） | 南阳（河南） |
| 商丘（河南） | 武汉（湖北） | 襄樊（现襄阳，湖北） | |
| 潮州（广东） | 重庆（直辖市） | 阆中（四川） | 宜宾（四川） |
| 自贡（四川） | 镇远（贵州） | 丽江（云南） | 日喀则（西藏） |
| 韩城（陕西） | 榆林（陕西） | 武威（甘肃） | 张掖（甘肃） |
| 敦煌（甘肃） | 银川（宁夏） | 喀什（新疆） | |

**三、国家第三批历史文化名城名单（37座）（国务院1994年1月4日批准）**

| | | | |
|---|---|---|---|
| 正定（河北） | 邯郸（河北） | 新绛（山西） | 代县（山西） |
| 祁县（山西） | 哈尔滨（黑龙江） | 吉林（吉林） | 集安（吉林） |
| 衢州（浙江） | 临海（浙江） | 长汀（福建） | 赣州（江西） |
| 青岛（山东） | 聊城（山东） | 邹城（山东） | 淄博（山东） |
| 郑州（河南） | 浚县（河南） | 随州（湖北） | 钟祥（湖北） |
| 岳阳（湖南） | 肇庆（广东） | 佛山（广东） | 梅州（广东） |
| 雷州（广东） | 柳州（广西） | 琼山*（海南） | 乐山（四川） |
| 都江堰（四川） | 泸州（四川） | 建水（云南） | 巍山（云南） |
| 江孜（西藏） | 咸阳（陕西） | 汉中（陕西） | 天水（甘肃） |
| 同仁（青海） | | | |

**四、国家最新批准历史文化名城名单（35座）（国务院2001年至今）**

| | | | |
|---|---|---|---|
| 山海关（河北） | 凤凰（湖南） | 濮阳（河南） | 安庆（安徽） |
| 泰安（山东） | 海口（海南） | 金华（浙江） | 绩溪（安徽） |
| 吐鲁番（新疆） | 特克斯县（新疆） | 无锡（江苏） | 南通（江苏） |
| 北海（广西） | 嘉兴（浙江） | 宜兴（江苏） | 中山（广东） |
| 太原（山西） | 蓬莱（山东） | 会理（四川） | 库车县（新疆） |
| 伊宁（新疆） | 泰州（江苏） | 会泽（云南） | 烟台（山东） |
| 青州（山东） | 湖州（浙江） | 齐齐哈尔（黑龙江） | |
| 常州（江苏） | 瑞金（江西） | 惠州（广东） | 温州（浙江） |
| 高邮（江苏） | 永州（湖南） | 龙泉（浙江） | 长春（吉林） |

注：海南省的"琼山"及"海口"后因合并，"琼山"将不再出现在历史文化名

城名单中。

经国务院批复同意，湖北省襄樊市更名为襄阳市。（2010年12月）

## 三　全国红色旅游经典景区名录

**北京市**
1. 天安门广场
2. 中国人民抗日战争纪念馆、卢沟桥、宛平城
3. 新文化运动纪念馆
4. 李大钊烈士陵园
5. 中国国家博物馆
6. 中国人民革命军事博物馆
7. 顺义区焦庄户地道战遗址纪念馆
8. 北京奥林匹克公园
9. 圆明园遗址公园
10. 北京规划展览馆
11. 宋庆龄故居
12. 香山双清别墅
13. 房山区没有共产党就没有新中国纪念馆
14. 冀热察挺进军司令部旧址陈列馆
15. 中国航空博物馆

**天津市**
1. 周恩来邓颖超纪念馆
2. 平津战役纪念馆
3. 盘山烈士陵园
4. 河北区天津市规划展览馆
5. 和平区中共中央北方局旧址纪念馆
6. 大沽口炮台遗址博物馆

**河北省**
1. 石家庄市平山县西柏坡红色旅游系列景区（点）
2. 石家庄市华北军区烈士陵园
3. 邯郸市红色旅游系列景区（晋冀鲁豫烈士陵园，武安市晋冀鲁豫中央局旧址，涉县八路军一二九师司令部旧址）
4. 保定市红色旅游系列景区（留法勤工俭学运动纪念馆，阜平县城南庄晋察冀军区司令部旧址，易县狼牙山风景区，安新县白洋淀景区，清苑县冉庄地道战遗址，唐县白求恩柯棣华纪念馆，涞水县野三坡平西抗日根据地，高阳县布里留法工艺学校旧址、高蠡暴动烈士陵园及纪念馆，涞源县雁宿崖黄土岭战斗遗址，顺平县冀中军区抗战后方基地）

5. 唐山市红色旅游系列景区（乐亭县李大钊故居和纪念馆，丰润区潘家峪惨案纪念馆）

6. 邢台市邢台县中国人民抗日军事政治大学陈列馆

7. 沧州市献县马本斋烈士纪念馆

8. 承德市隆化县董存瑞烈士陵园及纪念馆

9. 唐山市开滦矿山博物馆

10. 承德市宽城县、唐山市迁西县喜峰口长城抗战遗址

11. 邢台市邢台县前南峪村

12. 唐山市唐山地震遗址纪念公园

13. 张家口市张北国防教育基地

14. 张家口市红色旅游系列景区（晋察冀军区司令部旧址，察哈尔烈士陵园，察哈尔省民主政府旧址，察哈尔民众抗日同盟军烈士纪念塔）

**山西省**

1. 长治市红色旅游系列景区（武乡县八路军太行纪念馆、武乡县王家峪八路军总部旧址景区、武乡县百团大战砖壁指挥部旧址，黎城县黄崖洞景区，沁源县太岳军区司令部旧址）

2. 晋中市左权县麻田八路军前方总部旧址景区、左权将军殉难处

3. 大同市红色旅游系列景区（大同煤矿"万人坑"遗址纪念馆，灵丘县平型关大捷遗址、平型关烈士陵园）

4. 忻州市红色旅游系列景区（五台县晋察冀军区司令部旧址纪念馆、徐向前故居和纪念馆，代县雁门关伏击战遗址、夜袭阳明堡机场遗址）

5. 吕梁市红色旅游系列景区（文水县刘胡兰纪念馆，兴县"四八"烈士纪念馆、晋绥边区革命纪念馆，临县中共中央后方委员会旧址、中共中央西北局旧址、陕甘宁晋绥联防军旧址）

6. 太原市红色旅游系列景区（山西国民师范旧址革命活动纪念馆，太原解放纪念馆，高君宇故居，彭真生平暨中共太原支部旧址纪念馆，双塔陵园）

7. 阳泉市狮脑山百团大战遗址

8. 吕梁市石楼县红军东征纪念馆

9. 晋中市昔阳县大寨展览馆及长治市平顺西沟展览馆

**内蒙古自治区**

1. 呼和浩特市红色旅游系列景区（乌兰夫故居和纪念馆，武川县大青山抗日游击根据地旧址）

2. 满洲里市红色国际秘密交通线教育基地

3. 乌兰浩特市内蒙古自治区政府成立纪念地

4. 海拉尔市世界反法西斯战争海拉尔纪念园

5. 锡林郭勒盟多伦县察哈尔抗战遗址（察哈尔抗日同盟军收复多伦指挥部、吉鸿昌将军讲演地、同盟军收复多伦战斗旧址）

6. 乌兰察布市绥蒙革命纪念馆及田家镇惨案遗址，集宁战役红色纪念地

7. 和林格尔县绥南革命根据地遗址（托和清地道遗址、革命烈士纪念塔）

8. 呼伦贝尔市诺门罕战役遗址及陈列馆

**辽宁省**

1. 沈阳市红色旅游系列景区（"九一八"历史博物馆，抗美援朝烈士陵园，中共满洲省委旧址纪念馆）

2. 抚顺市红色旅游系列景区（抚顺平顶山惨案遗址纪念馆，抚顺战犯管理所旧址陈列馆）

3. 丹东市抗美援朝纪念馆、鸭绿江断桥景区

4. 锦州市红色旅游系列景区（辽沈战役纪念馆，黑山阻击战纪念馆）

5. 葫芦岛市塔山阻击战纪念馆

6. 大连市关向应故居纪念馆

7. 抚顺市雷锋纪念馆

8. 朝阳市赵尚志纪念馆

9. 本溪市东北抗联史实陈列馆

10. 东北老工业基地转型发展系列景区（本溪市本溪湖中国近代煤矿工业遗址园；阜新市海州露天矿国家矿山公园；抚顺煤矿陈列馆）

11. 沈阳二战盟军战俘营旧址陈列馆

12. 阜新"万人坑"死难矿工纪念馆

**吉林省**

1. 四平市红色旅游系列景区（四平战役纪念馆，四平烈士陵园，四平烈士纪念塔；梨树县东北民主联军四平保卫战指挥部旧址）

2. 白山市红色旅游系列景区（七道江会议旧址，东北抗日联军纪念园，临江市四保临江战役纪念馆及烈士陵园、陈云旧居，靖宇县杨靖宇将军殉难地、城墙砬子东北抗日联军诞生地）

3. 通化市杨靖宇烈士陵园

4. 长春市东北沦陷史陈列馆

5. 长春市长春电影制片厂

6. 辽源市日军辽源高级战俘营旧址

7. 白城市中共辽吉省委辽北省政府办公旧址和侵华日军机场遗址群

8. 珲春大荒沟抗日根据地遗址

**黑龙江省**

1. 哈尔滨市红色旅游系列景区（东北烈士纪念馆，东北抗联博物馆，哈尔滨烈士陵园，侵华日军第七三一部队罪证陈列馆）

2. 哈尔滨市尚志市红色旅游系列景区（尚志市革命烈士陵园、赵一曼被捕地）

3. 牡丹江市红色旅游系列景区（八女投江革命烈士陵园，海林市杨子荣烈士墓及剿匪遗址，宁安市马骏故居和纪念馆，林口县八女投江殉难地遗址）

4. 大庆市大庆油田历史陈列馆及铁人王进喜纪念馆

5. 齐齐哈尔市江桥抗战纪念地

6. 哈尔滨市中国人民解放军第四野战军前线指挥部旧址

7. 鸡西市密山市中国空军诞生地——东北民主联军航空学校旧址纪念馆、侵华日军鸡西罪证陈列馆

8. 北大荒开发纪念地（鸡西市密山市北大荒开发建设纪念馆；双鸭山市友谊县友谊农场）

9. 鸡西市侵华日军虎头要塞遗址及牡丹江市侵华日军东宁要塞遗址

10. 绥芬河市秘密交通线纪念馆

11. 黑河市瑷珲历史陈列馆

12. 哈尔滨市哈军工纪念馆

**上海市**

1. 上海红色旅游系列景区（中国共产党第一次全国代表大会会址纪念馆，龙华烈士陵园，宋庆龄陵园，陈云纪念馆，中国共产党第二次全国代表大会会址纪念馆，中共四大纪念馆）

2. 上海城市规划展示馆

3. 上海鲁迅纪念馆

4. 浦东陆家嘴金融贸易区

5. 上海世博园

6. 上海淞沪抗战纪念馆

7. 上海四行仓库抗战纪念馆

**江苏省**

1. 南京市红色旅游系列景区（梅园新村纪念馆，雨花台烈士陵园，侵华日军南京大屠杀遇难同胞纪念馆，渡江胜利纪念馆，南京条约史料陈列馆）

2. 江苏新四军红色旅游系列景区（镇江市句容县茅山新四军纪念馆；盐城市新四军纪念馆；泰兴市新四军黄桥战役纪念馆；常熟市沙家浜革命历史纪念馆；常州市新四军江南指挥部纪念馆）

3. 徐州市淮海战役纪念馆，邳州市禹王山抗日阻击战遗址纪念园

4. 南通市海安县苏中七战七捷纪念馆

5. 淮安市红色旅游系列景区（淮阴区八十二烈士陵园，周恩来纪念馆和故居，黄花塘新四军军部旧址，新安旅行团历史纪念馆）

6. 南京市中山陵

7. 宿迁市雪枫公园

8. 泰州市中国人民解放军海军诞生地纪念馆

9. 常州市瞿秋白故居、张太雷故居及恽代英纪念广场

10. 南通市如皋市中国工农红军第十四军纪念馆

11. 连云港市赣榆区抗日山烈士陵园

**浙江省**

1. 嘉兴市南湖风景名胜区（中共一大旧址）

2. 绍兴市鲁迅故居及纪念馆

3. 台州市解放一江山岛战役纪念地
4. 温州市浙南（平阳）抗日根据地旧址
5. 宁波市浙东（四明山）抗日根据地旧址
6. 浙西南革命根据地旧址群（丽水市夏河中共浙江省委机关旧址，龙泉市披云山苏维埃旧址，松阳县安岱后苏维埃旧址，遂昌县王村口苏维埃旧址；衢州市开化县中共浙皖特委旧址，中共闽浙赣省委旧址；温州市泰顺县中共浙闽边临时省委成立旧址）
7. 湖州市新四军苏浙军区旧址群（长兴县新四军苏浙军区旧址、新四军苏浙军区一纵队司令部旧址、新四军苏浙公学旧址，安吉县反顽自卫战指挥部旧址）
8. 温州市永嘉县中国工农红军第十三军军部旧址群
9. 杭州市富阳区侵浙日军投降仪式旧址
10. 温州市洞头先锋女子民兵连纪念馆

**安徽省**

1. 安徽新四军红色旅游系列景区（宣城市泾县皖南事变烈士陵园及新四军军部旧址；滁州市定远县藕塘烈士纪念馆及中共中央中原局旧址，来安县新四军二师师部旧址；黄山市黄山岩寺新四军军部旧址；宿州市皖东北革命历史纪念馆暨江上青烈士殉难地，亳州市涡阳县新四军四师纪念馆；合肥市庐江县新四军江北指挥部旧址，淮南市大通万人坑教育馆；天长市龙岗抗大分校纪念馆，安庆市岳西县红二十八军鄂豫皖边区国共和谈旧址；六安市舒城县新四军第四支队纪念馆、黄山红军北上抗日先遣队纪念馆；黄山市黟县皖南苏维埃政府及柯村暴动旧址；芜湖市无为县新四军七师纪念馆）
2. 安徽省淮海战役系列景区（淮北市濉溪县淮海战役双堆集烈士陵园；宿州市萧县蔡洼淮海战役总前委会议暨华东野战军指挥部旧址）
3. 皖西南红色旅游系列景区（六安市皖西烈士陵园，裕安区独山革命旧址群，裕安区苏家埠战役纪念园，金寨县革命烈士陵园、红二十五军军政机构旧址，霍山县诸佛庵镇革命遗址；安庆市岳西县及金寨县红二十八军军政及重建旧址，安庆市太湖县刘家畈高干会议旧址；六安市金安区张家店战役纪念馆）
4. 芜湖市王稼祥纪念园
5. 合肥市肥东县渡江战役总前委旧址
6. 滁州市凤阳县小岗村
7. 渡江战役系列景区（芜湖市板子矶渡江战役第一登陆点纪念碑；蚌埠市渡江战役总前委孙家圩子旧址）
8. "两弹元勋"邓稼先故居

**福建省**

1. 福州市福建省革命历史纪念馆
2. 龙岩市红色旅游系列景区（上杭县古田会议旧址及纪念馆、毛泽东才溪乡调查纪念馆，长汀县福建省苏维埃旧址、福音医院旧址、县革命委员会旧址、红四军司令部和政治部旧址、中共福建省委旧址、福建省职工联合会旧址、瞿秋白烈士纪念碑、红军长征出发地（中复村）旧址，连城县红四军政治部旧址、红四军司令部旧址，武平县红四军前敌委员会旧址，龙岩市松毛岭战地遗址）

3. 三明市红色旅游系列景区（宁化县红军医院旧址、中央红军长征凤凰山出发地旧址、北山革命纪念园，泰宁县红军街，建宁县红一方面军总司令部、总前委、总政治部旧址，清流县红军标语遗址，明溪县红军战地医院遗址，永安市抗战遗址）

4. 漳州市毛主席率领红军攻克漳州陈列馆及中共闽粤边区特委旧址

5. 南平市红色旅游系列景区（武夷山赤石、大安红色旅游景区，闽北革命历史纪念馆，坑口革命遗址，邵武市中共苏区闽赣省委旧址、东方县委旧址，光泽县大洲国共谈判旧址，武夷山市上梅暴动、闽北红军中医院及岚谷革命旧址）

6. 福州市马尾船政旧址

7. 宁德市闽东红色旅游系列景区（蕉城区中国工农红军闽东独立师旧址，福安市中共闽东特委旧址，蕉城区三都岛红色革命旧址，屏南县革命旧址）

8. 莆田市涵江区闽中支队司令部旧址

9. 漳州市东山县谷文昌纪念馆

**江西省**

1. 南昌市红色旅游系列景区（南昌八一起义纪念馆，方志敏纪念馆，南昌新四军军部旧址，江西革命烈士纪念堂）

2. 赣西红色旅游系列景区（萍乡市、宜春市铜鼓县、九江市修水县秋收起义纪念地系列景点，萍乡市安源路矿工人运动纪念馆；宜春市万载县湘鄂赣革命根据地旧址，上高县抗日会战遗址；新余市罗坊会议纪念地）

3. 井冈山红色旅游系列景区

4. 赣州市、吉安市、抚州市中央苏区政府根据地红色旅游系列景区

5. 上饶市上饶集中营革命烈士陵园

6. 赣东北红色旅游系列景区（上饶市横峰县闽浙皖赣革命根据地旧址群，玉山县中国工农红军北上抗日先遣队纪念馆，铅山县石塘镇新四军整编旧址；景德镇市浮梁县新四军瑶里改编及程家山旧址，乐平市红十军建军旧址，赣东北革命委员会旧址，方志敏旧居）

7. 吉安市红色旅游系列景区（东固革命根据地，永新三湾改编旧址，泰和县马家洲集中营，遂川县工农兵政府旧址）

8. 九江市红色旅游系列景区（庐山会议旧址及领袖旧居群，98抗洪精神教育基地，共青城创业史陈列馆，八一起义策源地暨叶挺九江指挥部旧址纪念馆）

9. 赣州市红色旅游系列景区（宁都县中央苏区反"围剿"旧址及纪念馆，大余县南方红军三年游击战旧址及纪念馆）

10. 南昌市新建县小平小道陈列馆

11. 吉安市永新县湘赣革命根据地中心旧址

**山东省**

1. 济南市红色旅游系列景区（济南革命烈士陵园，济南战役纪念馆，济南市解放阁）

2. 枣庄市、济宁市铁道游击队红色旅游景区，枣庄市八路军抱犊崮抗日根据地遗址

3. 枣庄市台儿庄大战遗址

4. 临沂市红色旅游系列景区（华东革命烈士陵园，蒙阴县、沂南县沂蒙山孟良崮战役遗址，莒南县八路军——五师司令部，河东区新四军军部旧址，沂南县红嫂家乡常山庄村）
5. 莱芜市莱芜战役纪念馆
6. 青岛市中国人民解放军海军博物馆
7. 威海市环翠区刘公岛甲午海战纪念地
8. 鲁西南战役纪念系列景区（菏泽市郓城鲁西南战役指挥部旧址，冀鲁豫边区革命纪念馆；济宁市金乡县鲁西南战役纪念馆）
9. 聊城市东昌府区孔繁森同志纪念馆
10. 烟台市海阳地雷战遗址
11. 烟台市红色旅游系列景区（胶东革命烈士陵园，杨子荣纪念馆，海阳市地雷战纪念馆）
12. 德州市冀鲁边区革命纪念园
13. 滨州市渤海革命老区纪念园

**河南省**

1. 驻马店市确山县竹沟镇确山竹沟革命纪念馆
2. 信阳市红色旅游系列景区（新县鄂豫皖苏区首府革命博物馆、鄂豫皖苏区革命烈士陵园、首府路和航空路革命旧址、将军故里，商城县金刚台红军洞群，罗山县铁铺乡红二十五军长征出发地，新县箭厂河革命旧址，浉河区四望山新四军第五师师部旧址）
3. 南阳市叶家大庄桐柏英雄纪念馆
4. 郑州市二七纪念堂
5. 开封市兰考县焦裕禄烈士陵园
6. 安阳市林州市红旗渠
7. 商丘市永成县淮海战役陈官庄战斗遗址
8. 南阳市镇平县彭雪枫故居及纪念馆
9. 濮阳市清丰县单拐革命旧址
10. 安阳马氏庄园（刘邓大军指挥部旧址）
11. 新乡市南太行创业精神红色旅游景区（刘庄、京华村、唐庄、裴寨村、郭亮洞）
12. 周口市扶沟县吉鸿昌将军纪念馆
13. 洛阳市八路军驻洛办事处纪念馆
14. 鹤壁市石林会议旧址

**湖北省**

1. 武汉市红色旅游系列景区（江岸区八七会议会址纪念馆，武昌区毛泽东旧居及中央农民运动讲习所旧址纪念馆）
2. 黄冈市大别山红色旅游区（麻城市乘马会馆，麻城烈士陵园，红安县黄麻起义和鄂豫皖苏区革命烈士陵园，英山县英山烈士陵园、红二十八军红军医院旧址等，罗田县胜利烈士陵园，红安县大别山抗日军政学校旧址、刘邓大军挺进大别山指挥部旧址，

黄冈革命烈士陵园）

3. 湘鄂西红色旅游系列景区（荆州市洪湖市湘鄂西革命根据地旧址群，湘鄂西苏区革命烈士陵园）

4. 孝感市红色旅游系列景区（大悟县宣化店谈判旧址、新四军五师旧址）

5. 武汉市辛亥革命系列景区（武昌区辛亥革命武昌起义纪念馆及首义广场，江夏区中山舰纪念馆）

6. 咸宁市咸安区北伐战争汀泗桥战役遗址

7. 湘鄂赣红色旅游系列景区（黄石市阳新县湘鄂赣边区鄂东南革命烈士陵园、湘鄂赣革命根据地旧址群，大冶市红三军团建军旧址；鄂州市梁子湖区湘鄂赣军区司令部旧址）

8. 荆州市98抗洪及荆江分洪工程

9. 宜昌市长江三峡水利枢纽工程

10. 襄樊市宜城市张自忠纪念馆

11. 黄冈市黄州区陈潭秋故居

12. 随州市曾都区新四军第五师旧址群

13. 恩施自治州鹤峰县五里坪系列景区（湘鄂边苏区革命烈士陵园、五里坪革命旧址群、鼓锣山三十二烈士殉难处、中营红三军军部旧址）

14. 咸丰忠堡大捷遗址及烈士陵园

**湖南省**

1. 湘潭市韶山市毛泽东故居和纪念馆

2. 长沙市红色旅游系列景区（湖南第一师范学校旧址，中共湘区委员会旧址暨毛泽东、杨开慧故居，宁乡县花明楼刘少奇故居和纪念馆，浏阳市文家市镇秋收起义会师旧址纪念馆，长沙县杨开慧故居和纪念馆，岳麓山景区，何叔衡、谢觉哉故居，湖南雷锋纪念馆）

3. 湘潭市湘潭县彭德怀故居和纪念馆

4. 岳阳市红色旅游系列景区（平江县平江起义旧址，汨罗市任弼时故居，华容县湘鄂西革命根据地）

5. 郴州市红色旅游系列景区（宜章县湘南暴动指挥部旧址，桂东县"三大纪律六项注意"颁布旧址，汝城县湘南起义汝城会议旧址）

6. 衡阳市衡东县罗荣桓故居

7. 张家界市红色旅游系列景区（桑植县贺龙故居和纪念馆、刘家坪红二方面军长征出发地）

8. 湘西土家族苗族自治州永顺县湘鄂川黔革命根据地旧址

9. 湘潭市湘乡东山学校旧址

10. 怀化市红军长征通道会议旧址

11. 衡阳市南岳忠烈祠

12. 怀化市芷江县中国人民抗日战争胜利芷江受降旧址、飞虎队纪念馆

13. 株州市红色旅游系列景区（茶陵县工农兵政府旧址，炎陵县红军标语博物馆）

14. 胡耀邦故居和陈列馆

**广东省**

1. 广州市红色旅游系列景区（毛泽东同志主办农民运动讲习所旧址，广州起义纪念馆和烈士陵园）
2. 梅州市梅县叶剑英元帅纪念馆
3. 惠州市惠阳区叶挺纪念馆
4. 深圳市博物馆（新馆）及莲花山公园
5. 汕尾市海丰县红宫红场旧址、彭湃故居
6. 中山市孙中山故居和纪念馆
7. 广州市三元里人民抗英斗争纪念馆
8. 广州市黄花岗七十二烈士墓
9. 广州市黄埔陆军军官学校旧址
10. 东莞市鸦片战争博物馆
11. 梅州市大埔县"八一"起义军三河坝战役纪念园
12. 韶关南雄市梅关古道景区
13. 河源市五兴龙县中央苏区苏维埃政府旧址及兵工厂旧址

**广西壮族自治区**

1. 左右江红色旅游系列景区（百色市红七军军部旧址，乐业县红七军和红八军会师地旧址；崇左市龙州县红八军军部旧址；河池市东兰县韦拔群故居及纪念馆，东兰烈士陵园，广西农民运动讲习所旧址，红七军前敌委员会旧址）
2. 桂林市红色旅游系列景区（八路军驻桂林办事处旧址，兴安县界首镇红军长征突破湘江烈士纪念碑园，湘江战役灌阳新圩阻击战旧址，湘江战役全州觉山铺阻击旧址）
3. 贵港市桂平县太平天国金田起义旧址
4. 崇左市凭祥市镇南关大捷遗址，龙州小连城要塞遗址，凭祥大连城要塞遗址
5. 昆仑关战役旧址景区（南门牌坊、北门牌坊、阵亡将士纪念塔、阵亡将士公墓、抗战碑亭、草帽山战场工事遗址、昆仑关战役博物馆）

**海南省**

1. 五指山市五指山革命根据地纪念园
2. 海口市琼山区琼崖工农红军云龙改编旧址
3. 琼海市红色娘子军纪念园
4. 定安县母瑞山革命根据地纪念园
5. 万宁市六连岭革命遗址
6. 文昌市张云逸大将纪念馆
7. 海口市解放海南岛战役烈士陵园，临高角解放海南纪念塑像热血丰碑及解放纪念园，澄迈县解放海南战役决战胜利纪念碑
8. 海南岛抵抗外来侵略纪念景区（海口市秀英炮台、昌江县海南铁矿死难矿工纪念碑、三亚市田独万人坑、西沙永兴岛纪念碑）

**重庆市**

1. 重庆市红色旅游系列景区（渝中区红岩革命纪念馆，沙坪坝区歌乐山革命纪念馆，"11.27"大屠杀遗址，红岩魂广场及陈列馆，中美合作所，国民党军统集中营，开县刘伯承故居及纪念馆，江津县聂荣臻元帅陈列馆，酉阳县赵世炎烈士故居，潼商县杨闇公旧居及烈士陵园，川陕苏区城口县苏维埃政权遗址，酉阳南腰界革命根据地，万州革命烈士陵园）

2. 中共中央南方局暨八路军驻重庆办事处旧址

3. 国共合作遗址群及抗日民族统一战线遗址群

4. 邱少云烈士纪念馆

**四川省**

1. 广安市红色旅游系列景区（邓小平故居和纪念馆，华蓥市华蓥山游击队遗址）

2. 巴中市、达州市、广元市、南充市川陕革命根据地红色旅游系列景区（巴中市通江县红四方面军总指挥部旧址纪念馆、川陕革命根据地红军烈士陵园，南江县巴山游击队纪念馆，平昌县刘伯坚纪念馆；达州市万源市万源保卫战战史陈列馆；广元市剑阁县红军攻克剑门关遗址，苍溪县红军渡纪念地，旺苍县红军街；南充市仪陇县朱德故居纪念馆；广元市苍溪县黄猫垭战役遗址；南充市阆中市红四方面军革命纪念馆；巴中市巴州区川陕革命根据地博物馆；达州市通川区宣达战役纪念馆，达州市宣汉县红三十三军纪念馆）

3. 四川红军长征红色旅游系列景区（凉山州会理县皎平渡红军渡江遗址、会理会议遗址，冕宁县彝海结盟遗址、红军长征纪念馆；泸州市古蔺县红军四渡赤水太平渡陈列馆；雅安市宝兴县夹金山红军纪念碑，石棉县安顺场红军强渡大渡河纪念地；甘孜州泸定县红军飞夺泸定桥纪念馆、磨西镇毛泽东住地旧址，甘孜县朱德司令和五世格达活佛纪念馆；阿坝州若尔盖县巴西会议旧址，马尔康县卓克基会议旧址，红原县瓦切红军长征纪念遗址，小金县两河口会议旧址，松潘县红军长征纪念碑碑园，黑水县芦花会议会址；成都市邛崃红军长征纪念馆；泸州市叙永县鸡鸣三省石厢子会议旧址；阿坝州小金县达维会师遗址）

4. 宜宾市宜宾县赵一曼纪念馆

5. 资阳市乐至县陈毅故居

6. 绵阳市"两弹一星"国防科技教育基地

7. 凉山州中国西昌卫星发射中心

8. "5.12"汶川大地震抗震救灾系列景区（阿坝州汶川县映秀镇汶川地震震中纪念地、汶川县水磨古镇，阿坝州理县桃坪羌寨；绵阳市北川县地震遗址博物馆、北川县永昌镇；绵竹市汉旺东汽工业遗址纪念地；青川县东河口地震遗址公园；成都市"万众一心、众志成城"抗震救灾主题展览馆，成都市崇州街子古镇等反映灾后重建成果的景区；都江堰市虹口深溪沟地震遗址纪念地等遗址遗迹及纪念馆）

9. 泸州市泸顺起义旧址

**贵州省**

1. 贵州红军长征红色旅游系列景区（遵义市遵义会议纪念馆，红花岗区红军山烈士陵园，汇川区、桐梓县娄山关景区；赤水市赤水红军烈士陵园，黄陂洞战斗遗址，丙安红一军团陈列馆；习水县、赤水市、仁怀市风溪渡口红军四渡赤水纪念地；黔南州瓮安县、遵义市余庆县、遵义县和贵阳市息烽县乌江景区；黔东南州黎平县黎平会议旧址；印江县木黄会师纪念地；遵义市苟坝会议旧址）

2. 贵阳市息烽集中营革命历史纪念馆
3. 安顺市王若飞故居
4. 黔南州独山县深河桥抗战遗址
5. 铜仁市周逸群烈士故居
6. 黔南州荔波县邓恩铭烈士故居
7. 铜仁市石阡县红二六军团革命遗址（红二、六军团总指挥部会议旧址及陈列馆、甘溪红军战斗遗址、困牛山红军集体跳崖遗址）
8. 黔西南州史迪威公路晴隆二十四道拐遗址

**云南省**

1. 云南红军长征红色旅游系列景区（曲靖市会泽县水城红军扩军旧址；昆明市禄劝县皎平渡，寻甸县红军长征柯渡纪念馆；丽江市玉龙县石鼓红军渡口；楚雄州元谋县龙街红军横渡金沙江渡口；昭通市威信县扎西会议纪念馆；迪庆州香格里拉县独克宗古城红军长征纪念馆）
2. 昆明市西南联合大学旧址、陆军讲武堂旧址、"一二一"纪念馆及四烈士墓
3. 普洱市民族团结誓词碑
4. 保山市龙陵县滇西抗战松山战役遗址及腾冲县滇西抗战纪念馆、施甸县抗战江防遗址
5. 边疆民族抗英纪念遗址（怒江州泸水县片马抗英遗址；临沧市沧源县班洪抗英遗址）
6. 昭通市罗炳辉将军故居及乌蒙回旋战旧址
7. 南洋华侨机工回国抗日纪念遗址（畹町桥、黑山门战斗遗址）
8. 怒江驼峰航线纪念馆
9. 保山市施甸县杨善洲精神教育基地（善洲林场第一代场部、善洲墓园、善洲小道、陈列室）

**西藏自治区**

1. 西藏山南地区乃东县泽当镇山南烈士陵园
2. 拉萨市红色旅游系列景区（中央人民政府驻藏代表楼旧址，拉萨烈士陵园，青藏铁路拉萨站）
3. 日喀则地区江孜县宗山抗英遗址，康马县乃宁曲德抗英遗址
4. 昌都烈士陵园
5. 阿里地区噶尔县中共西藏工委阿里分工委旧址

**陕西省**

1. 西安市红色旅游系列景区（八路军西安办事处纪念馆，"西安事变"纪念馆）
2. 汉中市川陕革命根据地纪念馆

3. 延安市延安革命纪念地系列景区（延安革命纪念馆，枣园革命旧址，杨家岭革命旧址，王家坪革命旧址，凤凰山革命旧址，清凉山革命旧址，"四八"烈士陵园，洛川县洛川会议纪念馆，子长县瓦窑堡会议旧址，宝塔山景区，桥儿沟革命旧址，南泥湾革命旧址，中共中央西北局革命旧址，陕甘宁边区政府旧址，志丹县保安革命旧址，吴起镇革命旧址，中国人民抗日军政大学纪念馆）

4. 咸阳市旬邑县马栏革命旧址

5. 铜川市陕甘边照金革命根据地旧址

6. 渭南市华县渭华起义纪念馆

7. 榆林市红色旅游系列景区（米脂县杨家沟革命旧址，佳县神泉堡革命纪念馆，绥德县革命历史纪念馆）

8. 宝鸡市红色旅游系列景区（凤县两当起义纪念地，眉县扶眉战役纪念馆）

9. 陕南红军革命根据地系列景区（汉中市洋县华阳红二十五军司令部旧址，西乡县红二十九军军部旧址及红四方面军总后医院旧址；安康市汉滨区牛蹄岭战役遗址；商洛市商南县前坡岭战斗遗址）

10. 咸阳市泾阳县安吴青训班革命旧址

11. 黄陵县陕甘边小石崖革命旧址

12. 靖边县小河会议旧址

13. 富平县红色旅游系列景区（富平县青少年教育基地、八路军120师抗日誓师纪念地、渭北革命根据地交通联络站故址、康庄战斗烈士陵园）

**甘肃省**

1. 甘肃红军长征红色旅游系列景区（白银市会宁县红军长征会师旧址；甘南州迭部县腊子口战役遗址；陇南市宕昌县哈达铺红军长征纪念馆；定西市岷县岷州会议纪念馆，通渭县榜罗镇革命遗址；武威市古浪县红军西路军古浪战役遗址，俄界会议旧址和茨日那毛主席旧居）

2. 兰州市城关区八路军兰州办事处旧址

3. 庆阳市华池县陕甘边区苏维埃政府旧址

4. 张掖市高台县高台烈士陵园

5. 庆阳市环县山城堡战役遗址

6. 平凉市中国工农红军长征界石铺纪念园

7. 陇南市两当县两当兵变旧址

8. 酒泉市玉门油田

9. 张掖市山丹艾黎纪念馆

10. 甘南州舟曲特大山洪泥石流地质灾害纪念公园

**青海省**

1. 西宁市中国工农红军西路军纪念馆

2. 海北州青海原子城遗址

3. 玉树抗震救灾纪念馆

4. 果洛州班玛县红军沟革命遗址

5. 海东市循化县十世班禅大师故居

**宁夏回族自治区**

1. 六盘山红军长征纪念景区（固原市隆德县六盘山长征纪念馆，西吉县中国工农红军长征将台堡会师纪念碑，兴隆镇单家集红军长征遗址，泾源县老龙潭革命烈士纪念亭）
2. 吴忠市同心县红军西征红色旅游系列景区（陕甘宁省豫海县回民自治政府旧址、红军西征纪念园、豫旺堡西征红军总指挥部旧址）
3. 吴忠市盐池县革命烈士纪念馆
4. 银川市永宁县中华回乡文化园

**新疆维吾尔自治区**

1. 乌鲁木齐市八路军驻新疆办事处纪念馆
2. 乌鲁木齐市革命烈士陵园
3. 哈密市红军西路军进疆纪念园
4. 克拉玛依市克拉玛依一号井
5. 和田地区于田县库尔班·吐鲁班纪念馆
6. 巴音郭勒州马兰军博园
7. 伊犁林则徐纪念馆
8. 克州阿图什市赛福鼎·艾则孜故居

**新疆生产建设兵团**

1. 石河子市红色旅游系列景区（新疆生产建设兵团军垦博物馆，农八师周恩来总理纪念馆）
2. 农一师阿拉尔市三五九旅屯垦纪念馆
3. 新疆兵团系列景区（一八五团卫国戍边红色景区，兵团第十四师革命历史-屯垦戍边纪念馆，小李庄军垦旧址）
4. 新疆生产建设兵团第六师五家渠市军垦博物馆

## 四 全国休闲农业与乡村旅游示范县和示范点名单

**2016 年示范县（市、区）名单**
北京市昌平区、房山区
天津市宝坻区
河北省承德市、平山县、馆陶县、张家口市崇礼区
山西省太原市尖草坪区、曲沃县
内蒙古自治区五原县、宁城县
辽宁省新宾满族自治县、绥中县
吉林省长春市九台区、安图县
黑龙江省东宁市、林甸县
江苏省启东市、常州市金坛区、南京市浦口区、盐城市盐都区

浙江省丽水市、桐乡市、浦江县
安徽省南陵县、金寨县、灵璧县
福建省永泰县
江西省吉安市青原区、宜春市袁州区、赣县
山东省兰陵县、蓬莱市
河南省洛阳市、民权县、光山县
湖北省宜昌市夷陵区、恩施土家族苗族自治州
湖南省安仁县、吉首市
广东省平远县、翁源县
广西壮族自治区容县、贵港市覃塘区、荔浦县
重庆市合川区、潼南区
四川省成都市、西昌市、阆中市
贵州省台江县、荔波县、毕节市百里杜鹃管理区
云南省广南县、水富县
西藏自治区加查县、芒康县、索县
陕西省咸阳市渭城区、蓝田县、渭南市休闲农业示范区（临渭区、大荔县）、杨凌示范区
甘肃省康县、庄浪县
青海省祁连县、互助县
宁夏回族自治区银川市、彭阳县
新疆维吾尔自治区阜康市、和静县、察布查尔锡伯自治县
大连市瓦房店市
青岛市黄岛区
新疆生产建设兵团第一师10团

**2014年示范县（市、区）名单**
北京市平谷区
河北省元氏县、承德市双滦区
山西省阳城县
内蒙古自治区赤峰市克什克腾旗
辽宁省本溪满族自治县
吉林省长春市双阳区
黑龙江省木兰县
江苏省泰州市姜堰区、宜兴市
浙江省兰溪市、新昌县
安徽省霍山县
福建省泰宁县、连城县
江西省武宁县
山东省泗水县、临朐县

河南省登封市
湖北省远安县
湖南省新化县、麻阳苗族自治县
广东省博罗县
广西壮族自治区龙胜各族自治县
海南省琼海市
重庆市武隆县
四川省武胜县
贵州省凤冈县
云南省澄江县
陕西省柞水县
甘肃省两当县
青海省门源回族自治县
宁夏回族自治区银川市金凤区
新疆维吾尔自治区玛纳斯县
大连市庄河市
宁波市宁海县
新疆生产建设兵团第十师185团

**示范点名单**

北京市
通州区第五季富饶生态农业园
延庆县四季花海农园
丰台区王佐镇南宫村
天津市
滨海新区海滨街沙井子三村
蓟县穿芳峪镇小穿芳峪村
河北省
迁西县喜峰口板栗专业合作社观光园
宣化县假日绿岛生态农业文化旅游观光园
临城县尚水渔庄
武安市白沙村休闲农业园区
山西省
忻州市凤凰山生态植物园
阳泉市华北奕丰生态园
长治市襄垣富阳绿盈休闲农业观光示范园
内蒙古自治区
宁城县黑里河松枫山庄
科右前旗玫瑰庄园

鄂尔多斯市达拉特旗万通旅游度假村
辽宁省
鞍山市高新区山水庄园
建平县万寿街道小平房村
辽阳市三禾农业观光园区
吉林省
抚松县康红农特产种植场
和龙市东城镇光东朝鲜族民俗村
黑龙江省
尚志市一面坡镇长营村
兰西县锡伯部落
宾县滨州镇友联村
上海市
崇明县泰生示范农场
崇明县陈家镇瀛东村
松江区雪浪湖生态园
江苏省
如皋市长江药用植物园
无锡市绿源农业观光园
张家港市金港镇长江村
无锡市锡山区东港镇山联村
浙江省
杭州市余杭区琵琶湾生态农庄
台州市三门农博园
绍兴市上虞区盖北野藤葡萄休闲观光园
嘉兴市南湖区梅花洲农业休闲园
安徽省
东至县江南农业科技园
合肥市庐阳区三十岗乡
和县林海旅游农业观光园
福建省
邵武市云灵山庄
晋江市金井镇围头村
仙游县聚仙堂生态旅游山庄
永安市天斗生态文明示范区
江西省
婺源县江岭风景区
石城县通天寨荷花园区

浮梁县瑶里梅岭山庄
新建县溪霞怪石岭旅游景区
山东省
夏津县黄河故道森林公园
泰安市岱岳区道郎镇里峪村
日照市淞晨茶文化产业园
兰陵县国家农业公园
河南省
驻马店市老乐山休闲农业产业园
嵩县车村镇天桥沟村
济源市养生嘉源休闲观光园
湖北省
襄阳市襄城区中华紫薇园
大冶市龙凤山生态园休闲度假村
竹溪县龙王垭生态文化观光园
湖南省
衡阳市珠晖区怡心生态园
长沙市开福区新富豪云尚庄园
城步苗族自治县神龙山庄
湘潭市昭山示范区山那边度假村
广东省
东莞市清溪生态农业产业园
连州市湟川三峡–龙潭度假区
潮州市紫莲度假村
广西壮族自治区
南丹县芒场镇巴平村下街屯
防城港市港口区企沙镇簕山古渔村
阳朔县百里新村休闲农业示范区
海南省
三亚市亚龙湾国际玫瑰谷
万宁市兴隆热带花园
琼海县博鳌美雅乡村公园
重庆市
涪陵区南沱休闲观光生态农业园
铜梁区巴岳山·玄天湖休闲农业与乡村旅游示范园区
开县奇圣现代观光农业生态产业园
合川区铜梁洞森林公园友缘山庄
四川省

广元市利州区曙光休闲观光农业园
丹棱县梅湖湾度假村
泸州市江阳区醉美江湾农业园
什邡市箭台村
贵州省
福泉市黄丝休闲农业与乡村旅游示范点
盘县哒啦仙谷休闲农业示范园
赤水市金钗石斛生态示范园
贵定县沿山镇
云南省
香格里拉县藏龙休闲观光园
宁洱县磨黑镇
澄江县禄充村
西藏自治区
拉萨市城关区蔡公堂白定村
陕西省
汉中市西乡钧鑫农场
合阳县洽川温泉度假村
铜川市新区照金现代生态休闲农业示范园区
西安市沣东新城现代都市农业示范园
甘肃省
皋兰县古梨园
平凉市崆峒区崆峒镇
景泰县条山农庄
青海省
共和县生态休闲农庄
互助县高寨青海四和撒拉文化园
宁夏回族自治区
隆德县神林山庄
永宁县鹤泉湖生态度假区
新疆维吾尔自治区
尉犁县罗布人村寨
察布查尔锡伯自治县锡伯民俗风情园
奇台县壹方阳光休闲观光农业园区
大连市
庄河市银月湾民俗生态观光园
厦门市
同安区莲花罗汉山休闲农业园区

新疆生产建设兵团
第十二师五一农场现代农业示范园

## 五　历年中国旅游主题及宣传口号

1992年中国旅游宣传主题"友好观光游",宣传口号为"游中国、交朋友"。

1993年中国旅游宣传主题"山水风光游",宣传口号为"锦绣河山遍中华,名山圣水任君游"。

1994年中国旅游宣传主题"文物古迹游",宣传口号为"五千年的风采,伴你中国之旅";"游东方文物的圣殿:中国"。

1995年中国旅游宣传主题"民族风情游",宣传口号为"中国:56个民族的家";"众多的民族,各异的风情"。

1996年中国旅游宣传主题"休闲度假游",宣传口号为"96中国:崭新的度假天地"。

1997年中国旅游宣传主题"中国旅游年",宣传口号为"12亿人喜迎97旅游年";"游中国:全新的感觉"。

1998年中国旅游宣传主题"华夏城乡游",宣传口号为"现代城乡,多彩生活"。

1999年中国旅游宣传主题"生态环境游",宣传口号为"返璞归真,怡然自得"。

2000年中国旅游宣传主题"神州世纪游",宣传口号为"文明古国,世纪风采"。

2001年中国旅游宣传主题"体育健身游",宣传口号为"中国——新世纪、新感受"和"跨入崭新世纪,畅游神州大地"等。

2002年中国旅游宣传主题"民间艺术游",宣传口号为"民间艺术,华夏瑰宝";"体验民间艺术,丰富旅游生活"等。

2003年中国旅游宣传主题"烹饪王国游",宣传口号为"游历中华胜境,品尝天堂美食"等。

2004年中国旅游宣传主题"百姓生活游",宣传口号为"游览名山大川、名胜古迹,体验百姓生活、民风民俗"等。

2005年中国旅游宣传主题"红色旅游年",宣传口号为"红色旅游"年。

2006年中国旅游宣传主题"2006中国乡村游"、宣传口号为"新农村、新旅游、新体验、新风尚"。

2007年中国旅游宣传主题"和谐城乡游",宣传口号为"魅力乡村、活力城市、和谐中国"。

2008年中国旅游宣传主题"2008中国奥运旅游年",宣传口号为"北京奥运、相约中国"。

2009年中国旅游宣传主题"中国生态旅游年",宣传口号为"走进绿色旅游、感受生态文明"。

2010年中国旅游宣传主题"中国世博旅游年",宣传口号为"相约世博,精彩中国"。

2011年旅游宣传主题"2011中华文化游",旅游宣传口号"游中华,品文化""中华文化,魅力之旅"。

2012旅游主题年确定为"中国欢乐健康游"。

2013年的全国旅游宣传主题为"2013中国海洋旅游年",宣传口号为"美丽中国,海洋之旅""体验海洋、游览中国""海洋旅游,精彩无限"。

2014年国内、境外市场旅游宣传主题和口号。

1. 国内市场:宣传主题:"美丽中国之旅——2014智慧旅游年"宣传口号:"美丽中国,智慧旅游";"智慧旅游,让生活更精彩";"新科技,旅游新体验"。

2. 境外市场:宣传主题:"Beautiful China, 2014——Year of Smart Travel"(译文:美丽中国——2014智慧旅游年)宣传口号:"Beautiful China, easier to visit"(译文:畅游美丽中国)。

2015年中国旅游主题年宣传主题:"美丽中国——2015丝绸之路旅游年"。

宣传口号"游丝绸之路,品美丽中国""新丝路,新旅游,新体验"。

2016年继续以"丝绸之路旅游年"为年度旅游宣传主题,中文宣传口号为"漫漫丝绸路,悠悠中国行";"游丝绸之路,品美丽中国";"神奇丝绸路,美丽中国梦",英文宣传口号为"Explore Beautiful China Along the Silk Road"。

# 参考文献

陈启跃. 2010. 旅游线路设计 [M]. 上海：上海交通大学出版社.
戴斌，杜江，乔花芳. 2010. 旅行社管理 [M]. 北京：高等教育出版社.
郭盛晖. 2016. 中国旅游资源赏析与线路设计 [M]. 北京：北京理工大学出版社.
胡华. 2011. 旅游线路规划与设计 [M]. 北京：旅游教育出版社.
李天元. 2011. 旅游学 [M]. 北京：高等教育出版社.
吴国清. 2006. 旅游线路设计 [M]. 北京：旅游教育出版社.
张振家. 2017. 旅游线路设计 [M]. 北京：清华大学出版社.
周红军. 2008. 论乡村旅游线路设计的原则 [J]. 农村. 农业. 农民（A版）（5）.
百度百科 http：//baike. baidu. com.
北京市旅游发展委员会官网 http：//www. visitbeijing. com. cn.
河北旅游咨讯网 http：//www. hebeitour. com. cn.
天津市旅游局官方网站 http：//www. tjtour. cn.
携程旅行网 http：//www. ctrip. com.
中国旅游信息网 http：//www. cthy. com.
中国旅游研究院 http：//www. ctaweb. org.
中华人民共和国国家旅游局网站 http：//www. cnta. gov. cn.